ISSN 0342-071-X

Sozialökonomische Schriften zur Agrarentwicklung /
Socio-Economic Studies on Rural Development

Herausgeber / Editor
Professor Dr. Dr. Frithjof Kuhnen

Schriftleiter / Executive Editor
Dr. Ernst-Günther Jentzsch

Gefördert von der
Stiftung Volkswagenwerk

CIP-Kurztitelaufnahme der Deutschen Bibliothek

Hosry, Mohamed:
Sozialökonomische Auswirkungen der Agrarreform in Syrien: Ergebnisse e. empir. Unters. in ausgewählten Dörfern / Mohamed Hosry. –
Saarbrücken; Fort Lauderdale: Breitenbach, 1981.

(Sozialökonomische Schriften zur Agrarentwicklung; Nr. 43)

ISBN 3-88156-198-6

NE: GT

Aus dem Institut für Agrarsoziologie,
Landwirtschaftliche Beratung und
Angewandte Psychologie der
Universität Hohenheim

Geschäftsführender Direktor:
Professor Dr. Ulrich Planck

Mohamed Hosry

Sozialökonomische Auswirkungen der Agrarreform in Syrien

Ergebnisse einer empirischen Untersuchung in ausgewählten Dörfern.

Nr. 43
Sozialökonomische Schriften zur Agrarentwicklung
Socio-Economic Studies on Rural Development
Herausgegeben von / Edited by
Prof. Dr. Dr. Frithjof Kuhnen

Verlag **breitenbach** Publishers
Saarbrücken · Fort Lauderdale 1981

Gefördert aus Mitteln der
Stiftung Volkswagenwerk.

ISBN 3-88156-198-6

© 1981 by Verlag **breitenbach** Publishers
Saarbrücken, Germany · Fort Lauderdale, USA
Printed by aku-Fotodruck GmbH, Bamberg

Vorwort

Die vorliegende Arbeit über die sozialökonomischen Auswirkungen der Agrarreform in Syrien ist das Ergebnis einer mehrjährigen empirischen Untersuchung, in deren Verlauf ich von vielen Personen und Stellen Hilfe und Förderung erhalten habe, für die ich an dieser Stelle meinen herzlichen Dank aussprechen möchte.

Herr Professor Dr. Eugen Wirth, Geographisches Institut der Universität Erlangen-Nürnberg, regte die Bearbeitung des behandelten Themas an. Seine Ermunterung und seine Befürwortung haben die Durchführung der Forschungsarbeit ermöglicht, so daß ich ihm zu großem Dank verpflichtet bin.

Besonderen Dank schulde ich Herrn Professor Dr. Ulrich Planck, unter dessen Leitung das bearbeitete Forschungsvorhaben stand. Er hat meine Arbeit fachlich betreut und stand mir stets mit Anregungen und Kritik zur Seite.

Bereitwillige Hilfe habe ich von Herrn Dr. Hans-Jürgen Philipp erfahren, der mir während der gesamten Untersuchung, insbesondere bei der Auswertung und Interpretation der Ergebnisse und bei der Überarbeitung des Manuskripts behilflich war, wofür ich ihm danke.

Mit großer Sorgfalt und Geduld fertigte Frau Karla Maulbetsch alle Schreibarbeiten an. Hierfür bin ich ihr sehr dankbar.

Das syrische Agrarreformministerium in Damaskus erteilte mir die Genehmigung für die Felderhebungen, und die beiden Landwirtschaftsämter in Hama und Homs stellten mir die vorhandenen statistischen Daten zur Verfügung. Ihnen und den weiteren syrischen Stellen, die zum Gelingen der Arbeit beigetragen haben, gilt mein Dank.

Die Bewohner der Untersuchungsdörfer dürfen nicht unerwähnt bleiben. Ohne ihre Aufgeschlossenheit und Mitarbeit hätten die Felderhebungen nicht durchgeführt werden können. Ihnen möchte ich auf diesem Weg danken.

Das Forschungsprojekt wurde ebenso wie die Drucklegung dieser Arbeit aus Mitteln der Stiftung Volkswagenwerk finanziert, wofür ich sehr dankbar bin.

Für die Aufnahme der Arbeit in die Reihe "Sozialökonomische Schriften zur Agrarentwicklung" sei dem Herausgeber, Herrn Professor Dr. Frithjof Kuhnen, und dem Schriftleiter, Herrn Dr. Ernst-Günther Jentzsch, herzlich gedankt.

Stuttgart-Hohenheim, im Sommer 1981　　　　　　　　　　Mohamed Hosry

Inhaltsverzeichnis

Seite

1. Einleitung 1
   1.1. Problemstellung und Zielsetzung der Arbeit 1
   1.2. Klimatische Gegebenheiten Syriens 4
   1.3. Demographische Gegebenheiten Syriens 5
   1.4. Wirtschaftliche Gegebenheiten Syriens 9
   1.5. Landwirtschaftliche Gegebenheiten Syriens 11

Teil I: Ursachen und Verlauf der syrischen Agrarreform 18

2. Grundzüge der Agrarverfassung vor der Reform 18
   2.1. Formen des Grundeigentums und ihre räumliche Verbreitung 18
      2.1.1. Privateigentum 18
      2.1.2. Staatsland 2o
   2.2. Grundeigentums- und Betriebsgrößenstruktur 21
   2.3. Formen der Landbewirtschaftung 23
      2.3.1. Eigenbewirtschaftung 23
      2.3.2. Fremdbewirtschaftung 24
         2.3.2.1. Teilpacht und Teilbau 24
         2.3.2.2. Mouchaasystem 27
         2.3.2.3. Pächter-Unternehmer-Nutzung 29
         2.3.2.4. Geldpacht 3o
   2.4. Unzulänglichkeiten der feudalen Agrarverfassung 3o

3. Die Agrarreform 35
   3.1. Gesetzliche Grundlagen 35
      3.1.1. Reformbestrebungen vor 1958 35
      3.1.2. Das Agrarreformgesetz vom September 1958 36
      3.1.3. Das Agrarreformgesetz von 1962 38
      3.1.4. Das Agrarreformgesetz von 1963 4o
      3.1.5. Die Ergänzungsgesetze 41

	Seite
3.2. Die wichtigsten Reformmaßnahmen	43
3.2.1. Landenteignung	43
3.2.2. Landverteilung	47
3.2.3. Pächterschutz	53
3.2.4. Landarbeiterschutz	55

<u>Teil II</u>: Sozialökonomische Auswirkungen der Agrarreform - dargestellt an der Entwicklung in ausgewählten Dörfern -   56

4. Methodik der Untersuchung	56
4.1. Theoretischer Ansatz	56
4.2. Methodischer Ansatz	63
4.3. Auswahl des Untersuchungsgebietes	63
4.3.1. Auswahlkriterien	63
4.3.2. Charakterisierung des Untersuchungsgebietes	64
4.4. Auswahl der Untersuchungsdörfer	65
4.4.1. Auswahlverfahren	65
4.4.2. Charakterisierung der Untersuchungsdörfer	67
4.5. Feststellung der Grundgesamtheit und Auswahl der Stichprobe	69
4.6. Methoden der Datenerhebung	72
4.7. Durchführung der Untersuchung	73
4.8. Datenauswertung	75

5. Durchführung der Agrarreform in den Untersuchungsdörfern	77
5.1. Die Agrarreform in Chiha	77
5.2. Die Agrarreform in Mecherfe	79
5.3. Die Agrarreform in Tiesien	81

6. Sozialökonomische Veränderungen in den Untersuchungsdörfern seit der Agrarreform	84
6.1. Agrarstrukturelle Veränderungen	84
6.1.1. Veränderungen der Eigentums- und Besitzstruktur	84
6.1.2. Veränderungen im Grundstücksverkehr	9o

	Seite
6.1.3. Veränderungen der Betriebsstruktur	99
6.1.4. Veränderungen der Flurverfassung	1o2
6.1.5. Veränderungen der Bodennutzung	1o7
6.1.6. Veränderungen der Viehhaltung	114
6.1.7. Veränderungen der Arbeitsverfassung	117
6.2. Technische und wirtschaftliche Veränderungen	126
6.2.1. Modernisierung der Landwirtschaft	126
6.2.1.1. Verbreitung von landwirtschaftlichen Maschinen	127
6.2.1.2. Mechanisierung der Bewässerung und Ausdehnung des Bewässerungsareals	131
6.2.1.3. Die Verwendung produktionssteigernder Betriebsmittel	134
6.2.2. Kapitalbildung und Investitionen	138
6.2.3. Änderung der landwirtschaftlichen Produktion und Produktivität	142
6.3. Soziale Veränderungen	154
6.3.1. Abschaffung der feudalen Abhängigkeitsverhältnisse	154
6.3.2. Veränderungen der Sozialstruktur	157
6.3.3. Öffnung des dörflichen Sozialsystems	163
6.3.3.1. Verbreitung von Innovationen	163
6.3.3.2. Verbreitung von Massenmedien	169
6.3.3.3. Veränderungen der sozialen Beziehungen	17o
6.3.3.4. Zunahme der Fremdversorgung	172
6.3.3.5. Pendlerwesen und Wanderbewegung	176
6.3.3.6. Veränderungen der Fremdbestimmung	179
6.3.4. Änderungen des Lebensstandards	181
6.4. Infrastrukturelle und institutionelle Veränderungen	186
6.4.1. Siedlungs- und Wohnungswesen	186
6.4.2. Verkehrsverhältnisse	188
6.4.3. Versorgung und Entsorgung	189
6.4.4. Gesundheitswesen	191
6.4.5. Bildungswesen	192
6.4.6. Genossenschaftswesen und landwirtschaftliche Beratung	194

Seite

Teil III: Versuch einer Evaluierung der Auswirkungen der Agrarreform auf Landesebene und Zusammenfassung   2o1

7. Auswirkungen der Agrarreform   2o1
   7.1. Auswirkungen auf die Gesellschaftsstruktur   2o1
   7.2. Auswirkungen auf die Agrarstruktur   2o2
   7.3. Auswirkungen auf die landwirtschaftliche Produktion und Produktivität   2o7
   7.4. Auswirkungen auf die Einkommensverhältnisse   221

8. Zusammenfassung   224
   8.1. Ergebnisse der Untersuchung   224
   8.2. Schlußbetrachtung   237

Verzeichnis der Tabellen   Seite

1. Stadt-Land-Verteilung der Bevölkerung Syriens 1960-1977   7
2. Beschäftigungsstruktur nach Wirtschaftszweigen 1975   9
3. Nettosozialprodukt zu Faktorkosten in Preisen von 1963 nach
   Wirtschaftszweigen 1953-1977   lo
4. Gliederung der Bodennutzung 1977   11
5. Wichtige Strukturmerkmale der syrischen Agrarregionen 1977   14
6. Gliederung der Anbaukulturen 1957-1977   15
7. Entwicklung der Bevölkerung, des Nettosozialprodukts und des
   Agrarproduktionswertes in den Jahren 1954-1977   17
8. Grundeigentumsverhältnisse in den Landesteilen vor der Agrarreform   22
9. Ernteanteile des Grundeigentümers in verschiedenen Regionen   26
lo. Veränderungen der Höchstgrenze des Grundeigentums in den verschie-
    denen Agrarreformen   39
11. Landenteignung in den einzelnen Agrarregionen   45
12. Landverteilung in den einzelnen Agrarregionen   49
13. Grundgesamtheit, Teilgesamtheiten und Stichprobenumfang nach
    Betriebstypen und Betriebsformen   72
14. Grundeigentumsstruktur in den Untersuchungsdörfern 1977   86
15. Grundeigentumsverteilung bei den Eigentümerkategorien in den
    untersuchten Dörfern   88
16. Betriebsgrößenstruktur nach Größenklassen in den Untersuchungs-
    dörfern 1977   99
17. Betriebsgrößenstruktur der Untersuchungsbetriebe nach Größen-
    klassen und Betriebstypen 1977   loo
18. Betriebsgrößenstruktur nach Größenklassen in Chiha vor und nach
    der Agrarreform   lol
19. Betriebsgrößenstruktur in Tiesien nach Größenklassen vor und
    nach der Agrarreform   lol
2o. Bodennutzung in den Untersuchungsdörfern und im Untersuchungs-
    gebiet   lo8
21. Bodennutzung auf der Gemarkung von Chiha 1977   lo9
22. Baumwoll- und Gemüseanbau in den untersuchten Betrieben vor
    und nach (1977) der Bodenreform   113
23. Viehhaltung in den Untersuchungsbetrieben 1977   115
24. Untersuchte Betriebstypen nach Viehhaltung 1977   116
25. Anzahl, Arbeitskräftebestand und Arbeitskräftebesatz der Unter-
    suchungsbetriebe 1977   118
26. Durchschnittlicher Arbeitskräftebestand in Abhängigkeit von der
    Betriebs- und Familiengröße   119

Seite

27. Beschäftigung von Fremdarbeitskräften in Abhängigkeit von der Betriebsgröße und vom Baumwollanbau — 121

28. Arbeitsaufwand in einem Regenfeldbaubetrieb und einem Teilbewässerungsbetrieb in Chiha — 124

29. Mechanisierung des Ackerbaues in den Untersuchungsdörfern 1977 — 13o

3o. Zahl, Bewässerungsfläche und Bewässerungsleistung von Tiefbrunnen in Tiesien 1972-1977 — 131

31. Umfang der durchschnittlichen Bewässerungsfläche in ha in den untersuchten Teilbewässerungsbetrieben in Abhängigkeit von der Betriebsgröße — 133

32. Durchschnittliche Ausgaben für Mineraldünger in Lera in Abhängigkeit von der Bewässerungsfläche — 137

33. Schlepperbesitz in Abhängigkeit von der Betriebsgröße — 141

34. Aufwand-Ertrags-Rechnung ausgewählter Betriebe in den Untersuchungsdörfern 1977 — 149

35. Deckungsbeiträge wichtiger Anbaufrüchte im Untersuchungsgebiet in Lera im Jahre 1977 — 15o

36. Nichtlandwirtschaftliche Beschäftigung des Betriebsinhabers in Abhängigkeit von der Betriebsgröße — 154

37. Berufsstruktur der Wohnbevölkerung in drei Untersuchungsdörfern 1977 — 16o

38. Berufsstruktur und Altersklassenzugehörigkeit der Wohnbevölkerung von Chiha 1977 — 162

39. Verbreitung von landwirtschaftlichen Innovationen in den Untersuchungsbetrieben 1957 und 1977 — 164

4o. Die Ausstattung der untersuchten Haushalte 1957 und 1977 — 165

41. Vergleich der Einstellungen in den Untersuchungsdörfern anhand der aufgestellten Statements — 166

42. Grad der Modernität in den Untersuchungsdörfern — 168

43. Häufigkeit des Fleischverzehrs im Monat — 174

44. Häufigkeit des monatlichen Einkaufs in der Stadt — 175

45. Anzahl und Berufe der Pendler in Bserin, Chiha und Tiesien nach Altersklassen 1977 — 176

46. Verteilung der untersuchten Sozialkategorien auf die einzelnen Lebensstandardklassen — 183

47. Rangfolge der untersuchten Sozialkategorien hinsichtlich der ausgewählten Lebensstandardindikatoren — 184

48. Lebensstandard in Abhängigkeit von der Betriebsgröße — 184

49. Grundeigentumsverteilung in Syrien nach Größenklassen 197o — 2o3

5o. Betriebsgrößenstruktur in Syrien nach Größenklassen 197o — 2o5

Seite

51. Durchschnittliche Betriebsgröße und Bewässerungsanteil der Betriebe in den einzelnen Agrarregionen 1970   2o7
52. Entwicklung der Produktion und Produktivität der Hauptanbaufrüchte in Syrien 1953-1977   2o9
53. Veränderung der Anbaufläche, Produktion und Produktivität wichtiger Anbaufrüchte   21o
54. Veränderung der Baumwollanbaufläche und der Baumwollernte im Zeitablauf 1946-197o   213
55. Veränderung des Tierbestandes 1947-1977   215
56. Mineraldüngerverbrauch in Syrien   22o

Verzeichnis der Abbildungen

1. Gliederung der Bodennutzung in Syrien 1977   12
2. Landenteignung und Landverteilung im Zeitablauf   52
3. Grundeigentumsverteilung in zwei Untersuchungsdörfern   87
4. Saisonalität der Feldarbeit am Beispiel eines Teilbewässerungsbetriebes im Dorf Chiha   125
5. Verlauf der Diffusion der Schlepperbenutzung in den Untersuchungsdörfern   128
6. Düngeraufwendungen in Abhängigkeit von der Bewässerungsfläche im Betrieb   138
7. Grundeigentumsverteilung in Syrien   2o4
8. Betriebsgrößenverteilung in Syrien   2o6
9. Entwicklung der Produktion wichtiger Anbaufrüchte im Zeitablauf   212
1o. Produktion und Produktivität des Baumwollanbaues im Zeitablauf   212
11. Veränderung des Agrarproduktionswertes im Zeitablauf   217

Verzeichnis der Karten

	Seite
1. Klimaregionen in Syrien	6
2. Agrarregionen in Syrien	14
3. Lage des Untersuchungsgebietes und der Untersuchungsdörfer	68
4. Gliederung der Flur des Dorfes Chiha vor der Bodenreform	1o4
5. Flurgliederung von Chiha nach der Bodenreform	1o6

Verzeichnis der Übersichten

1. Die Hypothesen der Untersuchung   57

1. Einleitung

1.1. Problemstellung und Zielsetzung der Arbeit

Syrien gehört zu denjenigen Entwicklungsländern, die über keine nennenswerten Rohstoffvorkommen verfügen. In solchen Ländern spielt die Landwirtschaft eine große Rolle im Wirtschafts- und Sozialleben der Bevölkerung, und die Agrarentwicklung bildet hier die Grundlage für eine umfassende Aufwärtsentwicklung. Welche Auswirkungen von einer Steigerung der Agrarproduktion auf die gesamte Volkswirtschaft eines Landes ausgehen können und wie eng der Zusammenhang zwischen landwirtschaftlicher und gesamtwirtschaftlicher Entwicklung ist, zeigte sich in Syrien ganz deutlich. Das Land erlebte nach Erlangung seiner Unabhängigkeit im Jahre 1946 einen von WIRTH als "phänomenal"[1] bezeichneten wirtschaftlichen Aufschwung, der in erster Linie auf eine Steigerung der Agrarproduktion zurückzuführen war. Beispielsweise verdoppelte sich zwischen 1946 und 1960 die Getreideanbaufläche, so daß in normalen Erntejahren hohe Exportüberschüsse erzielt werden konnten; der Baumwollanbau, der früher unbeträchtlich war, wurde ebenfalls stark ausgedehnt, wodurch Baumwolle zum wichtigsten Exportartikel des Landes aufstieg. Die positiven Entwicklungen im Agrarsektor führten zu einer erheblichen Erhöhung des Volkseinkommens im genannten Zeitraum. Ein Teil des hier akkumulierten Kapitals wurden in die Landwirtschaft reinvestiert und ein weiterer Teil konnte zum Auf- oder Ausbau anderer Wirtschaftszweige eingesetzt werden.

Aus einer näheren Analyse der Agrarentwicklung, die sich vor der 1958 begonnenen Agrarreform vollzogen hat, lassen sich folgende Feststellungen treffen:

1. Die Agrarproduktion nahm ihrer Menge und ihrem Wert nach fast von Jahr zu Jahr zu. In der Hauptsache war der Produktionsanstieg die Folge einer Flächenausdehnung, nicht einer Anhebung des allgemeinen Produktivitätsniveaus. Eine Ausweitung der landwirtschaftlichen Nutzfläche konnte jedoch nur dort, wo es noch Landreserven gab, vorgenommen werden. Das war allein in der nordöstlichen Agrarregion der Fall. Die Ausweitung ging zu Beginn der 60er Jahre zu Ende, als alles bebaubare Land unter dem Pflug stand.

---

[1] *WIRTH, 1971, S. 188.*

2. Der Boden in dieser nordöstlichen Agrarregion gehörte einer geringen Anzahl von Feudalherren, die ihn als Rentenquelle betrachteten. Finanzkräftige Kaufleute und Unternehmer aus Aleppo, Homs und Kameschli pachteten die Grundherrenländereien und errichteten leistungsfähige Großbetriebe, auf denen erstmals eine große Menge von Traktoren, Mähdreschern sowie Dresch- und Sämaschinen zum Einsatz kam. Die Landbewirtschaftung wurde hierdurch mehr und mehr technisiert und modernisiert. Träger dieser Entwicklungen waren damit ausschließlich städtische Agrarunternehmer, während die Feudalherren sich wider Erwarten überhaupt nicht daran beteiligten. Diese bloßen Rentenbezieher, die im Überfluß lebten, zeigten keinerlei Interesse an der Einführung von agrartechnischen Neuerungen, die für eine schnelle Agrarentwicklung erforderlich waren. Die Grundherren mit ihrem traditionellen Wirtschaftsgeist waren also unfähig, eine landwirtschaftliche Modernisierung einzuleiten. Damit sich der landwirtschaftliche und soziale Fortschritt verbreiten konnte, mußte folglich das überkommene Feudalsystem beseitigt werden.

3. Die in der nordöstlichen Agrarregion eingeleitete Entwicklung war zwar in wirtschaftlicher Hinsicht erfolgreich, konnte jedoch die dort bestehenden Mißstände nicht beseitigen. Die Bauern blieben arm, lebten weiterhin in Rückständigkeit und waren sozial und wirtschaftlich von den Feudalherren abhängig. Zur Verbesserung ihrer Lage bedurfte es damit einer Veränderung der herrschenden feudalen Agrarverfassung. Somit konnte die Mehrheit der dortigen Landbevölkerung aus der erwähnten Agrarentwicklung infolge ungünstiger Eigentums- und Machtverteilung keinen Nutzen ziehen; ihr Lebensstandard verschlechterte sich sogar mancherorts [1].

4. Die übrigen fünf Agrarregionen Syriens (Südsyrien, Mittelsyrien, Nordsyrien, Westsyrien und die Flußtäler des Euphrats und des Khabours) gehören zu den altbesiedelten Gebieten, in denen schon seit Jahrtausenden Landwirtschaft betrieben wird und keine Landreserven mehr zur Verfügung stehen. In ihnen mußten infolgedessen ähnliche Entwicklungen wie im Nordosten ausbleiben; ihre Agrarproduktion stagnierte auf einem relativ niedrigen Niveau, weil sich die Landbewirtschaftung nur wenig änderte.

Aus dieser knappen Darstellung läßt sich zusammenfassend feststellen: Die landwirtschaftliche Entwicklung in den 4oer und 5oer Jahren

---

[1] Vgl. WIRTH, 1964, S. 23.

- wurde allein von städtischen Agrarunternehmern ausgelöst und getragen,
- vollzog sich nur in einer einzigen Agrarregion des Landes,
- leistete einen großen Beitrag zur gesamtwirtschaftlichen Entwicklung,
- brachte jedoch den Bauern, den eigentlichen Bodenbewirtschaftern, keine Verbesserung ihrer Lebensverhältnisse, so daß sie weiterhin in Armut und Rückständigkeit verharrten.

Um eine Agrarentwicklung im ganzen Land herbeizuführen, mußten die Sozialstruktur, die Sozialorganisation und die Sozialinstitutionen in der landwirtschaftlichen Bevölkerung geändert werden. In Erkenntnis dieser Tatsachen wurde 1958 ein Agrarreformgesetz erlassen, dessen Hauptziel die Aufhebung des herrschenden Feudalsystems war. Mit der Durchführung der Bodenreform wurde im gleichen Jahr begonnen, die dann elf Jahre später 1969 ihren Abschluß fand.

Mit Ausnahme einer kleinen Fallstudie lagen bis 1976, dem Jahr, in dem die vorliegende Arbeit in Angriff genommen wurde, keine empirischen Untersuchungen über Verlauf und Auswirkungen der syrischen Agrarreform vor [1]. Deshalb setzte sich diese Arbeit zum Ziel, den Verlauf und vor allem die politischen, wirtschaftlichen und sozialen Auswirkungen jener Reform empirisch zu erforschen. Mittels einer 1977-78 durchgeführten Untersuchung in unterschiedlich strukturierten Dörfern wurden die tatsächlichen Veränderungen bei den von den Reformmaßnahmen Betroffenen zu ermitteln gesucht. Dies machte eine Erhebung sowohl der vor Beginn der Bodenreform herrschenden als auch der aktuellen Verhältnisse erforderlich, um die erfolgten agrarstrukturellen, agrartechnischen, agrarwirtschaftlichen und agrarsozialen Wandlungen feststellen zu können. Mündliche Befragung von Landwirten und teilnehmende Beobachtung in bäuerlichen Betrieben und Haushalten bildeten die wichtigsten Verfahren der Datensammlung.

In dieser Arbeit wird versucht, die folgenden offenen Fragen zu klären:

---

[1] *KUHNENs Aufsatz "Fallstudie über Auswirkungen der syrischen Agrarreform" beschäftigt sich mit den Reformauswirkungen in einem einzigen syrischen Dorf. Sie wurde 1963, bevor die wichtigsten und ausschlaggebenden Reformmaßnahmen wirksam wurden, durchgeführt. 1966 erschienen zwei Arbeiten von ATALLAH und SHAKRA, und zwar in Form von englischsprachigen Dissertationen. Beide gehen nicht auf empirische Untersuchungen zurück, sondern verwerten lediglich die syrischen amtlichen Statistiken. Die restlichen relevanten Veröffentlichungen bestehen aus einigen Zeitschriftenaufsätzen, die das Problem knapp und partiell behandeln.*

1. Wie hat sich die Agrarverfassung, insbesondere die Grundeigentumsverteilung, die Betriebsgrößenstruktur und die Arbeitsordnung, verändert?
2. Wie haben sich die betriebswirtschaftlichen und die produktionstechnischen Verhältnisse gewandelt?
3. Gingen von der Agrarreform Modernisierungsimpulse auf die Landbewirtschaftung aus und hat in diesem Zusammenhang, als Folge der Eigentumsübertragung, die Investitionstätigkeit und die Innovationsbereitschaft bei den Bauern zugenommen?
4. Haben sich die Einkommensverhältnisse der Landfamilien verbessert?
5. Wie hat sich die Sozialstruktur in den Dörfern verändert, und kam es dort im Gefolge der Landverteilung zu einer Homogenisierung oder zu einer sozialen Differenzierung?
6. Sind die Bodenbewirtschafter von den feudalen Abhängigkeiten befreit oder haben die ehemaligen Grundherren noch Einfluß in den Dörfern?
7. Wie hat sich das dörfliche Sozialsystem unter dem Einfluß und seit der Agrarreform entwickelt?
8. Hat die Agrarreform die soziale, berufliche und räumliche Mobilität der Dorfbewohner gefördert oder gehemmt?
9. Wie sieht die gegenwärtige infrastrukturelle Ausstattung der Dörfer aus und wurde sie im Zuge der Agrarreform erneuert?

Es erscheint zweckmäßig, der Behandlung des eigentlichen Themas eine kurze Darstellung von ausgewählten landeskundlichen Kennzeichen Syriens (administrative, klimatische, demographische, wirtschaftliche und andere Daten) und der landwirtschaftlichen Ausgangssituation vor der Agrarreform vorauszuschicken.

1.2. Klimatische Gegebenheiten Syriens

Die Arabische Republik Syrien umfaßt eine Fläche von 180 179 qkm. Sie erstreckt sich von der Ostküste des Mittelmeeres bis zum Tigris und vom Fuße des Taurusgebirges bis zum Jebel ed Drouz im Süden. Neben der Hauptstadt Damaskus zählen Aleppo, Homs, Hama und Lataqia zu den größten städtischen Zentren im Lande. Die amtliche Statistik gibt für 1975 die Anzahl der Städte mit 60, der Dörfer mit 6 293 und der ländlichen Einzelsiedlungen mit 7 689 an [1]. Administrativ gliedert sich Syrien in 14 Landesteile, Mohafazat genannt.

---

[1] Vgl. *Statistical Abstract, 1976, S. 59.*

Syrien läßt sich in vier große Klimaregionen einteilen: Mittelmeerklima, mittelmeerisch beeinflußtes Steppenklima, Wüstenklima und Höhenklima [1]. Die einzelnen Klimaregionen, die in Karte 1 gezeigt werden, unterscheiden sich hinsichtlich der jährlichen Niederschlagsmengen und der Sommertemperaturen. In der schmalen Küstenzone, im angrenzenden Randgebirge sowie an den Hängen des Taurus herrscht das Mittelmeerklima vor. Hier sind die Winterniederschläge reichlich - sie schwanken zwischen 7oo und 9oo mm -, und die durchschnittliche Tagestemperatur im Juli und August liegt bei 3o°. Für die Ackerebenen von Aleppo-Idleb-Homs-Hama sowie für die nordöstliche, mittlere und südliche Agrarregion ist ein mediterran beeinflußtes Steppenklima charakteristisch. In den westlichen Teilen dieser Gebiete beträgt die jährliche Niederschlagsmenge 4oo-5oo mm und die durchschnittliche Tagestemperatur in den Sommermonaten 3o-33°. Demgegenüber erhalten die östlichen Teile 25o-35o mm Regen und weisen eine mittlere Tagestemperatur im Sommer von 36° auf. Wüstenklima mit seinen geringen Niederschlägen, die selten 25o mm überschreiten, und hohen sommerlichen Tagestemperaturen, die oft bei 4o° liegen, herrscht in den Wüstensteppen vor. Diese Gebiete können nicht ackerbaulich genutzt werden und dienen daher als Weideareale. Höhenklima weisen die Gebirge Syriens auf, insbesondere die Gebirgskette im Westen des Landes. Es handelt sich um ein Gebiet mit sehr hohen Niederschlägen, die oft über 1ooo mm im Jahr betragen, und mit einer Sommertemperatur von durchschnittlich 28°. Zum größten Teil wird diese Region forstwirtschaftlich genutzt.

1.3. Demographische Gegebenheiten Syriens

Kennzeichnend für die Bevölkerungsentwicklung Syriens sind hohe Zuwachsraten, eine sehr unterschiedliche Besiedlungsdichte der Agrarräume sowie eine starke relative Abnahme der Landbevölkerung, verursacht durch permanente Landflucht.

Die erste Volkszählung Syriens wurde im September 196o durchgeführt. Seither fand alle zehn Jahre eine derartige Zählung statt. Die Bevölkerung bezifferte sich in dem angegebenen Jahr auf 4,57 Mio. Einwohner und stieg auf 6,3 Mio. im Jahre 197o, daraus ergibt sich eine jährliche Wachstumsrate von 3,2 % [2]. Ausgehend davon verdoppelt sich die syrische Bevölkerung alle 23

---

[1] *Vgl. WIRTH, 1971, S. 1oo.*

[2] *Anzumerken ist, daß bei der Volkszählung von 196o viele Syrer, die infolge der Dürrekatastrophe von 1958-1961 auswanderten, nicht erfaßt wurden. Später kehrten die meisten von ihnen zurück und wurden 197o mitgezählt. Dies dürfte, neben Erhebungsungenauigkeiten, mit ein Grund für diese hohe Wachstumsrate sein.*

Karte 1: Klimaregionen in Syrien

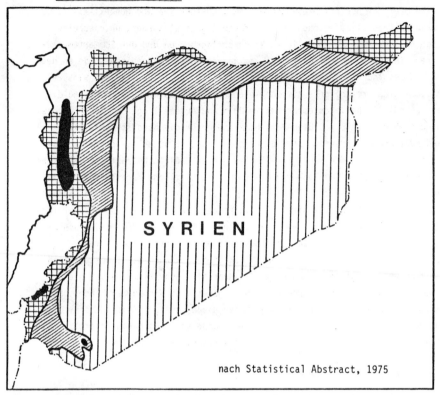

nach Statistical Abstract, 1975

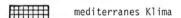   mediterranes Klima

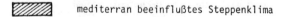   mediterran beeinflußtes Steppenklima

   Höhenklima

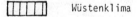   Wüstenklima

Jahre. Somit liegt Syrien an der oberen Grenze der Bevölkerungsprogression, die für viele Entwicklungsländer charakteristisch ist.

Die räumliche Bevölkerungsverteilung ist sehr unterschiedlich und zeigt eine deutliche Abhängigkeit von den landschaftsökologischen Bedingungen. Hohe Bevölkerungsdichten treten dort auf, wo fruchtbare Böden vorhanden sind, wo hohe Niederschläge fallen und wo eine Versorgung mit Fluß- oder Quellwasser gesichert ist [1]. Dem dünn besiedelten Osten (11 E/km^2 im Landesteil Deir Azzor) steht der dicht bevölkerte Westen des Landes (119 E/km^2 im Landesteil Lataqia) gegenüber. Im Landesdurchschnitt belief sich die Bevölkerungsdichte auf 42 E/km^2 im Jahre 1977. Der größte Ballungsraum ist Mittelsyrien, in dem die Hauptstadt Damaskus liegt. In diesem Gebiet, das knapp 10 % der Staatsfläche ausmacht, lebt ein Viertel der Gesamtbevölkerung.

Ähnliche Unterschiede ergeben sich hinsichtlich der Agrardichte, bei der die landwirtschaftliche Nutzfläche die Bezugsgröße ist. Während die mittlere Agrardichte 142 E/100 ha beträgt, erreicht sie in den westlichen Landesregionen 371 E/100 ha und im Nordosten nur 42 E/100 ha. Erwartungsgemäß ist die höchste Agrardichte in Mittelsyrien zu finden; sie beläuft sich hier auf 1 155 E/100 ha.

Trotz eines relativen Rückgangs in den letzten Jahren überwiegt die ländliche Bevölkerung heute noch. Hierzu zählt die amtliche Statistik alle Bewohner von Ortschaften, die weniger als 10 000 Personen haben. Wie Tabelle 1 zeigt, ging trotz eines Zuwachses von rund 1,2 Mio. Personen der Anteil der Landbevölkerung von 63 % (1960) auf 52 % (1977) zurück. Der Anteil der städtischen Bevölkerung stieg damit im gleichen Zeitraum von 37 % auf 48 % an.

Tabelle 1: <u>Stadt-Land-Verteilung der Bevölkerung Syriens 1960-1977</u>

Bevölkerung	1960		1970		1977		Zuwachsrate 1960-1977
	Mio.E.	%	Mio.E.	%	Mio.E.	%	%
Ländliche	2,88	63	3,56	57	4,08	52	2,0
Städtische	1,69	37	2,74	43	3,77	48	5,0
Insgesamt	4,57	100	6,30	100	7,85	100	3,2

Quelle: Zusammengestellt nach Statistical Abstract 1978, S. 78 f. und S. 102.

---
[1] *Vgl. WIRTH, 1971, S. 167.*

Die seit Mitte der 5oer Jahre anhaltende Landflucht ist der Grund für die
relative Abnahme der ländlichen Bevölkerung. In den ländlichen Räumen fehlen außerlandwirtschaftliche Beschäftigungsmöglichkeiten für die wachsende
Bevölkerung. Dieser Umstand zwingt viele Landbewohner, in die Städte zu ziehen, um Arbeit zu suchen. Eine zum Teil explosionsartige Ausdehnung der
Städte ist die Folge.

Die syrische Bevölkerung hat sich in den letzten 2o Jahren, bedingt durch
hohe Geburtenüberschüsse, stetig verjüngt. Ihre Verteilung auf die verschiedenen Altersgruppen sah im Untersuchungsjahr 1977 folgendermaßen aus:

unter 15 Jahre	49 %
15 bis unter 45 Jahre	37 %
45 bis unter 65 Jahre	lo %
über 65 Jahre	4 %

Diese Altersgliederung zeigt die für Entwicklungsländer charakteristischen
Merkmale: relativ niederer Anteil der älteren und ein vergleichsweise hoher
Anteil der jüngeren Jahrgänge. Durch den hohen Anteil an Kindern und Jugendlichen wird die Relation unproduktive zu produktive Bevölkerung verschlechtert. Eine weitere Einschränkung des produktiven Bevölkerungsanteils ergibt
sich daraus, daß die Mehrheit der städtischen Frauen keinen Beruf ausübt.
Laut statistischen Angaben war 1977 nur ein Viertel der Gesamtbevölkerung beschäftigt.

Die Beschäftigungsstruktur zeigt, daß die Landwirtschaft die wichtigste
Erwerbsquelle ist. In diesem Wirtschaftszweig sind heute noch 51 % aller Erwerbspersonen tätig (Tab. 2). Weitere 29 % arbeiten in den verschiedensten
Dienstleistungsbereichen und nur 12 % haben einen Arbeitsplatz im industriellen Sektor. Charakteristisch für die Beschäftigungsstruktur im Agrarsektor
ist ein hoher Anteil an Kinder- sowie Frauenarbeit und eine verhältnismäßig
niedrige Arbeitsproduktivität [1].

---

[1] *Der Beitrag eines Industriearbeiters zum Nettosozialprodukt war 1975 fünfmal so groß wie der einer in der Landwirtschaft beschäftigten Person.*

Tabelle 2: <u>Beschäftigungsstruktur nach Wirtschaftszweigen 1975</u>

Wirtschaftszweig	Erwerbspersonen	
	in 1ooo	in %
Primärsektor		
Land- und Forstwirtschaft	895	51,1
Bergbau	11	o,6
Sekundärsektor		
Industrie	215	12,3
Bauwirtschaft	122	7,0
Tertiärsektor		
Handel	186	1o,6
Verkehrs- und Nachrichtenwesen	76	4,3
Finanz- und Versicherungswesen	1o	o,6
sonstige Dienstleistungen	235	13,5
Insgesamt	1 75o	1oo

<u>Quelle</u>: Statistical Abstract, 1976, S. 158 f.

1.4. Wirtschaftliche Gegebenheiten Syriens

Die Durchführung von Entwicklungsprojekten in vielen Wirtschaftsbereichen, insbesondere in der Industrie, sowie Produktionssteigerungen in der Landwirtschaft haben zu einer ständigen Erhöhung des Sozialprodukts seit Mitte der 4oer Jahre geführt. Die Beiträge der verschiedenen Wirtschaftszweige zum Nettosozialprodukt gehen aus Tabelle 3 hervor. Eine Analyse der darin enthaltenen Zahlen ergibt folgendes Bild:

1. Zwischen 1953 und 1977 nahm das reale Volkseinkommen um 392 % zu, d.h., innerhalb von 24 Jahren hat es sich nahezu vervierfacht.
2. Den höchsten Zuwachs in der Berichtszeit verzeichneten die staatlichen Dienstleistungen. Danach rangierten die Wirtschaftsbereiche Industrie und Bauwirtschaft.
3. Der Industriesektor gewann innerhalb des Sozialprodukts immer mehr an Bedeutung. Sein Beitrag erreichte im Jahre 1973 18,7 % und übertraf damals zum ersten Mal den der Landwirtschaft. Im Untersuchungsjahr betrug dieser Anteil 23 %, d.h., er hat sich seit 1953 fast verdoppelt.
4. Die Landwirtschaft verlor im Vergleich zu den anderen Zweigen der Wirtschaft merklich an Bedeutung. Zwar hat sich in der Berichtszeit ihr Beitrag

Tabelle 3: Nettosozialprodukt zu Faktorkosten in Preisen von 1963 nach Wirtschaftszweigen 1953-1977

Wirtschaftszweig	1953		1963		1973		1977	
	Mio. Lera	%	Mio. Lera	%	Mio. Lera	%	Mio. Lera	%
Landwirtschaft	873	38,6	1 127	32,1	1 o3o	17,2	1 626	18,3
Industrie + Bergbau	285	12,6	532	15,2	1 115	18,7	2 o43	23,0
Bauwirtschaft	69	3,0	1o4	3,0	173	2,9	383	4,3
Transport + Verkehr	2oo	8,8	295	8,4	827	13,9	716	8,1
Handel	386	17,1	541	15,4	727	12,2	1 414	15,9
Finanzen	4o	1,8	8o	2,3	156	2,6	235	2,6
Wohnungsvermietungen	2o6	9,1	268	7,6	346	5,8	412	4,6
Staatliche Dienstleistungen	75	3,3	358	1o,2	1 1o2	18,5	1 5o7	17,0
Sonstige Dienstleistungen	13o	5,7	2o4	5,8	491	8,2	546	6,2
Insgesamt	2 264	1oo	3 5o9	1oo	5 967	1oo	8 882	1oo

Quelle: Statistical Abstract, 1978, S. 746 f.

zum Volkseinkommen in seinem absoluten Wert fast verdoppelt, anteilmäßig jedoch sank er von 39 % im Jahre 1953 auf nur 18 % im Jahre 1977.

Das durchschnittliche Pro-Kopf-Einkommen in Syrien ist sehr niedrig. Im Jahre 1977 lag es laut amtlichen Angaben bei 2 986 Lera (das entspricht etwa DM 1 4oo,-) [1]. Diese Größe vermittelt allerdings nur ein ungefähres Bild von den herrschenden Einkommensverhältnissen, und hat keine Aussagekraft hinsichtlich der Einkommensverteilung. Unterschiede im Einkommen bestehen zwischen den verschiedenen Berufen, aber auch zwischen Stadt- und Landregionen. Der Verdienst eines Handwerkers oder Industriearbeiters ist im allgemeinen höher als derjenige eines Lehrers, eines Angestellten oder eines Bauerns. Nach einschlägigen Schätzungen erreicht das Einkommen einer Bauernfamilie kaum die Hälfte des Durchschnittseinkommens, und liegt gerade noch bei einem Drittel desjenigen eines in der Industrie Beschäftigten [2].

---

[1] *1 DM entspricht 2,1 Lera, Stand 1977.*
[2] *Vgl. Arabische Organisation für Agrarentwicklung, 1975, S. 81.*

1.5. Landwirtschaftliche Gegebenheiten Syriens

Wie aus der Gliederung der Bodennutzung hervorgeht, betrug die landwirtschaftlich nutzbare Fläche im Untersuchungsjahr 1977 etwa 6 Mio. ha (Tab. 4).

Tabelle 4: Gliederung der Bodennutzung 1977

	Fläche in		
	1 ooo ha	% der Gesamtfläche	% der LN
I. Landwirtschaftlich nutzbare Fläche			
Landwirtschaftliche Nutzfläche		3o	
unbewässertes Land	3 336		6o
Brachland	1 642		3o
Bewässerungsland	531		1o
Nicht genutzte Fläche	355	2	
II. Landwirtschaftlich nichtnutzbare Fläche	3 671	2o	
III. Weide und Steppen	8 531	46	
Wald	452	2	
Gesamtfläche	18 518	1oo	1oo

Quelle: Statistical Abstract, 1978, S. 19o.

Der überwiegende Teil davon (94 %) steht seit Jahren unter Pflug. Nur 355 ooo ha nutzbarer Boden werden heute noch nicht kultiviert. Die landwirtschaftliche Nutzfläche umfaßte im Berichtsjahr 5,51 Mio. ha, von denen allerdings nur 3,87 Mio. ha bebaut wurden. Die übrigen 1,64 Mio. ha, das ist nahezu ein Drittel, lagen brach (Abb. 1). Der Umfang des Bewässerungslandes ist gering und macht bei 531 ooo ha 1o % der landwirtschaftlichen Nutzfläche aus.

Mit Beginn der 4oer Jahre setzte in Syrien ein Prozeß der raschen Ausweitung der landwirtschaftlichen Nutzfläche ein. Nach WIRTH "dehnte sie sich zwischen 1939 und 1959 von 2 Mio. ha auf 6 Mio. ha, also auf das Dreifache, aus"[1]. Städtische Unternehmer begannen zu dieser Zeit mit der Kultivierung der Steppengebiete Nordostsyriens und ihrer Erschließung für die Getreideproduktion. WIRTH beschreibt diesen Ausdehnungsvorgang so: "Von Jahr zu Jahr

---
[1] *WIRTH, 1971, S. 191.*

Abbildung 1: Gliederung der Bodennutzung in Syrien in v.H. 1977

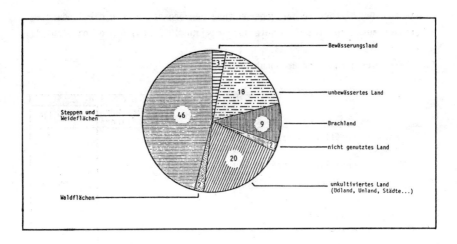

stieg die Zahl der landwirtschaftlichen Maschinen und der Umfang der neukultivierten Fläche sprunghaft an. Innerhalb eines knappen Jahrzehnts wurden fast alle ackerfähigen Gebiete der nordostsyrischen Steppen umgebrochen und in eine schier endlose Weizenflur verwandelt" [1]. Die landwirtschaftliche Nutzfläche erreichte 1963 mit knapp 7 Mio. ha ihre maximale Ausdehnung; seitdem zeigt sie eine abnehmende Tendenz [2]. In den letzten fünf Jahren hat sie sich beim angegebenen Wert von 5,5 Mio. ha stabilisiert. Ähnlich veränderte sich auch das Bewässerungsland. 1947 wurden nur 3oo ooo ha bewässert. Diese Fläche stieg auf ihren Höchstwert von 67o ooo ha im Jahre 1967 und verringerte sich auf 451 ooo ha im Jahre 197o. Seit fünf Jahren liegt sie um o.5 Mio. ha.

Betrachtet man die Veränderungen der LN im Zusammenhang mit der Bevölkerungsvermehrung, ergibt sich folgendes Bild: Die landwirtschaftliche Nutzfläche je Einwohner stieg von 1 ha im Jahre 1947 auf 1,25 ha im Jahre 1962 und sank bis 1977 auf o,7o ha [3]. Eine Produktionserhöhung durch erneute Flächen-

---

[1] *WIRTH, 1964, S. 2o.*

[2] *Der Hauptgrund dieses rückläufigen Trends liegt im Ausscheiden der Grenzböden aus der Landnutzung. Im Zuge der Ausdehnung hatten Städter, die keinerlei Bodenkenntnisse besaßen, oft Grenzböden bebauen lassen. Wegen abnehmender Erträge mußte später der Anbau auf diesen Böden aufgegeben werden.*

[3] *Die Nettoanbaufläche pro Einwohner ist noch geringer und beträgt knapp o,5 ha.*

ausdehnung scheint, zumindest unter den gegenwärtigen Verhältnissen, kaum erreichbar. Dadurch wird vor allem die Bedeutung und Notwendigkeit der Produktivitätssteigerung auf dem alten Kulturland unterstrichen.

Syrien läßt sich in folgende sieben Agrarregionen untergliedern [1]:

1. Südwestsyrien: Ackerebenen von Huran
2. Bewässerungsoasen Mittelsyriens: Ghouta von Damaskus
3. Nordsyrien: Ackerebenen von Aleppo-Idleb-Hama-Homs
4. Westsyrien: Küstenebenen
5. Nordostsyrien: Ackerebenen von Jezireh
6. Flußtäler: Euphrat- und Khabourtal
7. Wüstensteppen.

Karte 2 zeigt die einzelnen Agrarregionen und Tabelle 5 enthält deren wichtigsten Strukturmerkmale. Diese Agrarregionen unterscheiden sich voneinander hinsichtlich Klima, Bodengüte, Wasserversorgung sowie Mechanisierungsgrad ihrer landwirtschaftlichen Betriebe und somit in bezug auf ihre Agrarproduktion und wirtschaftliche Bedeutung. Besiedlungsdichte und Grundeigentumsstruktur sind weitere Faktoren dieser regionalen Differenzierung.

Die Niederschläge nehmen von der Küste, wo sie mit jährlich 7oo-9oo mm am höchsten sind, rasch ab, je weiter man nach Osten und Südosten kommt. So beträgt die jährliche Regenmenge durchschnittlich 4oo mm in den westlichen Teilen Nord-, Mittel- und Südsyriens gegenüber 2oo-3oo mm in den östlichen Teilen dieser Regionen. Die höchsten Besiedlungsdichten weisen die beiden Regionen Westsyrien und Mittelsyrien auf, die niedrigsten Nordostsyrien und die Flußtäler.

Nordsyrien und Nordostsyrien sind die beiden größten und wichtigsten Agrarregionen. Sie umfassen 46 % bzw. 38 % der landwirtschaftlichen Nutzfläche sowie 35 % bzw. 27 % des Bewässerungslandes. Allein in Nordsyrien, wo sich die Ackerebenen von Aleppo-Idleb-Hama-Homs befinden, wird über die Hälfte der gesamten Agrarproduktion Syriens erzeugt. Da hier relativ gute künstliche Bewässerungsmöglichkeiten vorhanden sind, kann der Anbau intensiver betrieben und vielfältiger gestaltet werden. In dieser Region werden außer Getreide und

---

[1] *Diese Gliederung erfolgt in Anlehnung an die Einteilung von WIRTH. Die einzelnen Großlandschaften und Unterregionen werden bei WIRTH ausführlich behandelt (vgl. WIRTH, 1971, S. 361 ff.).*

Karte 2: <u>Agrarregionen in Syrien</u> (nach WIRTH, 1971)

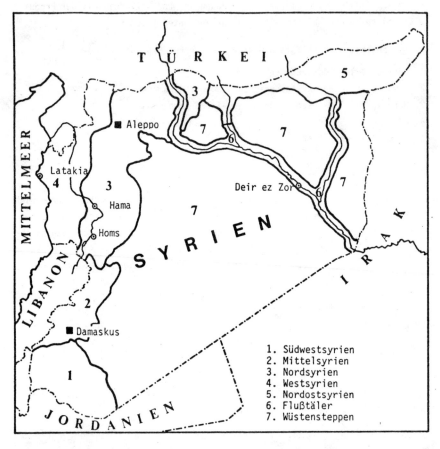

1. Südwestsyrien
2. Mittelsyrien
3. Nordsyrien
4. Westsyrien
5. Nordostsyrien
6. Flußtäler
7. Wüstensteppen

Tabelle 5: <u>Wichtige Strukturmerkmale der syrischen Agrarregionen 1977</u>

Agrarregion	Anteil an LN		Durchschnittl. Niederschläge mm	Besied- lungs- dichte E/km²	Anteil an			Anteil an der Gesamtproduktion				
	unbe- wässert	bewäs- sert			Trak- toren	Mäh- drescher	Motor- pumpen	Getrei- de	Hülsen- früchte	Gemüse	Industrie- kulturen	Baum- haine
Südwestsyrien	9	2	2oo - 4oo	5o	11	2	-	4	14	5	-	11
Mittelsyrien	2	13	2oo - 4oo	1o5	1o	1	22	5	6	14	8	2o
Nordsyrien	46	35	3oo - 6oo	45	51	44	5o	51	67	53	51	53
Westsyrien	4	7	6oo - 1ooo	199	9	1	1o	4	4	16	4	14
Nordostsyrien	38	27	2oo - 3oo	2o	15	51	11	3o	8	7	27	1
Flußtäler	1	16	1oo - 2oo	11	4	1	7	6	1	5	1o	1
Gesamtsyrien	1oo	1oo	-	42	1oo	1oo	1oo	1oo	1oo	1oo	1oo	1oo

<u>Quelle</u>: Zusammengestellt nach Statistical Abstract, 1978.

Baumwolle auch noch verschiedene Hülsenfrüchte, Gemüsesorten und Industriekulturen [1] angebaut. Sie verfügt außerdem über den größten Baumkulturbestand im Lande. Es handelt sich hierbei um Oliven-, Apfel-, Mandel- und Pistazienbäume sowie Rebanlagen. Die klimatischen Verhältnisse in Nordostsyrien ermöglichen dagegen keine dermaßen vielseitige Landnutzung. In dieser Region dominiert deshalb der Anbau von Getreide und Baumwolle.

Vor der Agrarreform verfügten die beiden Regionen Nord- sowie Nordostsyrien über den höchsten Anteil an Traktoren und über alle im Lande vorhandenen Mähdrescher. Gerade in Nordostsyrien begann Mitte der 5oer Jahre der Einsatz von landwirtschaftlichen Maschinen und verbreitete sich von dort aus in die nördliche und andere Agrarregionen aus. Wie dies auch Tabelle 5 zeigt, befindet sich heute der überwiegende Teil der in der Landwirtschaft eingesetzten Maschinen in Nord- sowie Nordostsyrien. In der letztgenannten Agrarregion dominierten vor der Agrarreform riesengroße vollmechanisierte Getreidebetriebe.

Die führende Stellung des Getreides innerhalb der Anbaustruktur geht aus Tabelle 6 hervor. In der Zeit von 1957 bis 1977 hat die Getreideanbaufläche

Tabelle 6: Gliederung der Anbaukulturen 1957-1977

Anbaukulturen	1957		1977	
	in 1 ooo ha	%	in 1 ooo ha	%
Getreide	2 295	74	2 6o2	67
Hülsenfrüchte	227	7	318	8
Gemüse	91	3	249	7
Industriekulturen	283	9	276	7
Baumhaine	23o	7	426	11
Insgesamt	3 126	1oo	3 871	1oo

Quelle: Statistical Abstract, 1957, S. 25o ff. und 1978, S. 199.

um etwa 3oo ooo ha zugenommen, anteilmäßig jedoch sank sie von 74 auf 67 %. Zu den angebauten Getreidearten zählen Weizen, Gerste, Hirse und Mais. Baumwolle ist mit rund 6 % der Anbaufläche die wichtigste Sommerfrucht und das Hauptexportprodukt des Landes. Eine Reihe von Hülsenfrüchten, wie Linsen, Bohnen, Erbsen und Kichererbsen, nimmt etwa 8 % der Nettoanbaufläche ein. Ferner

---

[1] *Industriekulturen sind Baumwolle, Zucker, Tabak, Sesam und Sonnenblumen.*

wird Gemüse auf 7 % der Fläche angebaut, und mit Dauerkulturen wie Öl- und Obstbäumen sowie Weinstöcken sind die restlichen 11 % der Anbaufläche bepflanzt.

Die Viehwirtschaft erstreckt sich auf die Haltung von Schafen, Ziegen, Rindern und Hühnern. Die Schafhaltung dominiert und wird hauptsächlich von Nomaden sowie Halbnomaden betrieben. Die Hühnerhaltung verzeichnet seit etwa zehn Jahren erhebliche Zunahmen. Der jährliche Wert der tierischen Produktion beträgt 2o bis 25 % des Gesamtwertes der Agrarerzeugung [1].

Syrien exportiert neben Baumwolle in guten Erntejahren auch Getreide. Der Anteil des Agrarexports am Gesamtexport variiert von Jahr zu Jahr; er betrug z.B. 1969 71 % gegenüber 18 % im Jahre 1975. Ganz allgemein ist jedoch ein Rückgang der Agrarexporte festzustellen. Die Gründe hierfür liegen zum einen in dem ständig steigenden inländischen Verbrauch und zum anderen in dem sehr geringen Anstieg der landwirtschaftlichen Erzeugung.

Abschließend zu diesem Abschnitt soll an dieser Stelle auf die Entwicklung der Agrarproduktion, insbesondere vor der Agrarreform, kurz eingegangen werden. Eine ausführliche Analyse der Produktions- und Produktivitätsverhältnisse erfolgt im letzten Kapitel dieser Arbeit bei der Besprechung der Reformauswirkungen auf die landwirtschaftliche Erzeugung. Bei der gegebenen Anbaustruktur, in der das Getreide und die Baumwolle dominieren, kann die Entwicklung der Getreide- sowie Baumwollerzeugung als Indikator für die gesamte Agrarproduktionsentwicklung betrachtet werden. In der Zeit von 1945-1957 stieg die Getreideerzeugung von 794 000 auf 2 166 000 t. Mit Beginn der Agrarreform und infolge einer mehrjährigen Dürreperiode sank sie auf einen Tiefstand von 750 000 t im Jahre 1960. Danach stieg sie langsam bis zum Höchststand von 2 918 000 t im Jahre 1976 an. Die Baumwollerzeugung zeigt demgegenüber seit 1945 eine steigende Tendenz, die durch die Agrarreform nicht beeinträchtigt wurde. Während die Baumwollproduktion nur 12 000 t im Jahr 1945 betrug, belief sie sich 1957 auf 292 000 t und 1965 auf ihren höchsten Wert von 472 000 t.

Die Entwicklung des Wertes der gesamten Agrarproduktion wird zusammen mit der Bevölkerungs- sowie Sozialproduktentwicklung in Tabelle 7 dargestellt. Dar-

---

[1] *Nicht selten werden Fleischimporte notwendig, weil die eigene Fleischversorgung oft nicht gesichert ist. 1975 wurden allein für die Einfuhr von tierischen Produkten 156 Mio. Lera aufgewendet (vgl. Statistical Abstract, 1976, S. 42o).*

Tabelle 7: Entwicklung der Bevölkerung, des Nettosozialprodukts und des Agrarproduktionswertes in den Jahren 1954-1977.
Basisjahr: 1954, Sozialprodukt und Agrarproduktionswert in Preisen von 1963

Jahr	Bevölkerung		Nettosozialprodukt		Agrarproduktionswert	
	Mio.E.	Index	Mio.Lera	Index	Mio.Lera	Index
1954	3,81	1oo	2 624	1oo	1 238	1oo
1957	4,14	1o9	2 8o1	1o7	1 326	1o7
196o	4,57	12o	2 575	98	798	64
1963	5,31	139	3 5o9	134	1 4o1	113
1966	5,76	151	3 72o	142	1 285	1o4
1969	6,47	17o	4 79o	183	1 625	131
1972	6,68	175	5 927	226	1 764	142
1975	7,4o	194	8 247	314	1 984	16o
1977	7,85	2o6	8 882	338	2 17o	175
Zuwachsrate 1954-1977 %	3,3		5,5		2,5	

Quelle: Zusammengestellt nach Statistical Abstarcts, 1971, S. 41 und S. 46o ff. sowie 1978, S. 78 und S. 732 ff.

aus geht hervor, daß sich die Bevölkerung innerhalb von 23 Jahren mehr als verdoppelt hat. In diesem Zeitintervall stieg das Volkseinkommen real um 338 % an, der Wert der landwirtschaftlichen Produktion dagegen nur um 175 %. Die Zahlen mögen sich bei genauer Betrachtung als nicht exakt erweisen. Wesentlich ist aber der Trend, den sie zeigen: der Zuwachs der Agrarproduktion liegt unterhalb desjenigen der Bevölkerung. Da ein anhaltendes Nachhinken der landwirtschaftlichen Erzeugung hinter dem Bevölkerungswachstum die Nahrungsmittelversorgung gefährdet, müssen vor allem hinsichtlich der Produktivitätserhöhung viele Anstrengungen unternommen werden, damit die Ernährung der Bevölkerung gesichert bleibt.

Teil I: Ursachen und Verlauf der syrischen Agrarreform

2. Grundzüge der Agrarverfassung vor der Reform

2.1. Formen des Grundeigentums und ihre räumliche Verbreitung

2.1.1. Privateigentum

In Syrien entwickelten sich historisch zwei verschiedene Arten von Bodenrechten: Eigentumsrecht (Raqaba) sowie Nutzungsrecht (Tassaruf) [1]. Folglich gab es auch zwei Typen von Landbesitzern: Privateigentümer (Malek Chas) und Nutznießer (Mutassaref). Ein Privateigentümer besaß sowohl Eigentums- als auch Nutzungsrechte und konnte somit über sein Eigentum frei verfügen. Im Gegensatz hierzu beschränkten sich die Rechte eines Nutznießers allein auf die Nutzung. Er durfte das Land, das dem Staat gehörte, nutzen. Da aber mit der Vergabe von Nutzungsrechten kein Selbstbewirtschaftungszwang verbunden war und da diese auf Lebenszeit vergeben wurden und vererbbar waren, bestand zwischen dem Privatland und dem Nutzungsland faktisch kein Unterschied.

Diese beiden Arten des Bodenrechts existierten nebeneinander, solange es keine gesetzlichen Grundlagen für die Regelung der Bodenbesitzverhältnisse im Lande gab. Das osmanische Bodengesetz von 1858 stellt den ersten Versuch in dieser Richtung dar [2]. In den Jahren 1926, 1930, 1940 und 1941 folgte eine Reihe von Verordnungen und Gesetzen, die sämtlich darauf abzielten, durch Zwangsregistrierung die Eigentumsverhältnisse an Grund und Boden zu regeln. Von der Durchführung dieser Gesetze zog nur eine kleine Schicht von einfluß-

---

[1] *Das islamische Recht unterscheidet diese zwei Arten von Eigentum. Es gibt das Obereigentum oder Raqaba, hier verfügt der Eigentümer ohne Einschränkung über sein Eigentum sowie das Nutzungseigentum, bei dem der Nutznießer lediglich Nutzungsrechte und keine absolute Verfügungsfreiheit hat (vgl. RINGER, 1967, S. 65 und AL-HILALI, 1967, S. 23).*

[2] *Das Gesetz sah außer der Registrierung auch die Klassifizierung des Bodens in fünf Kategorien vor:*
1. Mulk-Land: Privatland,
2. Miri-Land: Staatsland,
3. Waqf-Land: Stiftungsland,
4. Matrukah: Land zur Erfüllung öffentlicher Aufgaben,
5. Mawatland: Ödland sowie unerschlossenes Land.
Bei der Bodenregistrierung konnten alle Personen, die nachweislich eine bestimmte Fläche Miri-Land zehn Jahre lang bewirtschaftet hatten, eine offizielle Besitzurkunde (Sanad-Tabu) darüber erhalten. Die Besitzrechte wurden in die Grundbücher (Defterchane) eingetragen.

reichen Grundherren Nutzen, während daraus für die überwiegende Mehrheit der Bodenbewirtschafter negative Auswirkungen entstanden [1]. Die Bodenregistrierung schaffte das Nutzungsrecht ab, führte jedoch zur Entstehung, Erweiterung und Legalisierung des Großgrundbesitzes. Hierzu stellte WIRTH fest: "Viele Feudalbesitztümer in Syrien entstanden als Folge der staatlichen Bemühungen, die vorher gewohnheitsrechtlich geregelten Grundbesitzverhältnisse zu ordnen, zu registrieren und zu fixieren. Feste Besitzumschreibungen sind meist den jeweils mächtigsten und einflußreichsten Personen, den Dorfältesten und Stammesführern, zugute gekommen" [2].

Nach amtlichen Schätzungen belief sich vor der Agrarreform der Umfang des Privatlandes auf über 6 Mio. ha, das sind 77 % des gesamten nutzbaren Landes in Syrien [3]. Privateigentum an Grund und Boden war in allen Landesteilen vertreten, jedoch mit einem unterschiedlichen Verbreitungsgrad. So befanden sich 38 % des gesamten Privatlandes allein in der nordsyrischen Agrarregion, hauptsächlich im Landesteil Aleppo. Weitere 26 % lagen in Nordostsyrien und 14 % in Mittelsyrien. Der Rest von 22 % verteilte sich zu ungefähr gleichen Anteilen auf Süd- und Westsyrien.

Das Großgrundeigentum (über 1oo ha), das etwa 38 % des Privatlandes ausmachte, war am stärksten in Nord- und Nordostsyrien verbreitet. Hier besaßen städtische Grundherren große Ländereien, wobei einige von ihnen über mehrere Dörfer verfügten. Der Reichtum der Feudalherren wurde nach der Anzahl ihrer Dörfer bemessen und dementsprechend war auch ihre gesellschaftliche Machtstellung [4].

Bei der Großgrundeigentümerschicht handelt es sich um eine heterogene Gruppe, die sich im wesentlichen formierte aus:

---

[1] *So schreibt RINGER über die Durchführung des osmanischen Bodengesetzes folgendes: "Wo sie vorgenommen wurde, führte sie häufig zur Erweiterung und Festigung des Grundbesitzes sowie der Verfügungsgewalt über Land und Leute in den Händen der Mächtigsten" (RINGER, 1967, S. 66).*

[2] *WIRTH, 1971, S. 213.*

[3] *Diese Schätzungen gehen von einer Gesamtfläche aus, die bei nahezu 8 Mio. ha liegt. Sie umfaßt die landwirtschaftliche Nutzfläche, die weitere nutzbare Fläche sowie einen Teil des Weidelandes.*

[4] *Vgl. ABBAS, 1962, S. 36 und WIRTH, 1971, S. 214.*
WIRTH berichtet in diesem Zusammenhang von den beiden Feudalfamilien Barazi und Azem mit 41 bzw. 22 Dörfern. In der Vorreformzeit hatte vor allem die Familie Azem die Politik des Landes maßgeblich mitbestimmt.

1. Großgrundeigentümern, die durch die bereits erwähnte Bodenregistrierung Eigentumsrechte erworben hatten;
2. Großgrundeigentümern, die sich illegal Staatslandes bemächtigt hatten;
3. Stammesfürsten, die sich ebenfalls während des Registrierungsprozesses große Flächen der Stammesweiden (formal Staatsland) aneigneten [1];
4. Städtischen Unternehmern und wohlhabenden Kaufleuten, die durch Landkauf zu Grundeigentümern wurden. Viele Agrarunternehmer investierten einen beträchtlichen Teil ihrer erwirtschafteten Gewinne in den Kauf von Nomadenland [2].

Nur ganz wenige Feudalherren wohnten auf dem Land und übernahmen selbst die Leitung ihrer Güter. Die meisten von ihnen waren "absentee landlords", die in den Städten lebten, sich selbst kaum um das Wohl der Dörfer kümmerten und lediglich an der Abschöpfung der Grundrente interessiert waren. Oft wurden sie durch einen oder mehrere Verwalter (Wakil) in den Dörfern vertreten.

Neben dem Großgrundeigentum gab es auch Mittelgrundeigentum (1o bis unter 1oo ha) sowie Kleingrundeigentum (unter 1o ha). Während das Mittelgrundeigentum etwa 43 % des Privatlandes einnahm, umfaßte das Kleingrundeigentum den Rest von 19 %. Nord- und Nordostsyrien gehörten zu den Hauptverbreitungsgebieten des Mitteleigentums. Demgegenüber war Kleineigentum in der Umgebung von Städten und Flußtälern, in den Gebirgsgegenden und in den Küstenebenen anzutreffen.

2.1.2. Staatsland

Zum Staatsland gehörte im Prinzip alles Land, das nicht als Eigentum von Privatpersonen registriert war. Es bestand hauptsächlich aus:
- Staatsdomänen, die von Kleinbauern bewirtschaftet wurden,
- Stammesweiden, die im Gemeinbesitz der Stämme waren,
- Staatsländereien, deren Nutzung sich einflußreiche Feudalherren bemächtigten [3] und
- allem noch unkultivierten, nutzbaren Land.

---

[1] *"Erst die Eintragung in die Grundbücher, bei der die Stammeshäuptlinge als Eigentümer im Namen aller Stammesmitglieder zeichneten, ließ die Beduinenscheichs...den Sprung zum Großgrundbesitzer machen"* (HOLZMANN, 1959, S. 264).

[2] *Vgl. WIRTH, 1971, S. 213.*

[3] *Vgl. TANNOUS, 195o, S. 267.*

Über Umfang und Größe der Staatsländereien vor der Agrarreform liegen nur ungenaue, zum Teil widersprüchliche Angaben vor. Da sie zu jener Zeit nicht katastermäßig erfaßt waren, ist man auf Schätzungen angewiesen, die allerdings große Abweichungen zeigen. So schwanken die angegebenen Werte zwischen 1,5 und 2,5 Mio. ha [1]. Die tatsächliche Größe dürfte bei 1,8 Mio. ha liegen, worin ein Großteil an unkultiviertem Boden enthalten ist. Der überwiegende Teil des Staatslandes (etwa 80 %) befand sich in Nordsyrien, vor allem in den beiden Landesteilen Homs und Aleppo. Ein weiterer Teil (18 %) lag in der nordöstlichen Agrarregion. Demgegenüber war der Anteil des Staatslandes in West-, Süd- und Mittelsyrien verschwindend klein.

2.2. Grundeigentums- und Betriebsgrößenstruktur

Ein genaues Bild über die früheren Eigentumsverhältnisse läßt sich nicht gewinnen, da die hierfür notwendigen Zahlen fehlen. Weder die Anzahl der Landeigentümer noch ihre jeweilige Eigentumsgröße stand vor der Agrarreform fest. Eher herrschte eine Verworrenheit, die von TANNOUS folgendermaßen beschrieben wurde: "Bei vielen genutzten bzw. nutzbaren Flächen war es nicht klar, wem sie wirklich gehörten: dem Staat, diesen oder jenen absenten Grundherren oder den tatsächlichen Bewirtschaftern" [2]. Die Gründe liegen einmal darin, daß zu jener Zeit die Bodenregistrierung noch nicht abgeschlossen war, und zweitens darin, daß nur ein Teil des Landes (bis 1958 etwa 40 %) katastermäßig erfaßt worden war. Auf diesem Hintergrund müssen die in Tabelle 8 enthaltenen Zahlenangaben mit Vorbehalt interpretiert werden. Demnach machte das Großgrundeigentum 29 % der landwirtschaftlichen Nutzfläche aus, das Mitteleigentum 33 % und das Kleineigentum nur 15 %. Sehr gering war die Anzahl der Eigentümer in der Größenklasse des Großgrundeigentums. Nach ABBAS besaßen 3 240 Personen 2,21 Mio. ha Land [3]. Bezieht man diese Zahl auf die von AYOUB angegebene Gesamtzahl der Landeigentümer von 258 681, so verfügten 1,25 % über nahezu die Hälfte der landwirtschaftlichen Nutzfläche [4]. Das zeigt, wie groß die Konzentration des Bodeneigentums war und ebenso, wie ungleich und ungerecht seine Verteilung war.

---

[1] Vgl. ABBAS, 1962, S. 43.
[2] TANNOUS, 1950, S. 263.
[3] Vgl. ABBAS, 1962, S. 149.
[4] Vgl. AYOUB, 1971, S. 57, EL-ZAIM, 1967, S. 69 und KAMAL, 1971, S. 497.

Tabelle 8: Grundeigentumsverhältnisse in den Landesteilen vor der Agrarreform in 1 ooo ha

Landesteil	Privateigentum						Staats-eigentum		Insgesamt	
	unter 1o ha		1o-1oo ha		über 1oo ha					
	abs.	%	abs.	%	abs.	%	abs.	%	abs.	%
Damaskus	178	21	288	34	347	42	25	3	838	1oo
Hauran	195	46	188	45	27	6	11	3	421	1oo
Djebel Al-Arab	11o	33	175	53	45	14	0	0	33o	1oo
Homs	38	4	13o	12	157	15	72o	69	1o45	1oo
Hama	8	1	145	24	195	31	269	44	617	1oo
Lataqia	175	28	24o	38	2o7	33	8	1	63o	1oo
Aleppo	265	13	645	3o	745	35	463	22	2118	1oo
Euphurat	133	15	287	32	246	28	224	25	89o	1oo
Al-Jasirah	55	5	529	52	343	34	95	9	1o22	1oo
Syrien insgesamt	1157	15	2627	33	2312	29	1815	23	7911	1oo

Quelle: Hanna, 1978, S. 44 f.

Noch deutlicher als diese Zahlen lassen die von der Weltbank veröffentlichten Angaben über die Grundeigentumsverteilung die Dominanz des Großgrundeigentums erkennen. Die bis 1952 bereits vermessenen und registrierten 2,2 Mio. ha Privatland teilten sich demnach wie folgt auf:

   Kleingrundeigentum 13 %
   Mittelgrundeigentum 38 %
   Großgrundeigentum   49 % [1)]

Ebenso wie bei der Eigentumsstruktur, machte die amtliche Statistik keine Angaben über Anzahl und Größe der landwirtschaftlichen Betriebe. Daher kann auch hier keine genaue Vorstellung über die Betriebsgrößenstruktur vor der Agrarreform entwickelt werden. Mit Ausnahme der nordöstlichen Agrarregion überwog in allen anderen Regionen die kleinbetriebliche Struktur. In der Regel bewirtschafteten die Grundherren und ein Großteil der Mittelgrundeigentümer das ihnen gehörende Land nicht selbst, sondern teilten es in mehrere Betriebe auf, die sie an die Bauern abgaben. Die Aufteilung erfolgte nach be-

---

[1)] *The International Bank for Reconstruction and Development, 1955, S. 354/355.*

stimmten Kriterien, z.B. nach der Familiengröße und dem Zugtierbesatz. Eine durchschnittliche Bauernfamilie bekam, wenn sie ein Gespann besaß, ein Feddan [1]. Die Größe eines Feddans variierte von Ort zu Ort und lag im Durchschnitt bei 4o ha. Viele Familien, die entweder klein waren oder kein eigenes Gespann hatten, erhielten die Hälfte, ein Drittel, ein Viertel oder gar nur ein Fünftel eines Feddans. Auf diese Weise entstand in den Dörfern neben einigen Mittelbetrieben eine große Anzahl von Kleinbetrieben. Oft umfaßte die Betriebsfläche nur einige Hektar und bot bei der üblichen Brachewirtschaft und dem niedrigen Produktionsniveau kaum eine befriedigende Existenzgrundlage für die Bauernfamilien.

Landwirtschaftliche Großbetriebe mit einer Fläche von über 1oo ha waren fast ausschließlich in den Gebieten Nordostsyriens verbreitet. Dort gab es mehrere Betriebe, die jeweils einige Tausend Hektar umfaßten. "Die beiden größten Betriebe bewirtschafteten je ungefähr 1oo ooo ha Regenfelder und 3 ooo ha bewässerte Baumflur mit je etwa 5oo Dauerarbeitskräften und zusätzlich 7oo Baumwollpflückern" [2]. Diese Großbetriebe sind jüngeren Datums. Sie entstanden bei der Erschließung der nordöstlichen Gebiete für die Landwirtschaft und wurden von Agrarunternehmern errichtet und geleitet.

2.3. Formen der Landbewirtschaftung

2.3.1. Eigenbewirtschaftung

Der überwiegende Teil des Kleingrundeigentums und ein Teil des Mitteleigentums wurden von ihren Eigentümern direkt bewirtschaftet. Es handelte sich hierbei um schätzungsweise 2o-25 % der gesamten landwirtschaftlichen Nutzfläche. Die Mehrzahl der Eigentümerbetriebe gehören, von ihrer Größe her, in die Kategorie der kleinbäuerlichen Betriebe, die hauptsächlich unter Einsatz der familieneigenen Arbeitskräfte bewirtschaftet wurden. In ihnen waren Fremdarbeiter höchstens während der Erntezeit beschäftigt. Derartige Betriebe gab es in allen Agrarregionen, insbesondere jedoch in den Gebirgsgegenden, in der Küstenebene sowie in Süd- und Mittelsyrien. Vorherrschend in diesen Betrieben waren, früher mehr als heute, veraltete traditionelle Anbaupraktiken. Sämtliche Feld- und Erntearbeiten wurden hier mit Hakenpflug und tierischer Zugkraft

---

[1] *Ein Feddan ist ein früheres Feldmaß. Es umfaßt soviel Land, wie ein Bauer mit seinem Gespann bearbeiten kann.*

[2] *WIRTH, 1964, S. 25.*

verrichtet. Für die Anmietung von landwirtschaftlichen Maschinen standen den Eigentumsbauern keine finanziellen Mittel zur Verfügung. Außerdem befand sich damals die Verbreitung von Traktoren und Mähdreschern noch in ihren Anfängen.

Die Realteilung wirkte sich besonders negativ auf die Struktur und Einkommensverhältnisse der Eigentumsbauern aus, da sie ohnehin kleine Betriebe hatten. Im Laufe der Zeit wurden sie von Generation zu Generation kleiner und, da aus Gründen einer gerechteren Aufteilung auch noch jede Parzelle im Erbfall geteilt wurde, mehr und mehr zersplittert. Daher enthielten die eigenbewirtschafteten Betriebe einen großen Anteil an Kleinst- und Zwergbetrieben.

Die Lebensverhältnisse der Eigentumsbauern glichen denen anderer Bodenbewirtschafter und waren trotz Eigenbesitz nicht besser. Sie lebten am Rande des Existenzminimums, denn sie konnten aus den kleinen Flächen mit der herkömmlichen Wirtschaftsweise kaum den Lebensunterhalt ihrer Familie erzielen. Ihr Einkommen war sehr niedrig und unterschied sich geringfügig von dem der Teilpächter. In den dichtbesiedelten und übervölkerten Gebieten war es sogar noch schlechter: "Ein Fellache, der im Bereich der Ghouta von Damaskus gegen Ernteteilung intensiv bebautes Land bewirtschaftet, kann in der Regel ein wesentlich höheres Einkommen erzielen als ein Fellache, der im Jebel Ansariye oder im Jebel Drouz seinen Kleinbesitz selbst bewirtschaftet" [1]. Zwar gingen vom Eigenbesitz keine positiven Wirkungen auf den Lebensstandard der Eigentumsbauern aus, aber er verhinderte die Abhängigkeit vom feudalen Großgrundbesitz. Mißernten und niedere Erträge brachten sie jedoch immer wieder in finanzielle Not und damit in die Abhängigkeit städtischer Geldverleiher. Unter den herrschenden Agrarverhältnissen vermochten die Eigentumsbauern ihre Betriebe nicht zu leistungsfähigen Familienbetrieben zu entwickeln.

2.3.2. Fremdbewirtschaftung

2.3.2.1. Teilpacht und Teilbau [2]

Der überwiegende Teil des Landes, insbesondere das Großgrundeigentum, wurde nicht von den Eigentümern selbst bewirtschaftet, sondern an Teilpächter abgegeben [3]. Ein weiterer, jedoch geringerer Teil wurde von Anteilbauern be-

---

[1] WIRTH, 1971, S. 215.
[2] *Der Teilbau unterscheidet sich von der Teilpacht dadurch, daß der Anteilbauer beim Teilbau nicht auf eigene Rechnung, sondern für den Grundeigentümer arbeitet und dessen Anweisungen ausführt, während der Teilpächter selbständig arbeitet und ein freies Verfügungsrecht über Landnutzung und Bodenertrag hat (vgl. PLANCK, 1962, S. 48 f.).*
[3] Vgl. KUHNEN, 1963, S. 64.

baut. Teilbau und Teilpacht, bei denen die Aufteilung der Erntemenge zwischen
Grundeigentümer und Bodenbewirtschafter nach einem bestimmten Verteilungs-
schlüssel erfolgt, waren und sind heute noch in allen syrischen Agrarregionen
verbreitet. Die Bewirtschaftungsform Teilbau herrschte bei den mittelgroßen
Besitztümern vor, während die Pachtnutzung stärker beim Großgrundeigentum in
Erscheinung trat [1].

Sowohl bei der Teilpacht als auch beim Teilbau herrschte das Prinzip der
Ernteaufteilung. Die Grundkonzeption ging von fünf Produktionsfaktoren aus,
gemäß denen der Rohertrag anteilmäßig zwischen Grundeigentümer und Bodenbewirtschafter aufgeteilt wurde. Es sind dies die Produktionsfaktoren Boden,
Arbeit, Saatgut, Zugvieh mit dem dazu gehörigen Arbeitsgerät sowie Wasser.
Die Anteilbauern brachten lediglich ihre Arbeitskraft in den Betrieb ein und
führten die Anordnungen des Betriebsinhabers aus. Für den Einsatz ihrer Arbeit und die ihrer Familie erhielten sie ein Viertel der Ernte. Demgegenüber
standen die Teilpächter nicht in einem Arbeitsverhältnis wie die Anteilbauern,
sondern in einem Pachtverhältnis. Sie pachteten das Land, führten den Betrieb
selbständig und bekamen einen größeren Anteil am Rohertrag, je nachdem, ob
sie die restlichen Produktionsfaktoren allein oder zusammen mit dem Grundeigentümer bereitstellten. In den verschiedenen Agrarregionen herrschten unterschiedliche Teilungsregeln vor [2]. Außerdem waren Bodengüte, Anbaukultur,
Höhe der Wasserkosten sowie Art der Wasserbeschaffung maßgeblich für die Höhe
der Ernteaufteilung. Weitere Teilungsunterschiede gab es bei dem Anbau von
Winter- und Sommerfrüchten oder Gemüse. Tabelle 9 zeigt die Ernteanteile der
Grundeigentümer bei einigen Feldfrüchten in den wichtigsten Agrarregionen des
Landes. In Mittelsyrien wurde beim Regenfeldbau meistens 5o:5o geteilt, wobei
der Eigentümer lediglich den Boden und das Saatgut zur Verfügung stellte. Vie-
le Teilpächter erhielten 75 % des Rohertrages, wenn sie außer ihrer Arbeitskraft auch das Saatgut und die Arbeitstiere mitbrachten. Bedingt durch die
Ausdehnung der Bewässerung und des Baumwollanbaus sowie den zunehmenden
Schleppereinsatz Anfang der 5oer Jahre haben sich die Teilungsquoten in bestimmten Gebieten verändert, allerdings selten zugunsten der Landbewirtschaf-

---

[1] *Vgl. ABBAS, 1962, S. 51.*
[2] *"Die Anteile der Eigentümer sind am höchsten in der Umgebung von Städten und am niedrigsten am Rande der Wüste" (WARRINER, 1962, S. 93).*

Tabelle 9: Ernteanteile des Grundeigentümers in verschiedenen Regionen

	Region	Anbau-kultur	Bereitstellung von ...%			Ernteanteil des Grund-eigentümers %
			Saatgut	Zugtiere und Geräte	Wasser	
Regen-feld-bau	Aleppo	Getreide	1oo	-	-	5o
			5o	5o	-	5o
			-	-	-	25
	Hama	Getreide	5o	5o	-	5o
			-	-	-	2o-25
		Mais	-	-	-	33
	Homs	Getreide	-	-	-	25
	Jezireh	Getreide	1oo	1oo	-	75
			1oo	-	-	5o
			-	-	-	12
	Süd-syrien	Getreide	1oo	1oo	-	75
			1oo	-	-	5o
			-	-	-	2o
Be-wässe-rungs-feld-bau	Aleppo	Baumwolle	1oo	1oo	1oo	75
			-	-	1oo	5o
	Hama	Getreide	5o	5o	1oo	6o
		Baumwolle	1oo	1oo	1oo	75
			-	-	-	2o
	Homs	Baumwolle	-	-	1oo	5o
			-	-	-	25-42,5
	Mittel-syrien	Gemüse	1oo	1oo	1oo	8o

Quelle: Zusammengestellt nach Wirth, 1971; Abbas, 1962; Money-Kyrle, 1965 und eigenen Erhebungen.

ter [1]. Im Rahmen des Teilbau- und Teilpachtsystems mußten die Bauern für den

---

[1] *MONEY-KURLE berichtet von Teilpächtern, die einen Anteil von 75 % des Rohertrages hatten, und nach Einführung des Baumwollanbaus nur noch 25 % erhielten. Trotzdem ging es ihnen besser. Nur ganz wenige Teilpächter waren aufgrund der hohen Baumwollpreise in dieser glücklichen Situation (vgl. MONEY-KYRLE, 1956, S. 7).*

Eigentümer zusätzliche Abgaben leisten und mancherorts bestimmte Sonderarbeiten verrichten [1].

Die geschilderten Teilungsverhältnisse wirkten sich auf die landwirtschaftliche Produktion und somit auf die Gesamtwirtschaft negativ aus. Auf der einen Seite lebte der Grundherr trotz rückständiger Produktionsmethoden im Überfluß und war deshalb an einer kostspieligen Modernisierung nicht interessiert, auf der anderen Seite dachte auch der Fellache niemals daran, seine Anbaupraktiken oder seine Wirtschaftsgesinnung zu ändern. Er gab sich auch keine große Mühe, weil er genau wußte, daß jede Ertragssteigerung den Anteil des Grundherren vergrößerte, während sein eigener Anteil durch verschiedene Manipulationen (z.B. hohe Zinsforderung für Kredite oder Preisfestsetzung) praktisch unverändert blieb.

Die Einkommensverhältnisse der Teilpächter waren aufgrund ihrer höheren Ertragsanteile im allgemeinen etwas besser als die der Anteilbauern. Beide waren jedoch von den Grundherren und deren Willkür gleichermaßen abhängig. Vertragliche Vereinbarungen wurden in der Regel nicht abgeschlossen, und wenn, dann nur mündlich. Der Wille des Grundeigentümers zusammen mit dem Wohlverhalten des Anteilbauern bzw. Pächters bestimmten die Dauer des Arbeits- bzw. Pachtverhältnisses. Die feudale Agrarverfassung verhinderte die Entwicklung gesicherter Pachtverträge, und so lebten die Teilpächter in einer permanenten Besitzunsicherheit, die ihre Einsatz- und Innovationsbereitschaft lähmte.

2.3.2.2. Mouchaasystem

Alle Dörfer, die einer Feudalfamilie gehörten und von Teilpächtern bewirtschaftet wurden, waren sogenannte Mouchaadörfer. Der Grundherr bestimmte, wer von den Bauernfamilien Land bekommen sollte und wieviel. Wo aber die Grundstücke lagen und aus wieviel Parzellen ein Betrieb bestand, wurde von der Dorfgemeinschaft festgelegt, und es gab mancherorts jedes Jahr eine Bodenneuaufteilung. Bei dem Mouchaasystem befand sich der Boden also im Kollektivbesitz der Gesamtheit der Bewirtschafter, seine Bebauung erfolgte jedoch streng

---

[1] *Es gab z.B. die sogenannten "Schkarah"-Dienste: Der Grundherr behielt sich innerhalb der Feldflur eine bestimmte Fläche vor, die von allen Landpächtern und Anteilbauern gemeinsam bewirtschaftet werden mußte. Die Ernte gehörte ausschließlich dem Eigentümer und wurde ebenso wie sein Ernteanteil von den Bodenbewirtschaftern in die Getreidelager transportiert. In bestimmten Gegenden gab es sogar Abgaben für eine Heiratserlaubnis (vgl. ABBAS, 1962, S. 53).*

individuell [1]. Dieses System, dessen Ursprung bis heute noch nicht aufgehellt ist, war vor der Agrarreform hauptsächlich in den Gegenden von Homs-Hama sowie in Südsyrien stark verbreitet [2]. Sein Zweck war es, eine möglichst gerechte Bodenverteilung unter den einzelnen Besitzern zu erreichen. Keiner von ihnen sollte übervorteilt werden. Deshalb wurde die Gesamtflur des Dorfes zunächst in verschiedene gewannartige Flurkomplexe gegliedert, welche hinsichtlich ihrer Bodengüte und Ertragsfähigkeit gleichwertig waren. Diese großen Komplexe unterteilte man in einige Blöcke (Maksam) und diese wiederum in mehrere langstreifige Parzellen (Sahm). In der Regel waren die Parzellen sehr schmal und sehr lang. Ihre Breite schwankte zwischen 1 und 2o Meter, die Länge zwischen 1oo und 5oo Meter. Jeder Bauer besaß in jedem Block eine Anzahl von Flurstücken, die seinem Gesamtbesitz entsprachen. Dadurch hatte er 5o bis 8o Langstreifen zu bewirtschaften. Die Vermessung und Anlage der Parzellen geschah in jedem Flurkomplex entweder jährlich oder alle 2 bis 3 Jahre. Die Flluraufteilung wurde von einem Dorfrat, bestehend aus den Vertretern der einzelnen Familiengruppen (insgesamt 8-12 Personen), beschlossen, überwacht und gemeinsam mit den Besitzern durchgeführt. Ihm gehörten außerdem der Dorfvorsteher sowie der Dorfälteste an. Die Aufteilung der Flur nahmen die Bauern selbst ohne die Einmischung des Grundherren vor.

Das Mouchaasystem sichert zwar auf der einen Seite eine gerechte Bodenverteilung, auf der anderen Seite aber birgt es einige schwerwiegende Nachteile in sich. Die extreme Flurzersplitterung macht vor allem den effektiven Arbeits- und Maschineneinsatz unmöglich. Ferner wechseln mit jeder Neuverteilung die Parzellen des landwirtschaftlichen Betriebes, was seinem Inhaber jegliches Interesse an innerbetrieblichen Verbesserungen nimmt. Betriebsinvestitionen oder Meliorationen bleiben aus, weil hierzu eine gewisse Stetigkeit bzw. Besitzsicherheit erforderlich ist, die jedoch bei diesem System fehlt. KLAT, der das Mouchaa-System in Syrien ausführlich untersuchte, kommt zu folgender Beurteilung: "Im Mouchaa-Besitz liegt ohne Zweifel einer der Hauptgründe für die niedrige Produktivität in den einst blühenden Ackerebenen Innersyriens und er stellt ein deutliches Hindernis für jeden landwirtschaftlichen Fortschritt dar" [3]. Die Mängel dieses Systems können erst durch die Übereignung des Bodens an seinen Bewirtschafter beseitigt werden. Die Agrarreform sollte durch die Verteilung von Mouchaa-Dörfern einen Beitrag zur Auflösung der Mouchaa-Flur leisten.

---
[1] *Zum Unterschied zwischen Eigentum und Besitz siehe Abschnitt 6.1.1.*
[2] *Vgl. WIRTH, 1971, S. 228.*
[3] *KLAT, 1957, S. 18.*

2.3.2.3. Pächter-Unternehmer-Nutzung [1]

Zusammen mit der Neuerschließung der Steppengebiete Nordostsyriens durch Agrarunternehmer entstand eine neue Art der Pachtnutzung, die sich jedoch auf diese dünnbesiedelte Agrarregion beschränkte. Eine kleine Zahl von Pächter-Unternehmern, die früher nur am Rande mit der Landwirtschaft zu tun hatte, pachtete in dieser Region Nomadenland und errichtete darauf mit sehr viel Kapital moderne vollmechanisierte große Getreidebetriebe [2]. Es waren wohlhabende städtische Kaufleute, die eine rentable Anlage für ihr Kapital suchten und sie in der Erschließung landwirtschaftlicher Reserven fanden. Eindeutig auf ihre Privatinitiative geht die Errichtung moderner Landwirtschaftsbetriebe in dieser Region zurück. Die Eigentümer des Landes, das bis dahin von ansässigen Halbnomaden bewirtschaftet und von Nomaden beweidet wurde, waren die Stammesführer; sie traten nun als Verpächter in einem Naturalpachtvertrag auf, der sich meist über zwei bis drei Jahre erstreckte. Je nach Vereinbarung, Bodengüte und Niederschlagsmenge im Anbaugebiet erhielten sie einen Ernteanteil von 10-25 % des Rohertrages. Der Rest fiel den Pächtern zu. Im Gegensatz zu den Stammesfürsten konsumierten die Unternehmer nicht ihre gesamten erzielten, hohen Gewinne. Ein großer Teil davon wurde wieder für den Kauf von landwirtschaftlichen Maschinen sowie zur Erweiterung der Betriebe eingesetzt. Die Unternehmer haben also einen großen Beitrag zur Modernisierung der Landwirtschaft geleistet, einmal, weil sie an der Erhöhung ihrer Einnahmen interessiert waren, und zum zweiten, weil sie, anders als die Verpächter, eben keine bloßen Rentenbezieher waren. Wie WIRTH dazu schreibt, gelang es ihnen, den Teufelskreis des orientalischen Rentenkapitalismus zu durchbrechen [3].

Auch wenn die betriebswirtschaftlichen Vorteile der neuentstandenen Großbetriebe unbestreitbar sind, so dürfen die negativen Wirkungen, die ihre Verbreitung begleiteten, nicht außer acht gelassen werden. Während sich die materielle Situation der Agrarunternehmer und Stammesfürsten erheblich verbesserte, verschlechterten sich die Lebensverhältnisse der Bauern zusehends. Der mechanisierte Anbau dehnte sich allmählich vom Steppenland auf die Dorfgemarkungen aus. Dadurch wurden die Dorfbewohner von ihren Feldern immer mehr verdrängt, bis ihnen letztlich nur jene Felder verblieben, die für den Agrarun-

---

[1] *Diese Bezeichnung Pächter-Unternehmer erfolgt in Anlehnung an WENZEL, da sie auf den neu entstandenen Pächtertyp zutrifft (vgl. WENZEL, 1974, S. 68).*

[2] *STUCKEN bezeichnet diese leistungsfähigeren Landwirtschaftsbetriebe, die zunächst auf die Getreideproduktion spezialisiert waren und einen hohen Mechanisierungsgrad aufwiesen, als "Getreidefabriken" (vgl. WIRTH, 1964, S. 22 f.).*

[3] *Vgl. WIRTH, 1965, S. 264.*

ternehmer uninteressant waren und sein Anbauvorhaben nicht behinderten [1]. Für die Mehrzahl der früheren Landbewirtschafter war der soziale Abstieg unvermeidlich; sie fanden "höchstens als Feldhüter oder Pflücker Verwendung" [2]. Weitere negative Auswirkungen lagen im Raubbau sowie in der Konzentration des Grundbesitzes in den Händen der Agrarunternehmer. Einige von ihnen verfügten über Tausende von Hektar. Später gingen die Unternehmer zum Kauf des vorher gepachteten Landes über, so daß der Besitzvergrößerung eine Anhäufung von Bodeneigentum folgte. Erst die Agrarreform stoppte 1958 diesen Konzentrationsprozeß von Landbesitz und Landeigentum.

2.3.2.4. Geldpacht

Geldpacht gehörte nicht zu den weit verbreiteten Pachtformen in Syrien. Sie kam hauptsächlich auf Staatsdomänen, aber auch in der Umgebung von Städten vor. So waren die Bauern, die Staatsland bewirtschafteten, Geldpächter. Meist erhielten sie das Land in Erbpacht und mußten dafür an den Staat einen allerdings sehr niedrigen Pachtzins errichten. Die Höhe der zu leistenden Abgaben variierte von Jahr zu Jahr und wurde jährlich von einer Schätzungskommission festgelegt. Unter den Geldpächtern gab es auch einflußreiche Grundherren, die Staatsland pachteten, ohne jedoch dafür irgendwelche Zahlungen zu leisten, obwohl sie aus seiner Weiterverpachtung beträchtliche Einnahmen erzielten. Der Staat war deshalb auch seit Beginn der 5oer Jahre bemüht, die Verpachtung seiner Ländereien in den Griff zu bekommen. Das Abschließen von Pachtverträgen wurde obligatorisch, und um diese durchzusetzen, hatte man 1953 allen Pächtern, die einen solchen Vertrag abschlossen, die spätere Übereignung des Landes versprochen. Die Einkommensverhältnisse vieler Geldpächter waren ausgesprochen schlecht, und die meisten von ihnen konnten keinen Pachtzins bezahlen.

In der nordsyrischen Agrarregion, speziell in der Umgebung von Hama und Homs, wurden auch ganze Dörfer an andere Grundherren oder an Agrarunternehmer gegen eine vorher vereinbarte Geldsumme verpachtet (vgl. Abschnitt 5.1. und 5.2.).

2.4. Unzulänglichkeiten der feudalen Agrarverfassung

Die nachfolgenden Ausführungen beschäftigen sich mit den Mängeln der damaligen Agrarverfassung. Es wird versucht, in einer kurzgefaßten Form all die Faktoren und Gründe aufzuzeigen, die einer durchgreifenden Agrarentwicklung

---
[1] *Vgl. WIRTH, 1964, S. 23.*
[2] *Ebenda.*

im Wege standen und damit den sozialen sowie wirtschaftlichen Fortschritt in den ländlichen Gebieten verhinderten und die letztlich zur Agrarreform führten.

Wie alle feudalen Agrarverfassungen beruhte auch die damalige syrische auf dem unverrückbaren Gegensatz von Groß- und Kleineigentum. Die Verteilung des Grundeigentums, von der, insbesondere in einer Agrargesellschaft, sowohl die Einkommens- als auch die Vermögens- und Machtverhältnisse entscheidend abhängen, war vor der Bodenreform äußerst ungleichmäßig. Ein agrarsozialer Dualismus war deutlich sichtbar: auf der einen Seite die kleine Schicht der Grundherren, vorwiegend "absentee landlords", in deren Hand ein großer Teil des Landes konzentriert war und auf der anderen Seite die Masse der ländlichen Bevölkerung, die teilweise landlos war, teilweise fremden Boden bewirtschaftete, aber gleichermaßen in großer Abhängigkeit von den Feudalherren lebte. Diese Zweiteilung der Gesellschaft konnte der landwirtschaftlichen Entwicklung nicht förderlich sein. Im Gegenteil fanden dabei Reiche wie Arme nicht genügend Antrieb, um die Produktivität zu erhöhen. So führte die Konzentration des Grund und Bodens nicht zur Entstehung wirtschaftlich leistungsfähiger Großbetriebe, weil die Feudalherren im allgemeinen eine traditionelle, allein auf die Bodenrente gerichtete Wirtschaftsgesinnung hatten. Außerdem lag ihnen, da sie im Überfluß lebten, nichts daran, die Landbewirtschaftung in ihren Dörfern zu modernisieren. Da sie nur Rentenbezieher waren, investierten sie kaum etwas in ihre Betriebe [1]. Die Ausführungen im ersten Abschnitt der vorliegenden Arbeit unterstreichen diese Tatsache und zeigen, daß die Modernisierungsimpulse der syrischen Landwirtschaft damals von den städtischen Agrarunternehmern kamen, die einen moderneren profitorientierten Wirtschaftsgeist besaßen. Demgegenüber waren die abhängigen Teilpächter und Anteilbauern von ihren finanziellen Möglichkeiten her, nicht in der Lage, Verbesserungen in ihren Betrieben einzuführen. Ihre Mehrheit lebte am Rande des Existenzminimums oft in einem permanenten Schuldverhältnis. "Mittels der...uralten Praktiken des Rentenkapitalismus gelingt es städtischen Grundbesitzern und Geldverleihern immer wieder, der Besitzabhängigkeit eine Schuldabhängigkeit hinzuzufügen" [2]. Mißernten, schwere Krankheiten und andere Anlässe zwangen die Bauern, die fast nie über Bargeld

---

[1] *"Die Eigentümer pumpen in der Regel nicht Kapital in ihre Güter, sondern sie leiten es ab. Sie reinvestieren nur soviel, wie zur Erhaltung der Rentenquelle notwendig ist"* (HOFMANN, 1961, S. 539).

[2] WIRTH, 1971, S. 218 f.

In diesem Zusammenhang spricht WIRTH von einem Zinsfuß für einen erteilten Kredit, der nicht selten 40 bis 60 % für ein halbes Jahr beträgt.

verfügten, einen Kredit aufzunehmen. Die Kreditgeber nutzten die Situation aus und hielten durch Manipulationen und erhöhte Zinsforderungen die Bauern in Schuldabhängigkeit, die mit der Zeit immer drückender wurde und den sozialen Abstieg vieler Landwirte beschleunigte. Diese Situation führte dazu, daß die Fellachen in ihrer traditionellen Wirtschaftsweise beharrten und keinen Anlaß zur Verbesserung der Bewirtschaftungsmethoden sahen.

Da einerseits die Feudalherren kein Kapital in die Landwirtschaft investierten und andererseits die Bodenbewirtschafter keine Motivation zum Mehreinsatz an Arbeit hatten, mußte es zwangsläufig zu einer Stagnation der landwirtschaftlichen Produktion kommen. Die Erhöhung der Effizienz der syrischen Landwirtschaft war jedoch nur durch die Verbesserung der Kombination der drei Produktionsfaktoren Arbeit, Boden und Kapital zu erreichen. Diese wurde aber durch die Feudalverhältnisse unmöglich gemacht.

Die Macht der feudalen Grundeigentümer beschränkte sich nicht nur auf die Landwirtschaft und die abhängigen Bewirtschafter, sondern dehnte sich darüber hinaus auf die gesamte Bevölkerung und auf viele andere Wirtschaftsbereiche aus. So hatten sie auf dem Arbeits-, Pacht- und Kreditmarkt eine fast monopolartige Stellung [1]. Das Bodeneigentum verlieh den Feudalherren ein höheres Sozialprestige und durch Großbesitz erlangten sie wirtschaftliche und gleichzeitig politische Machtpositionen im Lande. Vor der Bodenreform kontrollierten sie die Politik des Landes und verhinderten jede reformistische Gesetzgebung, die ihren Interessen zuwiderlief (vgl. Abschnitt 3.1.1.).

Ein wichtiges Problem, das mit dem Feudalismus orientalischer Prägung eng zusammenhängt und von dem große negative Wirkungen auf die Entwicklung des ländlichen Raumes ausgingen, war der Absentismus. Die Grundherren, die nicht auf ihren Gütern, sondern in den Städten lebten, zeigten kein Verständnis für die Verbesserung der infrastrukturellen Ausstattung ihrer Dörfer. Sie strebten das Gegenteil an. Die Dörfer sollten in einem Zustand der Unterentwicklung gehalten werden und die Bewohner in Rückständigkeit leben. Oft verhinderten die Grundherren den Bau von Schulen und anderen gemeinnützigen Einrichtungen [2]. Das entsprach ihrer reaktionären Geisteshaltung, die davon

---
[1] Vgl. RINGER, 1967, S. 87.
[2] *Die Bauern des Untersuchungsdorfes Chiha berichteten, daß der ehemalige Dorfeigentümer die 1949 vom Staat gebaute Volksschule abreißen ließ. Trotz seines Widerstandes konnte drei Jahre später eine Grundschule errichtet werden (vgl. Abschnitt 6.4.5.).*

ausging und darauf zielte, den Dualismus in der Gesellschaft zu verewigen.
Ein permanenter Abschöpfungsprozeß des agrarischen Mehrwertes aus den Dörfern
fand in der Ära der feudalistischen Herrschaft statt. Die Weiterleitung in
die Städte löste die Verarmung der ländlichen Gebiete aus und führte zur
ständigen Vergrößerung der Kluft zwischen Stadt- und Landregionen.

Weitere schwere Mängel der feudalen Agrarverfassung bestanden in der fortgeschrittenen Bodenzersplitterung, in der Unsicherheit des Nutzungsrechtes an Boden und Wasser und in der hohen Verschuldung der Bewirtschafter sowie in den hohen Pachtzinsen und durch das Fehlen ausreichender Kreditmöglichkeit für Teilpächter und kleine Landwirte. Die Zerstückelung des Grund und Bodens war eine Folge der praktizierten Realerbteilung sowie des verbreiteten Mouchaa-Systems. Viele Betriebe bestanden aus einer großen Anzahl von kleinen schmalen Parzellen (vgl. Abschnitt 6.1.4.). Da die Rechtsposition der Teilpächter nicht durch Pachtverträge gesichert war, konnten sie jederzeit ihren Besitz verlieren. Eine Betriebskontinuität, die aber für den Mehreinsatz an Arbeit und Kapital notwendig wäre, bestand nicht. Ferner machten es die übermäßig hohen Zinssätze den Teilpächtern und Kleinbauern mit eigenem Grundeigentum fast unmöglich, Kapital zu investieren.

Die Landlosigkeit vieler Bauernfamilien ist eine der wichtigsten Ursachen für die Unterbeschäftigung in den ländlichen Gebieten [1]. Unter den geschilderten feudalen Verhältnissen war die Landlosigkeit groß und das Problem der Unterbeschäftigung gravierend. Viele Landbewohner wurden dadurch zur Abwanderung in die Städte gezwungen. Da aber damals die Entwicklung der nichtlandwirtschaftlichen Wirtschaftszweige nicht fortgeschritten war, waren diese nicht in der Lage, alle von dem Lande abgewanderten Arbeitskräfte zu absorbieren. Durch die Landflucht wurde das Unterbeschäftigungsproblem nicht gelöst, sondern von den ländlichen in die städtischen Gebiete verlagert. Eine Milderung der Unterbeschäftigung konnte nur durch Nutzungsintensivierung erreicht werden, die jedoch durch die feudalen Zustände unmöglich gemacht wurde.

In seiner Fallstudie über Auswirkungen der syrischen Agrarreform beschreibt KUHNEN die Vorreformsituation folgendermaßen: "Diese agrarstruktu-

---
[1] *Weitere Ursachen sind: das Fehlen von nichtlandwirtschaftlichen Arbeitsmöglichkeiten, die Kleinheit der Betriebseinheiten sowie die extensive Landnutzung.*

rellen Verhältnisse sind natürlich weder geeignet, der Landbevölkerung ein auch nur annähernd ausreichendes Einkommen zu verschaffen, noch besteht für Grundbesitzer und Pächter Anreiz für Investitionen, die die Landwirtschaft auf ein produktionstechnisch höheres Niveau bringen können" [1]. Die Beseitigung der feudalen Agrarverfassung, die nach HOFMANN als "ökonomisch ineffizient und sozial anfechtbar" [2] bezeichnet werden kann, war eine soziale und wirtschaftliche Notwendigkeit. Sie bildete die Voraussetzung dafür, daß eine landwirtschaftliche Entwicklung in Gang kommt.

---
[1] KUHNEN, 1963, S. 64.
[2] HOFMANN, 1961, S. 540.

3. Die Agrarreform

Das erste Agrarreformgesetz wurde im Jahre 1958 verkündet. Seine Durchführung begann im selben Jahr und endete im Jahre 1969. Das Gesetz wurde in der Zwischenzeit mehrmals geändert, was seine Implementierung erheblich beeinträchtigte. In diesem Kapitel werden die gesetzlichen Grundlagen der Agrarreform und ihre Entwicklung dargelegt.

3.1. Gesetzliche Grundlagen

3.1.1. Reformbestrebungen vor 1958

Die ersten Reformversuche in Form eines Verfassungsauftrages gehen auf das Jahr 195o zurück. Artikel 22 dieser ersten syrischen Verfassung nach der Unabhängigkeit verpflichtete die Legislative, (1) eine Obergrenze für den aus Staatsland in Privateigentum überführbaren Grundbesitz festzulegen, (2) Staatsdomänen an landlose Bauern zu verteilen und (3) kleine und mittlere Grundeigentümer zu fördern.

Die Begrenzung des Bodeneigentums sowie eine Landverteilung hätte die Interessen der Grundherren beeinträchtigt. Angesichts der damaligen Machtverhältnisse konnten solche und ähnliche Gesetzesbestimmungen nicht erlassen werden. Die Feudalherren verhinderten jeden Reformversuch und brachten ihn durch ihren umfassenden politischen Einfluß zum Scheitern. Die Zivilregierungen waren außerstande, irgendeine Reform durchzusetzen. Das war u.a. mit ein Grund für das Militär, sich in die Staatsführung einzuschalten [1]. Zu Beginn des Jahres 1952 verkündete die Militärregierung von Schischakli die Verordnung Nr. 96 und bekräftigte darin ihren Willen, die illegale Aneignung von Staatsland zu beenden. Sie erklärte die Besitzumschreibung von unregistriertem Staatsland auf den Namen von Privatpersonen für null und nichtig [2]. Außerdem wurde in der gleichen Verordnung eine Höchstgrenze für das Grundeigentum festgesetzt. Danach durften einem Grundeigentümer nicht mehr als 15o ha in den nordöstlichen Regionen oder 5o ha in den übrigen Landesteilen gehören. Dieselbe Fläche konnte er auch für jedes Mitglied seiner Familie be-

---

[1] Es herrschte damals eine Phase der politischen Instabilität im Lande; innerhalb kurzer Zeit folgten drei Militärputsche aufeinander. Jede Militärregierung versprach der Landbevölkerung, Reformen durchzuführen.

[2] Vgl. WARRINER, 1962, S. 1o2.

anspruchen. Ein weiterer Erlaß vom November 1952 sah die Verteilung der Staatsdomänen an landarme und landlose Bauern vor.

Eine solche Reform konnte nach DABBAGH keine Erfolgschance haben, weil die politische Instabilität, die Schwäche des Verwaltungsapparates sowie die Tatsache, daß das Staatsland bis dahin nicht vermessen war, jeden Reformversuch vereitelten [1]. Im Jahre 1957 wurde ein weiterer Versuch unternommen. Einige fortschrittliche Parlamentsabgeordnete wollten gesetzliche Maßnahmen zur Verbesserung der Pachtverhältnisse durchsetzen. Sie brachten eine entsprechende Gesetzesvorlage ein, die jedoch von der Mehrheit des Parlaments abgelehnt wurde [2].

3.1.2. Das Agrarreformgesetz vom September 1958

Die damaligen feudalen Herrschaftsstrukturen standen der Durchsetzung einer Agrarreform im Wege. Ihre Beseitigung war deshalb eine unumgängliche Voraussetzung für die Realisierung jeglicher Reform. Die politischen Machtverhältnisse waren verfestigt und von innen heraus nicht zu verändern. Veränderungen "konnten nur durch eine äußere, von den bestehenden sozio-politischen Strukturen unabhängige Kraft herbeigeführt werden" [3].

Im Februar 1958 erfolgte der Zusammenschluß Syriens mit Ägypten zur Vereinigten Arabischen Republik. Dieser Schritt veränderte die politische Landschaft in Syrien grundlegend und machte den Weg für soziale Reformen frei. Nachdem Präsident Nasser die dortigen reaktionären Politiker entmachtet hatte, dehnte er die in Ägypten praktizierte sozialreformerische Politik auf Syrien aus. Eine Reihe von Reformgesetzen wurde erlassen, darunter das Gesetz Nr. 161 vom September 1958, das die Landwirtschaft betraf.

Bevor im einzelnen auf Ziele und Inhalt des Agrarreformgesetzes eingegangen wird, sei festgestellt, daß die Agrarreform in erster Linie eine politi-

---

[1] *Vgl. DABBAGH, 1962, S. 4.*
[2] *Der Gesetzesentwurf enthielt Vorschriften zur Regelung und Sicherung des Pachtwesens. Zwischen Grundeigentümern und Pächtern sollten vertragliche Vereinbarungen getroffen werden. Von insgesamt 196 Abgeordneten stimmten nur 30 für die Gesetzesvorlage. Auch dies zeigt die große politische Machtstellung der Grundherren vor der Agrarreform.*
[3] *DABBAGH, 1962, S. 5.*

sche Entscheidung war. Man wollte dadurch die Machtstellung der Feudalherren schwächen, die Landbevölkerung gewinnen und für den neuentstandenen Staat mobilisieren. Mit der Gesetzesverkündung wurden keine expliziten Reformziele angegeben. Jedoch lassen sie sich aus den Reden und Ausführungen der damaligen Politiker ableiten. Danach hatte die erste syrische Agrarreform in der Zielsetzung drei Schwerpunkte.

1. Ziele politischer Art:
Beseitigung des Feudalsystems mit seinen verschiedenen Abhängigkeiten.

2. Ziele wirtschaftlicher Art:
Steigerung der landwirtschaftlichen Produktion.

3. Ziele sozialer Art:
Verbesserung der Lebensstandardverhältnisse der landwirtschaftlichen Bevölkerung.

Das Agrarreformgesetz selbst bestand aus zwei Abschnitten, die zusammen 33 Artikel enthielten. Die Bestimmungen des ersten Abschnitts befaßten sich mit der Neuordnung der Bodeneigentumsverhältnisse; sie regelten im einzelnen die

- Begrenzung des privaten Grundeigentums (Artikel 1-4),
- Enteignung der über die Höchstgrenze hinausgehenden Flächen (Artikel 5-8),
- Festlegung von Entschädigungsmodalitäten für das Enteignungsland (Artikel 9-12),
- Verteilung des enteigneten Landes (Artikel 13),
- Festsetzung eines Kaufpreises für das zugeteilte Land (Artikel 14) und
- Schaffung einer Agrarreformbehörde für die Durchführung der Reformmaßnahmen (Artikel 15-2o).

Der zweite Abschnitt behandelte die Frage der Gründung von landwirtschaftlichen Genossenschaften, denen die Reformbegünstigten beitreten mußten, und die Aufgaben dieser Genossenschaften (Artikel 23-32). Im Gegensatz zur ägyptischen fehlte in der syrischen Agrarreform ein dritter Abschnitt für die Erörterung des Problems der Bodenzersplitterung.

Der Gesetzesverkündung folgte der Aufbau einer Agrarreformbehörde. Sie bestand aus den Leitern verschiedener Ministerien sowie deren Fachberatern und wurde vom Ministerpräsident geleitet [1]. Ferner wurden mehrere Fachkomitees zur Abwicklung der Reformmaßnahmen auf Landes- und Regionalebene gebildet. Es gab Komitees für Enteignung, Bodenschätzung, Entschädigung, Sozialforschung, Verteilung, Schlichtung usw. Allerdings muß in diesem Zusammenhang erwähnt werden, daß die Besetzung der verschiedenen Komitees mit Fachpersonal sehr zu wünschen übrig ließ. Die meisten verfügten über einen Mitarbeiterstab ohne jegliche Fachkenntnisse, einige litten sogar an Personalmangel und waren deshalb kaum funktionsfähig. Dieser Umstand erklärt u.a. auch die schleppende Durchführung der Agrarreform.

Viele Bestimmungen wurden wortgetreu aus dem vorbildlichen ägyptischen Agrarreformgesetz von 1952 übernommen. Die Durchführung dieses Gesetzes scheiterte, wie sich später zeigen sollte, u.a. daran, daß es zu wenig die Besonderheiten der syrischen Agrarverhältnisse berücksichtigte.

3.1.3. Das Agrarreformgesetz von 1962

Ein Militärputsch mehrerer Offiziere führte im September 1961 zum Austritt Syriens aus der Vereinigten Arabischen Republik. Die "Separatisten" [2] wurden hauptsächlich von städtischen Unternehmern und Kaufleuten sowie von ehemaligen Großgrundeigentümern unterstützt. Nach Wahlen übernahm eine neue Regierung die Macht in Syrien. Im Gegensatz zu Nassers sozialistischer Reformpolitik schlug sie einen liberalen Wirtschaftskurs ein [3]. Zuerst wurden alle Verstaatlichungen rückgängig gemacht. Hierauf folgte die Rehabilitierung der Großgrundeigentümer [4], eingeleitet durch die Annullierung des ersten Agrarreformgesetzes. Die neuen Machthaber setzten das Gesetz Nr. 161 zwar außer Kraft, hielten jedoch an der Notwendigkeit einer Agrarreform fest, und ver-

---

[1] *Hierzu gehörten folgende Ministerien: Landwirtschaftsministerium, Finanzministerium, Wirtschaftsministerium und das Ministerium für Öffentliche Arbeiten.*

[2] *Die Gruppe der rechtsgerichteten Offiziere und Politiker werden Separatisten genannt, weil sie die Sezession Syriens aus dem Verbund mit Ägypten herbeiführten. Die Ära der Separatisten dauerte von September 1961 bis März 1963.*

[3] *Das neue Regime ließ ein neues Parlament wählen, das in seiner Mehrheit aus konservativen Kräften bestand. KERR berichtet, daß die Traditionalisten über vier Fünftel der Parlamentssitze verfügten (vgl. KERR, 1971, S. 34).*

[4] *Kennzeichnend hierfür war die Ernennung des Großgrundbesitzers Kabbani zum Agrarreformminister.*

kündeten im Februar 1962 ein zweites Agrarreformgesetz (Gesetz Nr. 3). Sein Hauptziel bestand darin, so erklärte der damals zuständige Agrarreformminister, die bei der Durchführung des ersten Reformgesetzes entstandenen Ungerechtigkeiten aufzuheben und somit zu einer "gerechteren Lösung" der Agrarfrage beizutragen. Die wesentlichsten Veränderungen durch das neue Gesetz lagen in der drastischen Heraufsetzung der zulässigen Obergrenze des Bodeneigentums (s. Tab. 1o) sowie in der Neuregelung der Entschädigungsmodalitäten zugunsten der Großgrundbesitzer. Unruhe und Unzufriedenheit verbreiteten sich

Tabelle 1o: <u>Veränderungen der Höchstgrenze des Grundeigentums in den verschiedenen Agrarreformen</u>

		Höchstgrenze des Grundeigentums in ha	
	1958	1962	1963
Bewässerungsland	8o	8o bei Brunnenbewässerung 12o bei Flußbewässerung auf Staatsprojekten 15o bei Flußbewässerung bis 1o m Höhe 175 bei Flußbewässerung von 1o bis 25 m Höhe 2oo bei Flußbewässerung über 25 m Höhe	15 im Ghoutagebiet 2o in Küstenebenen 25 im Botayhagebiet 4o bei Flußbewässerung 45 bei Flußbewässerung in Nordostsyrien 5o bei Brunnenbewässerung in Flußtälern Nordostsyriens 55 bei Brunnenbewässerung
Baumkulturland	8o	125 bei Baumbestand über 1o Jahre 3oo bei Baumbestand unter 1o Jahren	35 in Westsyrien 4o in anderen Landesregionen
unbewässertes Land	3oo	35o in Gebieten über 5oo mm Niederschlag 4oo in Gebieten mit 4oo-5oo mm Niederschlag 45o in Gebieten mit 3oo-4oo mm Niederschlag 5oo in Gebieten mit 25o-3oo mm Niederschlag 6oo in Gebieten unter 25o mm Niederschlag	8o in Gebieten mit über 5oo mm Niederschlag 12o in Gebieten mit 35o-5oo mm Niederschlag 2oo in Gebieten mit unter 35o mm Niederschlag 3oo in der Nordostregion

unter der Landbevölkerung. "Viele Nutznießer der Landzuteilung befürchteten, daß man ihnen das Land wegnehmen würde" [1]. Die Situation auf dem Lande spitzte sich merklich zu, vor allem, weil einige Großgrundeigentümer unmittelbar nach Gesetzeserlaß damit begonnen hatten, die Reformbegünstigten aus ihren ehemaligen Ländereien zu vertreiben.

Das Gesetz Nr. 3 war aber nur sechs Wochen gültig und konnte deshalb nicht wirksam werden. Im März 1962 ereignete sich erneut ein Staatsstreich im Lande [2]. Eine neue Regierung wurde eingesetzt, die dieses Gesetz unverzüglich annullierte und gleichzeitig die Fortsetzung der Nasserschen Agrarreform versprach. Durch sie trat das Agrarreformgesetz von 1958, allerdings mit geringfügigen Änderungen, wieder in Kraft.

3.1.4. Das Agrarreformgesetz von 1963

Im März 1963 gelangten nach einem abermaligen Militärputsch sozialreformerische Gruppierungen an die Macht. Mit der Verordnung Nr. 88 vom Juli 1963 annullierten sie alle vorangegangenen Gesetze und erließen ein neugefaßtes Agrarreformgesetz, das bis heute gilt. Diese Neufassung zielte darauf ab, einen Teil der tatsächlichen Mängel des ersten Reformgesetzes, die sich bei seiner Anwendung herausstellten, zu beseitigen. Die Änderungen betrafen in erster Linie die zulässige Obergrenze des Grundeigentums, die in quantitativer Hinsicht stark herabgesetzt und in qualitativer breit differenziert wurde (s. Tab. 1o). Die Größe der Landzuteilung blieb im allgemeinen gleich und wurde nur in einigen regenarmen Regionen heraufgesetzt. Ferner befreite man die Reformbegünstigten von der Entrichtung des vollen Landkaufpreises.

Die Verordnung Nr. 88 enthielt eine neue Bestimmung, die sie von den vorangegangenen Gesetzgebungen unterscheidet. Artikel 24 behandelte zum ersten Mal die Frage der Kollektivierung. Je nach örtlichen Zweckmäßigkeiten durfte die Reformbehörde, wenn es ihr erforderlich erschien, Produktionsgenossen-

---

[1] *GARZOUZI, 1963, S. 87.*

[2] *Das Militär verhaftete bei seinem Putsch einige Minister, darunter auch den Agrarreformminister sowie mehrere Parlamentsmitglieder. In einer am 28.3.1962 verbreiteten Erklärung gab es als Motive seiner Machtübernahme u.a. an:*
 - *die Vertreibung der Bauern aus ihren Dörfern und die Wegnahme ihres Landes.*
 - *den Versuch der Großgrundeigentümer, die früheren Herrschaftsverhältnisse wieder herzustellen.*

schaften oder Kollektivbetriebe auf Agrarreformland errichten. Wie die Organisation solcher Betriebe aussehen sollte, wurde im Gesetz nicht näher erläutert.

3.1.5. Die Ergänzungsgesetze

Zur Agrarreformgesetzgebung ist eine Reihe von Gesetzen zu zählen, die alle 1958 erlassen wurden. Hierbei handelt es sich um das Genossenschaftsgesetz, das Gesetz zur Regelung des Pachtwesens und der landwirtschaftlichen Arbeitsverhältnisse sowie das Gesetz zur Verteilung des Staatslandes.

Das Gesetz Nr. 91 zum Ausbau des Genossenschaftswesens vom Juli 1958

Landwirtschaftliche Genossenschaften gibt es in Syrien seit Mitte der 3oer Jahre. Ihre Anzahl war aber zu Beginn der Agrarreform sehr gering: im ganzen Land existierten nur 38 Genossenschaften. Einer der Gründe für den schleppenden Aufbau war das Fehlen einer umfassenden gesetzlichen Grundlage. Lediglich eine Verordnung vom Jahre 1950 enthielt einige Richtlinien für die Errichtung von Genossenschaften aller Art. Diese mußte im Hinblick auf die Agrarreform, die ja auch die Gründung von landwirtschaftlichen Genossenschaften vorsah, durch ein neues Gesetz ersetzt werden. Im Juli 1958 wurde dann das Gesetz Nr. 91 verkündet. Darin werden Gründungsformalitäten, Wahlprozeduren und Auflösungsvorschriften sowie Verwaltungs- und Finanzierungsfragen behandelt. Die Kontrolle und Betreuung der neu errichteten Genossenschaften wurde zunächst vom Agrarreformministerium, später von diesem Ministerium gemeinsam mit der Bauernvereinigung übernommen. Nach ägyptischem Muster wird heute noch jede Genossenschaft von einem staatlichen Inspektor, dem "Supervisor", geleitet.

Das Gesetz Nr. 134 zur Regelung der Pacht- und Arbeitsverhältnisse vom September 1958

Die Beziehungen zwischen den Landeigentümern einerseits und den Bodenbewirtschaftern andererseits wurden vor der Agrarreform durch örtliche Sitte und Gewohnheitsrecht bestimmt. Zu dieser Zeit gab es keinerlei gesetzliche Schutzmaßnahmen für Pächter, Anteilbauern und Landarbeiter. Sie alle waren mehr oder minder der Willkür der Grundherren ausgeliefert. Deshalb und weil nicht alle Bauern von der Landverteilung Nutzen ziehen konnten, mußte ein Gesetz erlassen werden, das sich mit der Verbesserung der Lebensverhältnisse der Teilpächter und Landarbeiter befaßte. Dieses Gesetz, das am 4. September 1958 verkündet wurde, gehört zu den wichtigsten Reformgesetzen, da von seinen Bestimmungen mehr Bodenbewirtschafter betroffen werden als von denen des Agrarreformgesetzes. Es enthielt fünf Abschnitte mit 269 Artikeln, die im wesentlichen folgende Fragestellungen behandelten:

1) Verbesserung der landwirtschaftlichen Arbeitsverhältnisse durch
   - Vereinbarung von Arbeitsverträgen,
   - Festsetzung von Mindestlöhnen,
   - Regelung von Arbeits- und Urlaubszeit,
   - Festlegung von Kündigungsfristen und
   - Verbot von Kinderarbeit.

2) Organisation des Pachtwesens und der Teilbauverhältnisse durch
   - Abschluß von schriftlichen Pachtverträgen und Verbot der unbegründeten Kündigung. Dadurch sollte insbesondere die Pachtsicherheit bei den Bodenbewirtschaftern erhöht werden.
   - Festlegung von Pachthöchstsätzen für Landeigentümer und von Pachtmindestsätzen für Landbewirtschafter bei den wichtigsten Anbaukulturen. Hierdurch wurde die Steigerung und Stabilisierung des Pächteranteils am Bodenertrag angestrebt.

Ferner befaßten sich die Gesetzesbestimmungen mit der Errichtung von Landarbeitergewerkschaften sowie Pächtervereinigungen. Es bleibt noch zu erwähnen, daß die Bestimmungen dieses Gesetzes auch zweimal verändert wurden (1963 und 1977), um die Gesetzeslücken, die sich bei der Durchführung herausstellten, zu beseitigen.

Das Gesetz Nr. 252 zur Verteilung der Staatsländereien vom Oktober 1958

Bis zur Agrarreform wurde ein Teil des Staatslandes von Geldpächtern bewirtschaftet. Um diese ebenfalls zu Landeigentümern zu machen, verkündete man im Oktober 1958 das Gesetz Nr. 252. Die Agrarreformbehörde wurde mit der Verwaltung und der späteren Verteilung der Staatsdomänen beauftragt. Sie übernahm ab diesem Zeitpunkt die Kontrolle über das Staatsland und durfte dieses verteilen. Am Anfang konnte keine Landverteilung stattfinden, weil der größte Teil davon noch nicht vermessen war. Erst nach Erlaß der beiden legislativen Verordnungen Nr. 166/1968 und Nr. 66/1969 zur Beschleunigung der Reformmaßnahmen kam es zu einer Landverteilung größeren Ausmaßes.

3.2. Die wichtigsten Reformmaßnahmen

3.2.1. Landenteignung

Das Agrarreformgesetz von 1958 legte für das Eigentum an Grund und Boden eine Höchstgrenze fest. Gemäß § 1 durften Privatpersonen nicht mehr als 8o ha bewässertes oder 3oo ha unbewässertes Land besitzen [1]. Zusätzlich konnte ein Landeigentümer aus seinem Besitz seiner Frau und jedem Kind je 1o ha Bewässerungsland oder 4o ha unbewässertes Land übereignen, jedoch insgesamt nicht mehr als 4o bzw. 16o ha. Sowohl für die Festlegung der Obergrenze, als auch für die Bemessung der Landzuteilung war der absolute Flächenumfang ausschlaggebend; es wurde lediglich zwischen zwei Kategorien, nämlich bewässertem und unbewässertem Land, unterschieden. Durch diese grobe Vereinfachung wurden die Verschiedenheiten der natürlichen und wirtschaftlichen Gegebenheiten der einzelnen landwirtschaftlichen Regionen außer acht gelassen, z.B. die unterschiedliche Bodenfruchtbarkeit, Niederschlagsmenge, Verkehrslage und Bewässerungsmethode. Die genannten Faktoren bestimmen aber im wesentlichen das aus dem Land erzielbare Einkommen und sollten daher bei der Festsetzung der Höchstgrenze berücksichtigt werden.

Im nachfolgenden Gesetz von 1962 wurde insbesondere die Höchstgrenze des Bodeneigentums stark heraufgesetzt. Dabei wurde das Land entsprechend den unterschiedlichen Standortbedingungen in zwölf Kategorien unterteilt. Ein Landeigentümer durfte entweder 8o-12o ha bewässertes oder 3oo-6oo ha unbewässertes Land besitzen. Zusätzlich konnte er für seine Frau und jedes Kind je ein Achtel der genannten Fläche behalten. Diese Veränderungen hätten, wären sie durchgeführt worden, zu einer erheblichen Verringerung der Gesamtenteignungsfläche geführt [2].

Die endgültigen und entscheidenden Veränderungen bezüglich der Höchstgrenze des Grundeigentums enthielt das Agrarreformgesetz von 1963. In den neuen Bestimmungen wurden die landwirtschaftlichen Verschiedenheiten der einzelnen Regionen berücksichtigt und es gab anstelle von drei Landkategorien im Agrarreformgesetz von 1958 nun 13. Das Bewässerungsland wurde in sieben, das unbe-

---

[1] *Von dieser Bestimmung wurden wissenschaftliche Vereinigungen, öffentliche Agrarunternehmen, Industriewerke und Stiftungen ausgenommen.*
[2] *Vgl. GARZOUZI, 1963, S. 87.*

wässerte Land in vier und das Baumkulturland in zwei Kategorien unterteilt.
Dabei spielten Faktoren wie Wasserverfügbarkeit, Bewässerungsmethode, Bodenfruchtbarkeit, Ertragsfähigkeit des Bodens, Verkehrslage der Betriebe und Besiedlungsdichte eine Rolle. So schwankt die Höchstgrenze des Bodeneigentums in den Bewässerungsgebieten zwischen 15 und 55 ha, in den unbewässerten Gebieten zwischen 8o und 3oo ha. In Gebieten mit unbewässertem Land, das mit Oliven-, Pistazien- und anderen Bäumen bepflanzt ist, beträgt sie 35 oder 4o ha.

Tabelle 1o verdeutlicht die Veränderungen der Höchstgrenze des Grundeigentums in den verschiedenen Agrarreformgesetzen. Daraus wird sowohl die starke Herabsetzung ihres Umfanges als auch ihre breitere Differenzierung ersichtlich. Das Bodeneigentum wurde im Bewässerungsland bis zu 8o %, im unbewässerten Land bis zu 7o % und im Baumkulturland bis zu 55 % verringert. Das bedeutet zum einen eine weitere Schmälerung des Einkommens der Großgrundeigentümer, was wiederum zur Verkleinerung der Einkommensdisparität zwischen ihnen und den Landempfängern führt, und zum anderen vergrößert diese Verringerung die enteigneten Flächen und damit den Kreis derer, die davon Nutzen ziehen.

Da die Grundherren entscheiden konnten, welchen Teil sie aus ihrem Besitz behalten wollten, wählten sie die besseren Böden aus und gaben die weniger guten an die Reformbehörde ab. Diese Bestimmung hat die Durchführung der Enteignung nach zweckmäßigen Gesichtspunkten sehr erschwert und zum Teil verhindert, weil die Grundherren sich nicht selten für auseinanderliegende Flurstücke entschieden. In bestimmten Dörfern war deshalb die Enteignung von geschlossenen Flächen fast unmöglich.

Die Landenteignung sollte innerhalb von fünf Jahren nach Inkrafttreten des Gesetzes von 1958 beendet sein. Angesichts des großen Umfangs der Enteignungsfläche und der vielen Schwierigkeiten und Veränderungen konnte diese Frist nicht eingehalten werden und wurde 1963 auf weitere zehn Jahre verlängert. Die letzten Enteignungen wurden im Jahre 1969 durchgeführt. Das ist auch der Zeitpunkt, an dem die syrische Agrarreform als abgeschlossen betrachtet werden kann, da im gleichen Jahr auch die letzten Landverteilungen stattfanden. In den elf Jahren wurden insgesamt 1,4 Mio. ha Land enteignet, davon entfallen auf

- unbewässertes Land 1,14 Mio. ha oder 82 %,
- nicht genutztes Land o,19 Mio. ha oder 13 %,
- Bewässerungsland und Baumkulturen o,o7 Mio. ha oder 5 %.

Zieht man von den 1,4 Mio. ha das unkultivierte Land ab, so verbleiben 1,21 Mio. ha, das sind 22 % der landwirtschaftlichen Nutzfläche des Jahres 1958 von 5,45 Mio. ha. Der nicht unbeträchtliche Anteil an ungenutztem Land sowie der noch niedrigere Bewässerungslandanteil sind u.a. darauf zurückzuführen, daß die Grundherren die besseren Böden für sich behielten und die weniger guten abgaben.

Insgesamt haben 4 o85 Grundeigentümer Land abgeben müssen. Die Anzahl der ganz oder teilweise enteigneten Dörfer beträgt 2 735. Wie aus Tabelle 11 hervorgeht, wurden in den beiden Regionen Nord- sowie Nordostsyrien die umfang-

Tabelle 11: Landenteignung in den einzelnen Agrarregionen

Agrarregion	Enteignungsfläche in 1ooo ha			Insgesamt	
	Bewässerungs- und Baumhaineland	unbewässertes Land	ungenutztes Land	in 1ooo ha	%
Mittelsyrien[1]	6,3	55,7	-	62,o	4
Südsyrien [2]	o,7	19,3	-	2o,o	2
Nordsyrien [3]	19,5	47o,8	161,3	651,5	47
Nordostsyrien [4]	26,2	585,2	21,6	633,o	45
Westsyrien[5]	5,5	8,9	2,6	17,o	1
Flußtäler [6]	9,8	7,9	-	17,7	1
Insgesamt in 1ooo ha	68,o	1 147,8	185,5	1 4o1,3	1oo
in %	5	82	13	1oo	

1) umfaßt den Landesteil Damaskus.
2) umfaßt die Landesteile Daraa, Suweida und Quneitara.
3) umfaßt die Landesteile Aleppo, Idleb, Hama und Homs.
4) Umfaßt die Landesteile Reqqa und Al Hasaka.
5) umfaßt die Landesteile Latqia und Tartons.
6) umfaßt den Landesteil Deir Azzour.

Quelle: Statistical Abstract, 1978, S. 197.

reichsten Enteignungen vorgenommen. Dort befinden sich 92 % der gesamten Enteignungsfläche, der Rest von 8 % verteilt sich auf die übrigen vier Regionen. Besonders klein war das Enteignungsland in Westsyrien und in den Flußtälern. Ein Grundeigentümer mußte in Nordostsyrien im Durchschnitt 436 ha abgeben, in Westsyrien dagegen nur 53 ha. Dies zeigt die starken regionalen Differenzen, die die Folge der unterschiedlichen Eigentumskonzentration sind.

Die Landenteignung wurde im ersten Durchführungsjahr der Agrarreform intensiv vorangetrieben. Über ein Drittel des gesamten Enteignungslandes stand 1959 unter der Kontrolle der Reformbehörde. Danach verzögerten sich die Enteignungsaktionen bis 1965 immer mehr. In diesem Jahr und in den beiden letzten Reformjahren wurden dann größere Flächen enteignet (Abb. 2). Für die schleppende Durchführung der Enteignungen waren vor allem die folgenden Gründe verantwortlich:

a) Die Agrarreformbehörde besaß keine Angaben über die Eigentumsverhältnisse der einzelnen Grundherren und war deshalb auf ihre Eigentumserklärungen angewiesen [1]. Größtenteils waren dies die einzigen Unterlagen für die Enteignungskomitees.

b) Oft waren die abgegebenen Eigentumserklärungen unvollständig und enthielten trotz Strafandrohungen zum Teil bewußt fehlerhafte Angaben. Sie mußten deswegen kontrolliert und korrigiert werden, was viel Zeit in Anspruch nahm.

c) Ferner war das Eigentum vieler Grundherren meist Familieneigentum. Die einzelnen Mitglieder hatten aber ihr Eigentum nicht in die Grundbücher eintragen lassen. Die Reformbehörde mußte zunächst feststellen, wieviel jedes Familienmitglied besaß. Sie konnte die Enteignung erst nach Klärung der langwierigen und komplizierten Rechtsfragen vornehmen.

d) Ein Großteil des Landes war bis zur Agrarreform noch nicht vermessen, insbesondere dort, wo die größten Enteignungen stattfinden sollten, also in Nord- und Nordostsyrien. In ganz Syrien waren 1956 nur 4,6 Mio. ha katastermäßig erfaßt, das sind 39 % der Gesamtfläche, die der Vermessung unterliegt.

e) Die Ausstattung der Enteignungskomitees mit Fachpersonal war sehr unzureichend.

---

[1] *Jeder Großgrundherr wurde laut Gesetz dazu verpflichtet, binnen drei Monaten eine schriftliche Eigentumserklärung über seine registrierten und unregistrierten Ländereien abzugeben.*

Entschädigungsregelungen

Das erste Agrarreformgesetz sah für das Enteignungsland eine Entschädigung in Höhe des zehnfachen Pachtwertes und in Form von Staatspapieren vor, die mit 1,5 % verzinst und in 4o Jahresraten ausgezahlt werden sollten (Artikel 9). Im nachfolgenden Gesetz wurden die Entschädigungsmodalitäten zugunsten der Grundherren verändert. Anstelle von Staatspapieren sollten sie staatliche Kredite und Vorschüsse erhalten. Allerdings kam es nicht dazu, da die Agrarreformgesetzgebung von 1963 dies annullierte und die ursprünglichen Regelungen wieder in Kraft setzte. Zuverlässige Informationen über eine tatsächliche Auszahlung von Entschädigungen liegen nicht vor. Die Annahme, daß die Grundherren entschädigungslos enteignet wurden, konnte durch Gespräche mit einigen von ihnen bestätigt werden [1]. Da die Grundherren für ihr konsumtives und spekulatives Verhalten bekannt sind, gewinnt das Problem der Entschädigungsauszahlung für die Wirtschaft des Landes nur eine geringe Bedeutung. Die ausgezahlten Gelder wären wohl nur in einem sehr begrenzten Umfang in den produktiven Wirtschaftszweigen eingesetzt worden.

3.2.2. Landverteilung

Das Reformland sollte gemäß Artikel 13 des ersten Agrarreformgesetzes an landlose und landarme Bauern so verteilt werden, daß keiner mehr als 8 ha bewässertes oder 3o ha unbewässertes Land erhält. Im dritten Agrarreformgesetz wurde die Zuteilungsgröße in den unbewässerten Gebieten mit Niederschlägen unter 35o mm im Jahr auf 45 ha heraufgesetzt. Die gesetzlichen Bestimmungen schreiben lediglich eine Höchstzuteilungsgröße vor. Eine regionale Differenzierung, wie sie bei der Landenteignung vorgenommen wurde, gab es bei der Landverteilung nicht. Auch eine minimale Zuteilungsgröße, die nicht unterschritten werden durfte, wurde im syrischen Gesetz - im Gegensatz zum ägyptischen Reformgesetz - außer acht gelassen. Aus diesem Grund entstanden dort, wo die Verteilungsfläche klein und die Anzahl der Landaspiranten groß waren, Kleinst- und Zwergbetriebe von unter 2 ha.

Ein Landempfänger mußte syrischer Staatsbürger, volljährig und in der Landwirtschaft tätig sein. Auf die Landzuteilung hatten die tatsächlichen Boden-

---

[1] *AYOUB meint, daß von Anfang an nicht daran gedacht wurde, den Grundherren Entschädigungen zu zahlen; der Artikel über die Entschädigungsauszahlung ist für ihn nichts anderes als eine "Stil-Klausel" (vgl. AYOUB, 1971, S. 56).*

bewirtschafter (Pächter, Anteilbauern und Landarbeiter) einen vorrangigen Anspruch, ebenso große Bauernfamilien. Dorfansässige wurden bei der Verteilung gegenüber Ortsfremden bevorzugt.

Die Landverteilung erfolgte auf Dorfebene in mehreren aufeinanderfolgenden Phasen. Erst nachdem das Enteignungskomitee seinen Bericht über Anzahl der Grundeigentümer und den Umfang der enteigneten Fläche vorgelegt hatte, nahmen die anderen Kommissionen ihre Arbeit auf. Zunächst wurde eine Verteilungskommission in das Dorf geschickt, um die Größe, Lage und Bonität der enteigneten Grundstücke festzustellen. Die hier erforderlichen umfassenden Feldmessungen nahmen viel Zeit in Anspruch, insbesondere weil viele Komitees nicht über ausgebildete Vermesser verfügten [1]. Ein zweites Komitee hielt sich zur gleichen Zeit im Dorf auf und führte zusammen mit dem Dorfvorsteher Haushaltserhebungen durch mit dem Ziel, die sozialen und wirtschaftlichen Verhältnisse der einzelnen Bauernfamilien und damit ihre Landbedürftigkeit zu ermitteln. Erhoben wurden unter anderem:

- Name und Alter aller Haushaltsmitglieder,
- Haupt- und Nebenerwerb der Haushaltsmitglieder,
- landwirtschaftliches und außerlandwirtschaftliches Einkommen der Familie,
- Besitz oder Nichtbesitz von Vieh und Arbeitsgeräten und
- Größe der bewirtschafteten Fläche.

Bei der Berechnung der Größe der Landzuteilung ging man nicht von der absoluten Mitgliederzahl einer Familie aus, sondern von der Summe der "Sozialeinheiten", die sie umfaßte. Aus den erhobenen Daten wurde diese Summe nach folgendem Schema errechnet:

- Familienoberhaupt   = 1,25 Sozialeinheiten
- Familienmitglieder:
    über 18 Jahre   = 1,oo Sozialeinheiten
    12 bis unter 18 Jahre   = 0,75 Sozialeinheiten
    6 bis unter 12 Jahre   = 0,5o Sozialeinheiten
    bis 6 Jahre   = 0,25 Sozialeinheiten

---

[1] *Das Landwirtschaftsamt in Hama verfügte z.B. über einen einzigen Landvermesser. Ein weiterer mußte im Schnellverfahren ausgebildet werden. Beide waren aber kaum in der Lage, die Vermessungen in 152 Dörfern (etwa 800 000 ha) in absehbarer Zeit allein durchzuführen.*

Aus der gesamten enteigneten Fläche wurden die 186 000 ha ungenutzten Landes sowie weitere 120 000 ha Grenzböden von vornherein aus dem Verteilungsprogramm herausgenommen. Weitere 23 000 ha wurden an landarme Bauern verkauft. Die Nettoverteilungsfläche belief sich demnach noch auf 1,07 Mio. ha Land, von denen bis Ende des Jahres 1969 nur 466 000 ha oder 43 % verteilt wurden (Tabelle 12). Der Staat behält heute noch weit über die Hälfte (57 %) der Nettoverteilungsfläche in seiner Hand. Der überwiegende Teil dieses enteigneten, aber nicht verteilten Landes liegt in der dünnbesiedelten nordöstlichen Agrarregion und besteht entweder aus Staatsgütern oder aus Pachtbetrieben, die an frühere Agrarunternehmer verpachtet werden. Tabelle 12 zeigt die regionalen Unterschiede hinsichtlich der Landverteilung. Wie man daraus entnehmen kann, fanden in Nordsyrien die umfangreichsten Verteilungsaktionen statt. Hier wurden nahezu drei Viertel der Nettoverteilungsfläche in der Region an über 30 000 Landempfänger abgegeben. Das entspricht auch drei Viertel der im ganzen Land tatsächlich verteilten Fläche. Aus der Landverteilung haben insge-

Tabelle 12: <u>Landverteilung in den einzelnen Agrarregionen</u>

Agrarregion	verteilte Fläche		Anzahl der Landempfänger	Durchschnittliche Zuteilungsgröße in ha
	in % der Nettoverteilungsfläche der Region	in 1000 ha		
Mittelsyrien[1]	85	20,6	5 151	6,7
Südsyrien [2]	99	13,7		
Nordsyrien [3]	74	345,8	30 373	11,4
Nordostsyrien [4]	12	64,2	7 099	9,0
Westsyrien [5]	88	12,4	6 619	1,9
Flußtäler [6]	56	9,4	3 262	2,9
Insgesamt	43	466,1	52 504	8,9

1) umfaßt den Landesteil Damaskus.
2) umfaßt die Landesteile Daraa, Suweida und Quneitara.
3) umfaßt die Landesteile Aleppo, Idleb, Hama und Homs.
4) umfaßt die Landesteile Raqqa und Al Hasaka.
5) umfaßt die Landesteile Lataqia und Tartons.
6) umfaßt den Landesteil Deir Azzour.

<u>Quelle</u>: Zusammengestellt nach Statistical Abstract, 1971, S. 133 und Statistical Abstract, 1978, S. 197.

samt 52 5o4 Familien Nutzen gezogen [1]. Aus derselben Tabelle werden die erheblichen regionalen Unterschiede in bezug auf die Zuteilungsgröße ersichtlich. Während in Nordsyrien eine Familie durchschnittlich 11,4 ha Land zugeteilt bekam, erhielt eine Familie in der westsyrischen Region im Durchschnitt nur 1,9 ha. Auf Landesebene beträgt die durchschnittliche Betriebsgröße der Reformbetriebe 8,9 ha. Im Zusammenhang mit der Landverteilung bleibt noch zu ergänzen, daß 1968 und 1969 aus dem Staatsland weitere 432 ooo ha an 49 734 Familien verteilt wurden [2].

Ebenso wie die Landenteignung nahm die Landverteilung elf Jahre in Anspruch. In den ersten drei Jahren ging sie sehr langsam voran und erst 1962 und 1963 kam es zu größeren Verteilungsaktionen (Abb. 2). Die Landzuteilung selbst wurde nach zwei verschiedenen Verfahren vorgenommen:

1. individuelle Landzuteilung und
2. kollektive Landzuteilung.

Bei der individuellen Landzuteilung wurden alle Maßnahmen von den Beamten des Agrarreformministeriums geplant und durchgeführt. Im Gegensatz zur kollektiven Landzuteilung beteiligten sich die Reformbegünstigten nicht direkt am Verteilungsprozeß.

Die rudimentäre Infrastruktur in den Agrarreformdörfern, die sehr mangelhaft ausgebildet war, sollte im Zuge der Verteilung verbessert werden. Vorgesehen war, in jedem Agrarreformdorf neue Straßen- und Wegenetze anzulegen sowie ein Wohngebiet mit einem Genossenschaftszentrum und einer Schule zu errichten. Zusammen mit der Landverteilung sollte eine Dorfneuplanung durchgeführt werden. Die Ausarbeitung eines Sanierungsplans für jedes Dorf war eine langwierige Arbeit, vor allem weil es auf allen Ebenen an Fachpersonal fehlte. Sie konnte von dem neu errichteten Ministerium für Agrarreform allein nicht bewältigt werden. In Zusammenarbeit mit mehreren anderen staatlichen Stellen entstand ein vorläufiger Sanierungsentwurf, der die Grundlage für die Erstellung einer Dorfkarte bildete. Erst danach konnte die Flauraufteilung

---

[1] *Im Bericht der syrischen Agraringenieure über die Agrarreform wird die Anzahl der Nutznießer der Landverteilung mit 53 119 angegeben (vgl. Agraringenieurkammer, 1975, S. 63).*
[2] *Vgl. Agraringenieurkammer, 1975, S. 34 und 36.*

und die hieran anschließende Parzellenabgrenzung und Parzellenverteilung vorgenommen werden. Die Nettoverteilungsfläche wurde bestimmt und dann je Dorf nach Bodenqualität in einige Flurkomplexe aufgeteilt. Jeder von ihnen wurde in so viele Parzellen zerlegt, wie Landempfänger vorhanden waren. Die Parzellengröße richtete sich nach der Summe der Sozialeinheiten, die eine Empfängerfamilie umfaßte. Die Parzellen wurden fortlaufend numeriert und in die Flurkarte eingetragen. Jeder Landempfänger erhielt sodann in jedem Flurkomplex eine Parzelle, die nach Größe und Lage genau bestimmt war. Die Beamten des Ministeriums nahmen selbst die Markierung der Parzellen mit Grenzsteinen vor. Jedem Bauer überreichten sie eine Besitzurkunde, in der die Anzahl der Parzellen, ihre Nummern und ihr Flächenumfang erwähnt wurden und wiesen ihn in seinen Besitz ein.

Die hier kurz geschilderte Verfahrensweise der individuellen Landzuteilung war sehr zeitraubend und somit einer der Hauptgründe für die schleppende Verteilung des Reformlandes in den ersten Jahren. Aus diesem Grunde, aber auch aus finanziellen und agrarpolitischen Überlegungen heraus wurde dieses Verfahren 1961 eingestellt.

1962 ging man zum Verfahren der kollektiven Landzuteilung über, nach dem der überwiegende Teil des Agrarreformlandes aufgesiedelt wurde. Die Behörden hatten hier einen wesentlich geringeren Arbeits- und Kostenaufwand zu tragen, weil die Bauern das Reformland selbst vermaßen und aufteilten. Auch das in den Agrarreformdörfern verbreitete Mouchaasystem legte es nahe, die Dorfgemeinschaft mit der Flurautteilung zu beauftragen. Die Tätigkeit der Behörden bestand nur noch darin, eine Hauptvermessung zur Ermittlung des Reformlandes durchzuführen und die Landverteilung zu beaufsichtigen. Alle anderen Arbeiten hatten die Bauern selbst auszuführen. Sie bildeten zunächst mehrere Gruppen mit je 1o-2o Personen und einem Gruppensprecher [1]. Je nach Dorfgröße gab es 4-1o Gruppenvertreter, die den Aufteilungsvorgang planten und gemeinsam mit dem Dorfvorsteher abwickelten. Sie teilten jeden Flurkomplex, bestehend aus 2 4oo ideellen Besitzeinheiten (Ashum), in eine Anzahl von unterschiedlichen Blöcken. Die Anzahl der Blöcke in jedem Komplex entsprach der Anzahl der gebildeten Gruppen. Ihre Größe richtete sich nach der Gesamtheit der Sozialeinheiten, die eine Gruppe umfaßte. Diese Blöcke wurden dann wiederum unter den

---

[1] *Bei der Gruppenbildung spielten die Verwandtschaftsverhältnisse und die Nachbarschaft eine große Rolle.*

Mitgliedern so aufgeteilt, daß jedes Gruppenmitglied in jedem Flurkomplex eine Parzelle bekam. In der Regel waren es 6-1o Parzellen, die aber nicht markiert waren. Auch in diesem Falle erhielten die Reformbegünstigten Besitzurkunden vom Ministerium. Darin war jedoch nur ihr Besitzanspruch in jedem Flurkomplex festgehalten.

Diese neue Verfahrensweise trug zweifelsohne zur Beschleunigung des Landverteilung bei (Abb. 2). Ihr Hauptziel lag jedoch darin, eine flexible Struktur zu schaffen, die einer eventuellen Kollektivierung nicht im Wege stehen sollte. In den Agrarreformgebieten sollten Produktionsförderungsgenossenschaften, in denen ein Teil der Feld- und Erntearbeiten gemeinschaftlich durchzuführen ist, errichtet werden. Man ging von der Vorstellung aus, Bauern

Abbildung 2: <u>Landenteignung und Landverteilung im Zeitablauf</u>

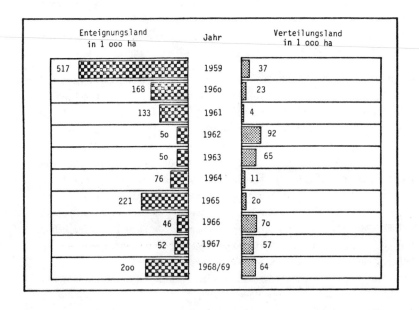

mit ideellem Besitzanspruch seien leichter in einem Kollektivbetrieb zusammenzuführen. Die nachfolgenden Bemühungen in dieser Richtung haben aber diese Auffassung nicht bestätigt. Bis heute ist es in keinem Agrarreformdorf gelungen, auch nur eine teilweise Vergenossenschaftlichung der Produktion durchzusetzen [1].

Die Reformbegünstigten hatten für das zugeteilte Land einen festen Kaufpreis zu zahlen, der der Höhe der Entschädigung entsprach. Hinzu kam noch ein Zuschlag von 1o % als Bearbeitungsgebühr. Die Gesamtsumme sollte in 4o Jahresraten abgezahlt werden. Obwohl der verlangte Preis niedrig war und bei etwa 12 Lera pro Hektar lag, konnten ihn die meisten Reformbegünstigten nicht zahlen, vor allem wegen der dreijährigen Mißernte, die die ersten Reformjahre begleitet hatte. Unabhängig davon bestand ohnehin keine größere Aussicht, von den sehr armen Bauern Geld zu bekommen, da dieser Bevölkerungsteil am unteren Ende der Einkommensskala stand. Diese Tatsache hat u.a. den Gesetzgeber dazu veranlaßt, durch die Verordnung Nr. 88 (1963) die Reformbegünstigten von der Zahlung des Gesamtbetrages zu befreien. Nach den geltenden Bestimmungen müssen sie nur noch ein Viertel dieser Geldsumme in 2o Jahresraten an ihre Genossenschaft zahlen, wodurch die Kapitalausstattung der letzteren erhöht werden soll. Erst wenn die Bauern den gesamten Kaufpreis entrichtet haben, erhalten sie die uneingeschränkte Verfügungsgewalt über das zugeteilte Land.

3.2.3. Pächterschutz

Für die Teilpächter und Anteilbauern bestanden vor der Agrarreform keinerlei Sicherheiten. Durch die Pachtschutzgesetzgebung (Gesetz Nr. 134 von 1958) hat sich ihre Situation wesentlich verbessert. Die Bestimmung, schriftliche Pacht- und Teilbauverträge abzuschließen, gehört zu den wichtigsten Gesetzesbestimmungen und wird in den meisten Regionen befolgt [2]. Die Pachtdauer be-

---

[1] *Mitte der 6oer Jahre versuchte der Staat, in den kollektiv zugeteilten Dörfern eine Teilkollektivierung im Produktionsbereich durchzuführen. Feld- und Erntearbeiten sollten hier gemeinschaftlich erledigt werden. Die Agrarreformbauern widersetzten sich jedoch heftig.*

[2] *In einigen Dörfern, vor allem in denen, die von den zentralen staatlichen Machtstellen entfernt liegen, also dort, wo der Machteinfluß der Grundherren noch vorhanden ist, werden bis heute keine schriftlichen Pachtverträge abgeschlossen. Die Pachtverhältnisse regeln sich hier nach der vor der Agrarreform gewohnten Weise.*

trägt ein Jahr und wird, sofern keine Kündigung vorliegt, automatisch verlängert. Der Umstand, daß Pachtverträge nicht mehr grundlos gekündigt werden dürfen, hat zur Erhöhung der Pachtsicherheit und zur Betriebskontinuität beigetragen [1]. Das Interesse der Pächter an ihren Betrieben ist dadurch größer geworden. Mehr als früher sind sie dazu bereit, innerbetriebliche Verbesserungen durchzuführen und vermehrt Kapital und Arbeit zu investieren, insbesondere weil sie im Falle einer Kündigung eine angemessene Entschädigung erhalten.

Eine weitere wichtige Gesetzesbestimmung schreibt Mindest- und Höchstsätze für die Aufteilung der Ernte bei den Hauptanbaufrüchten vor. Diese Sätze müssen beim Abschluß eines Pachtvertrages berücksichtigt und dürfen nicht unter- bzw. überschritten werden. Wenn der Grundeigentümer lediglich den Boden zur Verfügung stellt, darf er gemäß den Bestimmungen des Pachtgesetzes höchstens ein Fünftel der Ernte im Regenfeldbau und in den mit Motorpumpen bewässerten Gebieten für sich beanspruchen, unter anderen Produktionsbedingungen höchstens ein Drittel. Der Ertragsanteil eines Anteilbauern, der ja nur seine Arbeitskraft einsetzt, darf nicht unter 25 % der Baumwollernte liegen. Ebenso darf der Ernteanteil eines Teilpächters im bewässerten Gemüsebau 33 %, bei Tabak 60 % und im unbewässerten Gemüsebau 65 % nicht unterschreiten [2].

Ein Teil dieser Pachtsätze wurde durch die Novellierung des Pachtgesetzes im Jahre 1977 verändert. Die Ertragsanteile der Eigentümer erfuhren eine Verringerung. So bekommen sie in den mit Fluß- und Quellwasser bewässerten Gebieten anstelle von einem Drittel nur noch ein Viertel. Im unbewässerten Gemüseanbau erhöhte sich der Anteil des Teilpächters von 65 % auf 75 %. Bedeutsam in diesem Zusammenhang ist eine neue Regelung, nach der beide Partner des Pachtvertrages verpflichtet sind, die Kosten für Düngemittel und Pflanzenschutz sowie den Lohn für Pflückarbeiten gemeinsam anteilmäßig zu tragen. Für den Verpächter bedeutet dies eine weitere Schmälerung seines Ernteanteiles.

---

[1] *Eine Vertragskündigung ist nur in folgenden Fällen möglich:*
  - *Wenn der Teilpächter die ordnungsgemäße Bewirtschaftung vernachlässigt.*
  - *Wenn der Teilpächter den Anbau des Pachtlandes verweigert.*
  - *Wenn der Teilpächter länger als einen Monat nach der Ernte mit der Abgabe des Eigentümeranteils zögert.*
  - *Wenn der Eigentümer das Land verkaufen oder selbst bewirtschaften will.*

[2] *Vgl. ABBAS, 1962, S. 280 f.*

3.2.4. Landarbeiterschutz

Ein großer Teil der Bestimmungen des Gesetzes Nr. 134 sowie seiner novellierten Fassung von 1977 beschäftigt sich mit den Landarbeitern und zielt darauf ab, ihre Lebensverhältnisse zu verbessern (Abschnitt 3.1.5.). Bis zum heutigen Tage hat sich allerdings kaum etwas an der sozialen und wirtschaftlichen Lage der Landarbeiter geändert. Die gesetzlich vorgeschriebenen Regelungen wie Arbeitsvertrag, Mindestlohn und geregelte Arbeitszeit ließen sich nicht durchsetzen. In einem Land wie Syrien, in dem ein Überangebot an landwirtschaftlichen Arbeitskräften besteht, erscheint es unrealistisch, allein durch Gesetze die wirtschaftliche Situation der Landarbeiter verbessern zu wollen. Hier werden die Bedingungen auf dem Arbeitsmarkt in erster Linie von Angebot und Nachfrage bestimmt. Die Gesetzesbestimmungen werden unverwirklicht bleiben, solange dieses Überangebot vorhanden ist und die Landarbeiter keine Gewerkschaft haben, die sich für ihre Rechte einsetzt. Nicht einmal in den Staatsgütern werden Arbeitsverträge abgeschlossen oder Mindestlöhne festgelegt und bezahlt. So verdiente 1977 ein Landarbeiter in den Staatsgütern des El-Rayed-Projektes am Euphrat nur 150 Lera im Monat. Sein Jahreseinkommen betrug bestenfalls - wenn er das ganze Jahr über tätig war - 1 800 Lera [1]. Viele Landarbeiter bekamen noch viel weniger, da sie nur einige Monate im Jahr beschäftigt wurden. Je nach Bedarf stellen die Staatsgüter Landarbeiter für eine begrenzte Arbeitsdauer ein, die sie dann ohne Kündigung entlassen.

---

[1] *Zum Vergleich: im selben Jahr belief sich das durchschnittliche Pro-Kopf-Einkommen laut amtlichen Angaben auf nahezu 3 000 Lera (vgl. Statistical Abstract, 1978, S. 759).*

Teil II: Sozialökonomische Auswirkungen der Agrarreform - dargestellt an der Entwicklung in ausgewählten Dörfern -

4. Methodik der Untersuchung

4.1. Theoretischer Ansatz

Agrarreformen lassen sich im allgemeinen in zweierlei Hinsicht beurteilen: erstens anhand des Grades der Erreichung ihrer gesetzten Ziele und/oder zweitens anhand der sozialen und wirtschaftlichen Veränderungen, die sie bewirkt haben. Diese beiden Ansätze bildeten den Ausgangspunkt für die Formulierung einiger allgemeiner Arbeitshypothesen, die mittels einer empirischen Untersuchung überprüft werden sollten. Die Hypothesen lauten:

1. Die Agrarreform hat ihre gesetzten Ziele erreicht;
2. Die Agrarreform hat die Agrarstruktur erheblich verändert;
3. Die Agrarreform hat die Modernisierung der syrischen Landwirtschaft vorangetrieben;
4. Die Agrarreform hat die soziale Differenzierung und Mobilität der Dorfbevölkerung gefördert;
5. Die Agrarreform hat das dörfliche Sozialsystem nach außen geöffnet.

Während sich die erste Hypothese auf die Reformziele bezieht, betreffen die zweite und dritte die agrarstrukturellen, agrartechnischen und damit verbunden die agrarwirtschaftlichen Veränderungen. Die beiden letzten sprechen sodann den sozialen Strukturwandel an (Übersicht 1).

Zu Hypothese 1: Verwirklichung der Reformziele

Die Zielsetzungen der syrischen Agrarreform sind, wie die Ausführungen im Abschnitt 3.1.2. zeigen, politischer, wirtschaftlicher und sozialer Art. Ausgehend davon läßt sich die erste Hypothese in die folgenden drei Teilhypothesen aufgliedern:

1.1. Die Agrarreform hat das Feudalsystem beseitigt;
1.2. die Agrarreform hat zur Erhöhung der Agrarproduktion geführt;
1.3. die Agrarreform hat den Lebensstandard der landwirtschaftlichen Bevölkerung verbessert.

Übersicht 1: Die Hypothesen der Untersuchung

Beurteilungskriterium	Allgemeine Hypothesen und Teilhypothesen
I. Zielerreichung	1. Die Agrarreform hat ihre gesetzten Ziele erreicht.
politisches Ziel	1.1. Sie hat das Feudalsystem beseitigt.
wirtschaftliches Ziel	1.2. Sie hat zur Erhöhung der Agrarproduktion geführt.
soziales Ziel	1.3. Sie hat den Lebensstandard der landwirtschaftlichen Bevölkerung verbessert.
II. Veränderungen agrarstrukturelle	2. Die Agrarreform hat die Agrarstruktur erheblich verändert.
	2.1. Sie hat die Eigentums- und Besitzstruktur verändert.
	2.2. Sie hat den Verkehr mit landwirtschaftlichen Grundstücken verändert.
	2.3. Sie hat die Betriebsgrößenstruktur verändert.
	2.4. Sie hat die Flurverfassung verändert.
	2.5. Sie hat zur Veränderung der Bodennutzung beigetragen.
	2.6. Sie hat die Viehhaltung verändert.
	2.7. Sie hat Veränderungen in der Arbeitsverfassung hervorgerufen.
agrartechnische	3. Die Agrarreform hat die Modernisierung der syrischen Landwirtschaft vorangetrieben.
agrarsoziale	4. Die Agrarreform hat die soziale Differenzierung und Mobilität der Dorfbevölkerung gefördert.
	5. Die Agrarreform hat das dörfliche Sozialsystem nach außen geöffnet.

Zu Teilhypothese 1.1 : Beseitigung des Feudalsystems

Die feudale Gesellschaftsordnung ist im wesentlichen durch zwei Merkmale charakterisiert:

1) die Konzentration von wirtschaftlicher und politischer Macht in der Hand einer kleinen wohlhabenden Oberschicht von Großgrundeigentümern und
2) die Abhängigkeit der Bauern von den Grundherren in wirtschaftlicher und persönlicher Hinsicht.

Folgerichtig kann ein Feudalsystem als beseitigt gelten, wenn gleichzeitig

1) keine Konzentration des Grundeigentums in wenigen Händen mehr besteht und seine Neubildung unmöglich gemacht ist,
2) der Einfluß der Grundherren im Dorf und auf die Bodenbewirtschafter beseitigt ist und
3) an die Stelle der alten Abhängigkeit keine neue, ähnlich geartete getreten ist, z.B. eine starke Abhängigkeit vom Staat oder der Genossenschaft, die die Bodenbewirtschafter in ihren betriebswirtschaftlichen und persönlichen Entscheidungen einengt.

Zu Teilhypothese 1.2 : Erhöhung der Agrarproduktion

Eine Produktionserhöhung oder -verminderung läßt sich auf Regions- und Landesebene durch den Vergleich von statistischen Zahlen ermitteln. Demgegenüber kann eine quantitative Erfassung der Produktionsveränderungen auf Dorfebene nicht durchgeführt werden, weil in keinem Dorf irgendwelche schriftliche Unterlagen sowohl über die früher als auch über die heute erzielten Produktmengen vorhanden sind. Außerdem geht es bei der vorliegenden Fragestellung nicht um eine exakte Ermittlung des Erhöhungsausmaßes, sondern darum festzustellen, ob als Folge der Agrarreform ein Produktionsanstieg in den Dörfern überhaupt stattfand, und wenn ja, welche sind seine Bestimmungsgründe. Da die landwirtschaftliche Nutzfläche seit Durchführung der Reform praktisch unverändert blieb, kann sich die Produktion nur durch vertikale Ausdehnungsmaßnahmen erhöhen. So stellt jede vorgenommene Anbauintensivierung und jeder Mehreinsatz an neuzeitlichen Betriebsmitteln einen Indikator für eine gestiegene Produktivität und damit auch für einen erfolgten Produktionsanstieg dar und umgekehrt. Die Agrarproduktion ist also gestiegen, wenn der Anbau heute, im Vergleich zu früher, etwa durch Ausdehnung der Bewässerung, durch Veränderungen innerhalb der Anbaustruktur (Verschiebung von Extensiv- zu Intensivkulturen) oder letztlich durch Mehrverwendung von Mineraldünger, verbessertem Saatgut und Pflanzenschutz intensiver geworden ist.

Zu Teilhypothese 1.3 : Verbesserung des Lebensstandards der landwirtschaftlichen Bevölkerung

Über den Lebensstandard und seine Höhe in den ländlichen Gebieten zur Zeit des Reformbeginns liegen keine Informationen vor. Ein zeitlicher Vergleich mit quantitativen Ergebnissen ist deshalb nicht durchführbar. Um dennoch die Veränderungen des Lebensstandards wenigstens in qualitativer Hinsicht zu ermitteln, wird hier ein horizontaler Vergleich vorgenommen. Der Lebensstandard derjenigen Bauern, die von der Agrarreform Nutzen gezogen haben, wird dem derjenigen, die davon nicht begünstigt waren, gegenüber gestellt. Dazu soll aus einer Reihe von Indikatoren für das Niveau des Lebensstandards unter den Gegebenheiten im ländlichen Syrien ein Vergleichsmaßstab gebildet werden. (Im Abschnitt 6.3.4. wird die Ermittlung der Lebensstandardindikatoren sowie die Bildung des Lebensstandardindexes erörtert.)

Zu Hypothese 2: Veränderungen der Agrarstruktur

"Agrarstruktur" ist der umfassende Begriff für eine Mehrzahl von strukturellen Merkmalen. Ihre wichtigsten Bestandteile sind: Grundeigentums- und Grundbesitzstruktur sowie Grundstücksverkehr, Flurverfassung, Betriebsgrößenstruktur, Verhältnisse der Bodennutzung und der Viehhaltung sowie Arbeitsverfassung.

Die allgemeine Hypothese läßt sich dementsprechend in eine Anzahl von Teilhypothesen aufgliedern:

2.1. Die Agrarreform hat die Eigentums- und Besitzstruktur verändert;
2.2. die Agrarreform hat den Verkehr mit landwirtschaftlichen Grundstücken verändert;
2.3. die Agrarreform hat die Betriebsgrößenstruktur verändert;
2.4. die Agrarreform hat die Flurverfassung verändert;
2.5. die Agrarreform hat zur Veränderung der Bodennutzung beigetragen;
2.6. die Agrarreform hat die Viehhaltung verändert;
2.7. die Agrarreform hat Veränderungen in der Arbeitsverfassung hervorgerufen.

Die Überprüfung dieser Teilhypothesen erfolgt durch einen zeitlichen Vergleich, bei dem die heutigen Verhältnisse jedes Strukturelements denen, die vor der Agrarreform herrschten, gegenüber gestellt werden. Daraus läßt sich auch das Ausmaß der Veränderung der Agrarstruktur insgesamt herleiten.

__Zu Hypothese 3__: Modernisierung der syrischen Landwirtschaft

Veraltete Anbaupraktiken und Arbeitsmethoden kennzeichnen die traditionelle Landwirtschaft und verhindern die Erzielung einer höheren Produktivität. Eine landwirtschaftliche Modernisierung liegt dann vor, wenn sich in der Landbewirtschaftung produktionstechnische sowie arbeitsorganisatorische Verbesserungen durchgesetzt haben. Je mehr Neuerungen und Innovationen eingeführt worden sind, um so moderner ist die Landwirtschaft. Im Untersuchungsgebiet beschränkt sich die Landwirtschaftserneuerung bis heute auf den produktionstechnischen Bereich, weshalb es sinnvoll war, nur solche Modernisierungsindikatoren zu erheben, die in diesem Bereich liegen. Im einzelnen wurden folgende Indikatoren erhoben:

a) Einsatz von landwirtschaftlichen Maschinen, wie Schlepper, Mähdrescher, Sämaschine und Motorpumpe,

b) Verwendung von neuzeitlichen Betriebsmitteln, wie Mineraldünger, verbessertes Saatgut und Pflanzenschutz, sowie

c) Ausdehnung des Bewässerungsareals und Anwendung von neuen Bewässerungsmethoden und Bewässerungstechniken.

Ferner wurde der Zeitpunkt für die erstmalige Verwendung der genannten Neuerungen sowie das Jahr, in dem die Bewässerungslandwirtschaft eingeführt oder ausgeweitet wurde, ermittelt, um hieraus den zeitlichen Vergleich vorzunehmen. Die Agrarreform hat zur Modernisierung der Landwirtschaft beigetragen, wenn die Anzahl der eingesetzten Maschinen, der Umfang der angewandten neuzeitlichen Betriebsmittel sowie die Ausdehnung der Bewässerungsfläche nach ihrer Durchführung größer ist als vorher.

__Zu Hypothese 4__: Förderung der sozialen Differenzierung und Mobilität der Dorfbevölkerung

Die Sozialstruktur im syrischen Dorf war vor der Agrarreform nur wenig differenziert. Die Dorfbewohner waren mehr oder minder in der Landwirtschaft beschäftigt, und es gab kaum jemanden im Ort, der einen anderen Beruf ausübte [1]. War die Dorfgemeinschaft in beruflicher Hinsicht undifferenziert, so lag in bezug auf den Bodenbesitz eine Aufteilung in zwei Sozialkategorien vor: die relativ kleine Anzahl der Bodenbewirtschafter (Teilpächter und Anteilbauern) sowie die große Mehrheit der Landlosen. Diese Zweiteilung brachte Einkommensunterschiede mit sich, die allerdings angesichts der herrschenden Feudalverhältnisse unerheblich waren. Der Wechsel von einer Kategorie in eine andere verlief fast nur in einer Richtung: sozialer Abstieg, da die Grenze zwischen den beiden Sozialkategorien für Aufsteiger undurchlässig waren.

Die Agrarreform hat die soziale Differenzierung und die Mobilität der Dorfbevölkerung gefördert, wenn:

a) sie zur Vergrößerung der Eigentums- sowie Besitzunterschiede und damit einhergehend der Einkommensunterschiede innerhalb der Dorfgemeinschaft beigetragen hat; umgekehrt bedeutet eine Verkleinerung dieser Unterschiede eine Homogenisierung;
b) durch sie die Anzahl der Sozialkategorien im Dorf zugenommen hat und die Grenzen zwischen den Kategorien durchlässiger geworden sind, so daß ein sozialer Aufstieg, im Gegensatz zu früher, denkbar und durchführbar ist;
c) in ihrer Folge die Berufsstruktur der Dorfbewohner sich breit differenziert hat.

Zu_Hypothese_5: Öffnung des dörflichen Sozialsystems

Wie in allen traditional bestimmten agrarischen Gesellschaften waren die Sozialsysteme der syrischen Dörfer vor der Bodenreform durch eine starke Binnenorientierung gekennzeichnet, verbunden mit einer relativen Geschlossenheit gegenüber der Umwelt. Im Dorf selbst bestanden zwischen den Bewohnern intensive soziale Beziehungen, wohingegen derartige Beziehungen zu den außerhalb der Gemeinde lebenden Menschen entweder nicht vorhanden oder, wenn überhaupt dann nur schwach ausgebildet waren. Sie konnten sich auch gar nicht entwickeln, weil das Dorf nur begrenzte Kommunikationsbeziehungen zur Außenwelt besaß, die meist über Mittelsmänner zustande kamen. In dieser ziemlich isolierten Situation waren die Dorfbewohner aufeinander angewiesen und deshalb fiel

---
[1] *Nur kleinere und mittlere Dörfer hatten eine rein bäuerliche Struktur. In größeren Gemeinden dagegen gab es neben den Landwirten auch Handwerker, Händler und andere nichtlandwirtschaftliche Berufstätige.*

der Nachbarschaftshilfe, der Verwandtschaft und der Solidarität eine große Rolle in der Gemeinde zu.

Die Bauern tendierten dazu, an überlieferten Werten und anerzogenen Verhaltensweisen festzuhalten. Ihnen erschien eine Änderung des Bestehenden weder möglich noch wünschenswert. Gerade aus diesem Grund konnten sich sowohl ideelle als auch materielle Neuerungen entweder gar nicht oder nur sehr langsam in der dörflichen Gemeinschaft durchsetzen.

Da in diesem Zustand der Abgeschlossenheit für die Dorfbevölkerung jede Vergleichsmöglichkeit mit anderen Lebensformen fehlte, konnten sich keine höheren Ansprüche entwickeln. Die Bedürfnisse blieben qualitativ und quantitativ gering und konnten größtenteils örtlich befriedigt werden. Das Dorf stellte für die Bauern die einzige oder zumindest die wichtigste Versorgungsquelle dar.

Charakteristisch für das frühere Sozialsystem der Dörfer war ferner die geringe regionale Mobilität. Weder fanden Fremde in den ländlichen Gemeinschaften Eingang, weil sie die Mauern des Mißtrauens und Argwohnes nicht überwinden konnten, noch verließen die Bauern das Dorf, weil sie an den Boden gebunden waren.

Da soziale und wirtschaftliche Verbesserungen im Gefolge einer Bodenreform nicht ohne Auswirkungen auf die Lebensweise der Bauern und damit auch auf das dörfliche Sozialsystem bleiben, wird hier angenommen, daß die syrische Agrarreform einen Beitrag zur Öffnung der Sozialsysteme der Untersuchungsdörfer nach außen geleistet hat. Im Rahmen dieser Arbeit soll jeder Wandel hinsichtlich der beschriebenen, überlieferten Verhaltens- und Verfahrensweisen als Öffnung des Sozialsystems definiert werden. Indikatoren eines derartigen Wandels können sein:

1. Vermehrung der Übernahme von Innovationen technischer sowie ideeller Art und die damit verbundene Änderung des traditionellen Wertsystems.
2. Zunahme der Verbreitung von Massenmedien, wodurch die Möglichkeit der Orientierung an anderen, moderneren Lebensformen und Wertsystemen steigt.
3. Invensivierung der Außenkontakte der Bauern, insbesondere mit der städtischen Bevölkerung.
4. Zunahme der Fremdversorgung.

5. Zunahme der regionalen Mobilität, vor allem der Ab- und Pendelwanderungen.
6. Vergrößerung der Fremdbestimmung.

4.2. Methodischer Ansatz

Wie in allen Agrarregionen Syriens mit Ausnahme der nordöstlichen Region dominiert im Untersuchungsgebiet die bäuerliche Landwirtschaft. Die Mehrzahl der Betriebe sind vom Flächenumfang her kleine oder mittlere Betriebe, die den Arbeitsbedarf überwiegend durch Familienarbeitskräfte decken. Deshalb und weil die Agrarreform die Entstehung bäuerlicher Wirtschaften gefördert hat, wurden nur solche Betriebe in die Untersuchung einbezogen.

Vor der Auswahl der Betriebe stellte sich das Problem, geeignete Kriterien für eine Betriebsklassifizierung zu finden. Da die Agrarreform die sozialökonomische Struktur in den Dörfern verändert und zur Entstehung eines neuen Betriebstyps, nämlich des Agrarreformbetriebs, geführt hat, erschien es sinnvoll, eine Klassifizierung nach sozialökonomischen Gesichtspunkten vorzunehmen [1]. So läßt sich die Gesamtheit der bäuerlichen Betriebe in drei verschiedene Betriebstypen einteilen: Reformbauernbetriebe, Eigentumsbauernbetriebe und Teilpächterbetriebe. Ihre Inhaber repräsentieren jeweils eine Sozialkategorie und zwar die Agrarreformbauern, die Eigentumsbauern sowie die Teilpächter. Alle drei Betriebstypen wurden in die Erhebung einbezogen. Die Agrarreform verbesserte durch Landverteilung die Lebensverhältnisse der Reformbauern und durch Pachtschutz diejenigen der Teilpächter. Die Eigentumsbauern wurden von den Reformbestimmungen nicht betroffen, weshalb sie sich in dieser Untersuchung für den erwähnten horizontalen Vergleich als Kontrollgruppe eignen. Die aufgestellten Hypothesen werden durch einen zeitlichen Vergleich, bei dem die heutigen Verhältnisse denen vor Reformbeginn gegenübergestellt werden, überprüft. Dieser Zeitvergleich wird durch den Vergleich mit den Verhältnissen der Eigentumsbauern ergänzt.

4.3. Auswahl des Untersuchungsgebietes

4.3.1. Auswahlkriterien

Die Erhebungen dieser Untersuchung konnten aus finanziellen und zeitlichen Gründen nicht auf mehrere Agrarregionen in Syrien ausgedehnt werden. Sie mußten auf ein eng begrenztes Gebiet beschränkt werden, dessen Auswahl von

---
[1] *Landwirtschaftsbetriebe können nach Betriebsgröße, Betriebsform oder Betriebstyp klassifiziert werden.*

der Erfüllung einiger Bedingungen bestimmt wurde. Erstens sollte das Untersuchungsgebiet in seiner Agrarstruktur typisch für syrische Verhältnisse sein. Zweitens sollten sich in ihm, gemäß dem methodischen Ansatz, die in die Erhebung einzubeziehenden drei Betriebstypen befinden, und zwar in räumlicher Nähe.

Als Untersuchungsgebiet wurden die Ackerebenen von Hama und Homs ausgewählt, die den südlichen Teil der nordsyrischen Agrarregion bilden, da sie die obigen Kriterien weitgehend erfüllen (Karte 3). Für diese Entscheidung sprachen außerdem die Tatsachen, daß dort vor der Agrarreform die schlimmsten feudalen Zustände herrschten [1] und daß in diesem Gebiet bei der Reformdurchführung die größten Enteignungs- sowie Landverteilungsaktionen vorgenommen wurden (vgl. Abschnitt 3.2.1. und 3.2.2.). Hinzu kommt die große landwirtschaftliche Bedeutung des Untersuchungsgebietes. Seine Nutzfläche macht zwar nur 16 % der gesamten LN Syriens aus, es werden darauf aber 36 % der Industriepflanzen, 3o % der Hülsenfrüchte, 25 % des Gemüses und 13 % des Getreides erzeugt.

4.3.2. Charakterisierung des Untersuchungsgebietes

Das Untersuchungsgebiet umfaßt die zwei Landesteile Hama und Homs. Seine Fläche beträgt 51 ooo km^2 oder 28 % der Gesamtfläche Syriens. Hier lebten im Jahre 1977 etwa 1,3 Mio. Einwohner, das sind 17 % der Gesamtbevölkerung. Die durchschnittliche Bevölkerungsdichte beträgt 26 E/km^2 und liegt somit unterhalb des Landesdurchschnitts. In den beiden Städten und in ihrer unmittelbaren Umgebung herrscht jedoch eine dichte Besiedlung.

Die landwirtschaftliche Nutzfläche umfaßt im Untersuchungsgebiet 862 ooo ha, wovon 11 % bewässert werden. Der Anteil des Bewässerungslandes liegt demnach etwas über dem Landesdurchschnitt von 1o %. Die Ackerebenen von Hama und Homs erstrecken sich als breiter Streifen beidseitig des Orontes, der sie von Süden nach Norden durchfließt und mit Wasser versorgt. Auf ihre tiefgründigen Böden fallen jährlich durchschnittlich 25o-5oo mm Niederschläge. Die Niederschlagsmenge nimmt allerdings vom Westen nach Osten rasch ab. Die Intensität der Ackernutzung hängt in erster Linie von der Wasserversorgung ab; sie ist demgemäß im Orontestal und in den westlichen Gebietsteilen am höchsten, woge-

---

[1] *Vgl. WIRTH, 1971, S. 214.*

gen in den östlichen Teilen extensive Ackerwirtschaft betrieben werden muß, die schließlich in nomadische Schafhaltung übergeht.

Das Untersuchungsgebiet hat aber nicht nur in landwirtschaftlicher, sondern auch in gewerblicher Hinsicht eine hervorragende Bedeutung, die es zu einem der wichtigsten Wirtschaftsräume Syriens macht. Die am Orontes liegenden Städte Hama und Homs sind Verwaltungs- und Handelszentren, in denen sich außer Ämtern und Behörden auch noch zahlreiche Industrie- und Gewerbebetriebe befinden. Ein beträchtlicher Teil der ländlichen Bevölkerung des Umlandes ist haupt- und nebenberuflich in diesen Ämtern und Betrieben beschäftigt. Beide Städte üben somit einen großen Sog auf die abwanderungsbereite Landbevölkerung aus. Außerdem geht von ihnen eine erhebliche kulturelle Ausstrahlungskraft auf die umliegenden Ortschaften aus.

Vor der Bodenreform war das Großgrundeigentum im Untersuchungsgebiet stark verbreitet. 266 000 ha wurden hier enteignet, die nur 774 ehemaligen Grundherren gehörten. Davon wurden 145 000 ha an 12 557 Bauern verteilt. Die verschiedenen Feudalherren hatten unterschiedliche Einstellungen zu ihren Ländereien und zur Landwirtschaft. Die meisten von ihnen, insbesondere diejenigen von Hama, waren rückständig, lediglich an der Grundrente interessiert und unternahmen deshalb keinerlei Anstrengungen, um die Landbewirtschaftung in ihren Dörfern zu modernisieren [1]. Demgegenüber gab es einige relativ fortschrittliche Grundherren, hauptsächlich aus Homs, die landwirtschaftlichen Neuerungen aufgeschlossen gegenüberstanden und sich an deren Einführung maßgeblich beteiligten. In ihrem wirtschaftlichen Verhalten ähnelten sie den Agrarunternehmern.

4.4. Auswahl der Untersuchungsdörfer

4.4.1. Auswahlverfahren

Bei der Bestimmung der Untersuchungsdörfer ging es nicht darum, eine repräsentative Auswahl zu treffen. Vielmehr kam es darauf an, eine begrenzte Anzahl von für die Untersuchungszwecke geeigneten Dörfern auszuwählen. Die

---

[1] *Hama war der Hauptsitz der traditionell eingestellten Feudalherren. "Die Notabeln der Stadt setzten alles daran, mit Hilfe des reichhaltigen Instrumentariums des orientalischen Rentenkapitalismus möglichst viel aus den umgebenden Agrargebieten herauszuziehen" (WIRTH, 1971, S. 391).*

Beschränkung dieser Auswahl auf vier Dörfer war aus forschungsökonomischen sowie forschungstechnischen Erwägungen notwendig. Vor allem ermöglichte die Beschränkung der mündlichen Befragung und der teilnehmenden Beobachtung auf vier Dörfer einen längeren Aufenthalt in jedem Untersuchungsdorf, wodurch die Datensammlung gefördert wurde.

In bezug auf die Agrarreform läßt sich die Gesamtheit der Dörfer im Untersuchungsgebiet in drei Kategorien einteilen:

- Dörfer mit alten, unveränderten Eigentums- und Besitzstrukturen, die nicht der Landenteignung und Landverteilung durch die Bodenbesitzreform unterlagen;
- Dörfer mit teilweise neuen, veränderten Eigentums- und Besitzstrukturen, also Grundherrendörfer, die nur zum Teil enteignet und verteilt wurden;
- Dörfer mit neuen, völlig veränderten Eigentums- und Besitzstrukturen, also vollständig enteignete und aufgeteilte Grundherrendörfer.

Jede Kategorie mußte in der Auswahl der Untersuchungsdörfer vertreten sein, die sich darüber hinaus an folgenden Kriterien orientierte:

1. Die Untersuchungsdörfer sollten "typisch" für Syrien sein und die charakteristischen agrarstrukturellen Merkmale des Untersuchungsgebietes aufweisen.
2. Die Untersuchungsdörfer sollten alle in die Erhebung einzubeziehenden Betriebstypen bzw. Sozialkategorien enthalten.
3. Die Untersuchungsdörfer sollten ganzjährig erreichbar sein.
4. Die Untersuchungsdörfer sollten geschlossene Siedlungen und keine Streusiedlungen sein.
5. Die Untersuchungsdörfer sollten nicht sehr weit auseinander und in der Nähe der Städte Hama und Homs liegen.
6. Die Bewohner der Untersuchungsdörfer sollten gegenüber der Erhebung positiv eingestellt sein und Informationsbereitschaft zeigen. Insbesondere sollten die Schlüsselpersonen zur Unterstützung des Projekts bereit sein.

Um sich einen allgemeinen Überblick über die Dörfer und landwirtschaftlichen Verhältnisse des Untersuchungsgebiets zu verschaffen, unternahm der Verfasser zu Beginn seines Feldaufenthalts eine Besichtigungsfahrt. Gespräche mit Beamten der Landwirtschaftsämter und anderen ortskundigen Personen führten dazu, 15 Dörfer in die engere Wahl zu nehmen. Daraus wurden vom Verfasser zusammen mit Professor Dr. U. Planck, dem Leiter des Forschungsvorhabens, bei einer zweiten Feldbesichtigung folgende fünf Dörfer ausgewählt:

- das Eigentumsbauerndorf Bserin (als Kontrolldorf),
- das Agrarreformbauerndorf Chiha,
- das Agrarreformbauerndorf Mecherfe,
- das Agrarreformbauern- und Teilpächterdorf Tiesien und
- das Mischdorf Morek (als Pretest-Dorf).

Es muß hier darauf hingewiesen werden, daß es sich bei den vorgenommenen Untersuchungen lediglich um Fallstudien handelt. Die aus dem Erhebungsmaterial gewonnenen Ergebnisse sind nur für die ausgewählten Dörfer gültig und damit nicht für das gesamte Land repräsentativ.

4.4.2. Charakterisierung der Untersuchungsdörfer

Bserin

Das Eigentumsbauerndorf Bserin liegt 13 km südwestlich der Stadt Hama (Karte 3). Seine Gemarkung grenzt an die Hauptstraße an, die Hama mit Homs verbindet. Seit etwa 7o Jahren befindet es sich in der Hand von Kleinbauern. Von der Größe und Einwohnerzahl her handelt es sich hierbei um eine kleine Gemeinde mit einer Gemarkungsfläche von ca. 7 km^2. Im Erhebungsjahr zählte das Dorf 92o Personen, die 114 Familien zugehörten, von denen 66 oder 58 % direkt in der Landwirtschaft beschäftigt waren; die übrigen Familien bezogen den Hauptteil ihres Einkommens aus nichtlandwirtschaftlichen Tätigkeiten (vgl. dazu die Ausführungen der Abschnitte 6.3.2. und 6.3.3.5.). Die landwirtschaftliche Nutzfläche wird vorwiegend im Regenfeldbau genutzt. Knapp lo % davon werden bewässert. Ein Betrieb hat durchschnittlich 1 ha Bewässerungsland. Das Wasser kommt von einem Kanal, der in den 2oer Jahren gebaut wurde, aus dem Kattinasee in der Nähe der Stadt Homs.

Chiha

Sowohl Chiha als auch Tiesien befinden sich im Altsiedelland von Hama, das der Orontes durchfließt. Chiha liegt direkt an der Fernstraße, die Maharde mit Hama verbindet und ist 8 km nordwestlich von Hama entfernt. Es ist ein Dorf mittlerer Größe mit einer Gemarkungsfläche von 9,5 km^2. Im Untersu-

Karte 3: Lage des Untersuchungsgebietes und der Untersuchungsdörfer

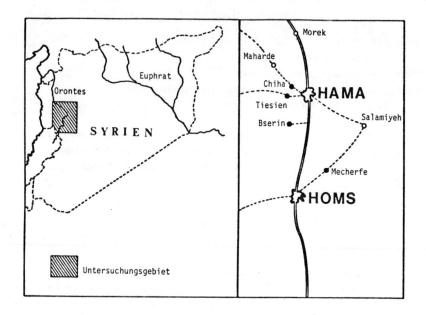

chungsjahr belief sich die Einwohnerzahl auf 1 325, die in 183 Familien lebten (zur Zeit der Durchführung der Bodenreform waren es ca. 9oo Personen und 1o1 Familien). 55 % aller Haushalte sind bäuerliche Haushaltungen, die ihren Lebensunterhalt entweder ganz oder vorwiegend aus der Landwirtschaft bestreiten, die restlichen Familien üben Berufe in anderen Wirtschaftszweigen aus (vgl. auch Abschnitt 6.3.2.).

Mecherfe

Mecherfe ist das größte Untersuchungsdorf. Es umfaßt ca. 4o km^2 und befindet sich, im Gegensatz zu den anderen Dörfern, im östlichen Teil der Ackerebene von Hama und Homs (Karte 3). Mecherfe liegt ebenfalls an einer Verbindungsstraße, der Straße Homs-Salamiyeh, in 18 km Entfernung von Homs. Etwa 6oo Familien leben hier, und die Einwohnerzahl beträgt ungefähr 5 ooo Personen. In diesem Dorf gibt es anteilmäßig mehr Landwirte, die einen Nebenerwerb betreiben, und auch mehr Beschäftigte, die einem nichtlandwirtschaftlichen Beruf nachgehen. Der Grund hierfür ist die geringere Nutzungsintensität in diesem Dorf im Vergleich zu den übrigen Untersuchungsdörfern.

Morek

Das Dorf Morek spielt in der Untersuchung eine sekundäre Rolle. Es war der Ort, in dem der Pretest zur Überprüfung des Fragebogens durchgeführt wurde. Morek ist eine relativ große Gemeinde, die 33 km nördlich von Hama liegt, direkt an der Hauptfernstraße, die Damaskus mit Aleppo verbindet. Auf einer Gesamtfläche von 35 km^2 leben hier ca. 5 000 Personen. Die Mehrzahl der Familien sind Eigentumsbauern, daneben gibt es Bodenreformbauern (etwa ein Drittel) sowie Teilpächter. Morek eignete sich für den Pretest, weil hier alle in die Untersuchung einbezogenen Betriebstypen anzutreffen waren.

Tiesien

Tiesien ist ein Nachbardorf von Chiha und liegt ebenfalls an einer Fernstraße, und zwar direkt an der Straße, die das Plateau von Massiaf durchquert und die beiden Städte Hama und Massiaf verbindet. Seine Entfernung von Hama beträgt 12 km (Karte 3). Mit einer Gemarkungsfläche von ungefähr 2o km^2 gehört Tiesien zu den mittelgroßen Dörfern im Untersuchungsgebiet. Hier lebten im Berichtsjahr etwa 1 780 Personen in insgesamt 173 Haushalten. Alle Familien besitzen Boden, sind in der Landwirtschaft tätig und beziehen daraus entweder ihr gesamtes Einkommen oder den größten Teil davon.

4.5. Feststellung der Grundgesamtheit und Auswahl der Stichprobe

Die befragten Landwirte sollten eine einzige Bedingung erfüllen, nämlich zu den in die Untersuchung einbezogenen drei Sozialkategorien zu gehören. Durch die Auswahl der Dörfer war dies sichergestellt. Alle Bauern und Pächter, die im Erhebungsjahr in den Untersuchungsdörfern lebten und tatsächlich den Boden bewirtschafteten, bildeten die untersuchte Grundgesamtheit. Da über ihre Größe und Struktur keinerlei Informationen vorlagen, mußte zuerst eine Grunderhebung durchgeführt werden, bei der ein Verzeichnis der landwirtschaftlichen Haushalte angelegt und wichtige Kennzeichen der Sozialstruktur ermittelt wurde.

Die Grundgesamtheit setzte sich aus 762 Betrieben zusammen, die hinsichtlich der beiden Merkmale Betriebstyp und Betriebsform Unterschiede zeigten. Nach dem Merkmal Betriebstyp gliederten sich diese Betriebe in drei Teilgesamtheiten:

- 631 Reformbauernbetriebe, das sind 83 % aller Betriebe der Grundgesamtheit;
- 66 Eigentumsbauernbetriebe (9 %);
- 65 Teilpächterbetriebe (8 %).

Wie aus den obigen Zahlen zu erkennen ist, überwogen die Agrarreformbetriebe zahlen- und anteilmäßig. Sie befanden sich in Chiha, Mecherfe und Tiesien. Demgegenüber lagen die Eigentumsbetriebe ebenso wie die Teilpachtbetriebe sämtlich in einem einzigen Untersuchungsdorf, nämlich in Bserin bzw. Tiesien. In diesem letzten Dorf existierten Reformbetriebe und Teilpachtbetriebe nebeneinander.

Die beiden Organisationsformen der Bodennutzung, Regenfeldbau und Bewässerungslandwirtschaft, sind im Untersuchungsgebiet nebeneinander verbreitet. In diesem Zusammenhang lassen sich drei verschiedene Betriebsformen unterscheiden: der reine Regenfeldbaubetrieb, der reine Bewässerungsbetrieb und der Misch- oder Teilbewässerungsbetrieb. Da es in den Untersuchungsdörfern keine reinen Bewässerungsbetriebe gab, teilte sich die Grundgesamtheit auf in

- 4oo Teilbewässerungsbetriebe, das sind 52 % aller Betriebe der Grundgesamtheit;
- 362 Regenfeldbaubetriebe (48 %).

Ohne Ausnahme betrieben alle Teilpächter neben dem Regenfeldbau auch noch Bewässerungslandwirtschaft, während über die Hälfte der Agrarreformbauern (55 %) und nahezu ein Viertel der Eigentumsbauern (23 %) reine Regenfeldbaubetriebe besaßen.

Die verschiedenen Betriebstypen und Betriebsformen der Grundgesamtheit verteilten sich folgendermaßen auf die einzelnen Untersuchungsdörfer:

<u>Bserin</u>: 51 Eigentumsbetriebe mit Teilbewässerung, das sind 7 % aller Betriebe der Grundgesamtheit;

15 Eigentumsbetriebe mit reinem Regenfeldbau (2 %);

<u>Chiha</u>: 3o Agrarreformbetriebe mit Teilbewässerung (4 %);

71 Agrarreformbetriebe mit reinem Regenfeldbau (9 %);

Mecherfe: 180 Agrarreformbetriebe mit Teilbewässerung (24 %);
243 Agrarreformbetriebe mit reinem Regenfeldbau (32 %);

Tiesien: 74 Agrarreformbetriebe mit Teilbewässerung (lo %);
33 Agrarreformbetriebe mit reinem Regenfeldbau (4 %);
65 Teilpachtbetriebe mit Teilbewässerung (8 %).

Tabelle 13 gibt diese neun Kategorien oder Teilgesamtheiten und die daraus entnommenen Stichproben an.

Aus der kategorial geschichteten Grundgesamtheit wurde dann nach dem Zufallsprinzip eine Stichprobe von 188 gezogen. Der durchschnittliche Auswahlsatz betrug 25 %. Damit es bei den Eigentumsbauern und Teilpächtern, die in der Grundgesamtheit anteilmäßig geringer vertreten waren, zu keiner Unterrepräsentation kam, wurde die Auswahl disproportional vorgenommen. Die Stichprobe setzte sich zusammen aus:

- 35 Reformbauernbetrieben in Chiha, das sind lo Teilbewässerungsbetriebe und 25 Regenfeldbaubetriebe;
- 44 Reformbauernbetrieben in Mecherfe, das sind 18 Teilbewässerungsbetriebe und 26 Regenfeldbaubetriebe;
- 35 Reformbauernbetrieben in Tiesien, das sind 24 Teilbewässerungsbetriebe und 11 Regenfeldbaubetriebe;
- 35 Eigentumsbauernbetrieben in Bserin, das sind 27 Teilbewässerungsbetriebe und 8 Regenfeldbaubetriebe;
- 39 Teilpächterbetrieben in Tiesien, die sämtlich Teilbewässerungsbetriebe sind.

Von den ausgewählten Landwirten waren 114 Reformbauern, 39 Teilpächter und 35 Eigentumsbauern. Ihre Mehrzahl betrieb sowohl Regenfeldbau als auch Bewässerungslandwirtschaft (Tab. 13).

Mit Ausnahme von zwei Fällen, in denen die ältesten Söhne im Haushalt befragt wurden, waren bei allen durchgeführten Interviews die Haushaltsvorstände die Befragungspersonen. In einem Fall handelte es sich um eine weibliche Person in Chiha, deren Befragung sich nicht durchsetzen ließ und im anderen Fall war der Betriebsinhaber altersbedingt nicht in der Lage, selbst Informationen zu geben.

Tabelle 13: Grundgesamtheit, Teilgesamtheiten und Stichprobenumfang nach Betriebstypen und Betriebsformen

Betriebstyp	Dorf	Betriebsform				Insgesamt	
		Teilbewässerungsbetriebe		Regenfeldbaubetriebe			
		Teilgesamtheit	Stichprobe	Teilgesamtheit	Stichprobe	Grundgesamtheit	Stichprobe
Reformbauernbetrieb	Chiha	3o	1o	71	25	1o1	35
	Mecherfe	18o	18	243	26	423	44
	Tiesien	74	24	33	11	1o7	35
Eigentumsbauernbetrieb	Bserin	51	27	15	8	66	35
Teilpächterbetrieb	Tiesien	65	39	-	-	65	39
Insgesamt		4oo	118	362	7o	762	188

Quelle: eigene Erhebung

4.6. Methoden der Datenerhebung

Die vorliegende Untersuchung basiert auf Datenmaterial, das zum größten Teil aus eigenen Erhebungen stammt und während eines einjährigen Feldaufenthaltes in den vier ausgewählten Dörfern gesammelt wurde. Amtliche Statistiken standen nur in begrenztem Maße zur Verfügung. Die Daten wurden einerseits durch teilnehmende Beobachtung und andererseits durch mündliche Befragung mittels standardisiertem Fragebogen ermittelt. Die Befragung war die primäre Erhebungsmethode, wogegen die Beobachtung eine zweitrangige Rolle spielte; ihr Zweck bestand darin, die von den Befragungspersonen gemachten Angaben zu kontrollieren und darüber hinaus zusätzliche Informationen zu beschaffen.

Die Grunderhebung wurde mit Hilfe eines kurzen tabellarischen Fragebogens vorgenommen. Dabei wurden alle im Dorf lebenden Bauernfamilien gefragt nach:

- Name des Haushaltsvorstandes,
- Anzahl der Haushaltsmitglieder,
- frühere und jetzige Grundbesitzverhältnisse,
- Betriebsgröße,
- Betriebsform,

- Haupt- und Nebenbeschäftigung des Haushaltsvorstandes und
- Vorhandensein oder Nichtvorhandensein eines außerlandwirtschaftlichen Haushaltseinkommens.

Für die Haupterhebung wurde ein standardisierter Fragebogen mit 123 Fakt- und Meinungsfragen verwendet. Ein Teil der letzteren bestand aus offenen Fragen, die übrigen setzten sich zusammen aus geschlossenen Fragen mit interner und externer Antwortvorgabe. Es wurden mit allen Bauern, die in die Stichprobe kamen, Einzelinterviews durchgeführt. Der Teil der Befragung mit formellem Charakter dauerte in der Regel eine bis eineinhalb Stunden. Mehrere Bauern, die eine größere Kooperationsbereitschaft zeigten, wurden länger befragt, und zwar in einem nachfolgenden nichtstrukturierten Gespräch. Das Ziel hierbei war, mehr über die früheren Feudalverhältnisse zu erfahren. Ferner konnten durch solche Nachgespräche Probleme erörtert werden, welche sich in einem standardisierten Fragebogen nur aufwendig berücksichtigen ließen, wie beispielsweise die Veränderungen der dörflichen Flurverfassung. Schlüsselpersonen wie Dorfälteste, Dorfvorsteher und andere einflußreiche Persönlichkeiten spielen im Dorfleben eine bedeutende Rolle und verfügen im allgemeinen über gute Kenntnisse der früheren und gegenwärtigen Besitzverhältnisse. Deshalb wurden mit ihnen, soweit sie nicht zu der gezogenen Stichprobe gehörten, Intensivinterviews durchgeführt, die sich über einige Stunden ausdehnten und wertvolle Ergänzungsinformationen lieferten.

Auf Gruppendiskussionen, deren Durchführung vorgesehen war, mußte verzichtet werden, weil die Bauern jeder organisierten Versammlung gegenüber mißtrauisch eingestellt waren [1]. In dieser Situation hätte ein vorgeplantes Gemeinschaftsgespräch keine zuverlässigen Informationen geliefert.

4.7. Durchführung der Untersuchung

Der erste Schritt des Forschungsaufenthalts bestand darin, eine offizielle Zustimmung für die Durchführung der Felduntersuchung zu erlangen. Bei den anfänglichen Kontaktaufnahmen zu syrischen Behörden stellte sich heraus, daß alle derartigen Befragungen selbst für syrische Staatsbürger genehmigungspflichtig sind. Ein entsprechender Antrag mußte sowohl beim Landwirtschafts-

---

[1] *Dies sei dadurch belegt, daß die Bauern nicht einmal zu den Genossenschaftsversammlungen erscheinen, weshalb auch im ganzen Untersuchungsjahr keine einzige solche Versammlung stattfand.*

und Agrarreformministerium als auch beim Bauernverband gestellt werden. Die
Erlaubniserteilung erfolgte einige Wochen später; erst hiernach konnte mit
der Datensammlung begonnen werden.

Die Untersuchung selbst verlief in mehreren Phasen:
- Auswahl der Untersuchungsdörfer,
- Durchführung der Grunderhebung,
- Bestimmung der Stichprobe und Vorbereitung des vorläufigen Fragebogens,
- Durchführung eines Pretests,
- Fertigstellung des endgültigen Fragebogens,
- Durchführung der Hauptbefragung und
- Sammlung von ergänzendem Datenmaterial.

Unmittelbar nach Festlegung der Untersuchungsdörfer folgte die Durchführung der Grunderhebung. Sie war notwendig, weil es in drei der Untersuchungsdörfer an aufschlußreichen und genauen Unterlagen über die sozialökonomischen Strukturen fehlte. Die vorhandenen Genossenschafts- und Dorfregister waren mit einer Ausnahme unvollständig und enthielten zumeist unverwertbares Zahlenmaterial [1]. Die Grunderhebung lieferte die gewünschten Basisdaten über die Grundgesamtheit der landwirtschaftlichen Haushalte. Insgesamt wurden 339 Bauern befragt, davon 66 in Bserin, 1o1 in Chiha und 172 in Tiesien. In Mecherfe, wo im Untersuchungsjahr 423 Bauernfamilien lebten, bestand keine Notwendigkeit für eine Grunderhebung, denn hier waren alle landwirtschaftlich tätigen Bewohner Agrarreformbauern und es existierte ein einigermaßen brauchbares Genossenschaftsregister, aus dem die Befragungspersonen bestimmt werden konnten. Die Grunderhebung beschränkte sich lediglich auf die Erfragung der im vorangegangenen Abschnitt aufgezählten Daten und diente außerdem dem Zweck, die Kontaktaufnahme zu den Dorfbewohnern zu erleichtern und eine Vertrauensbasis zwischen dem Fragesteller und den einzelnen Befragten zu schaffen. Die Sozialkategorien und Dörfer zeigten Unterschiede hinsichtlich der Kooperationsbereitschaft. Diese war bei den Agrarreformbauern größer als bei den anderen Bewirtschaftern. Insbesondere in Chiha wurde eine größere Bereitwilligkeit zur Zusammenarbeit sichtbar, vermutlich weil hier schon früher

---

[1] *Das Dorfregister von Bserin fehlte völlig und dasjenige von Tiesien war unvollständig, weil es keine Angaben über die Teilpächter enthielt. Die Genossenschaftsregister waren ebenfalls für die Stichprobenbestimmung ungeeignet, da sie zur Betriebsgröße und Betriebsform keine Informationen liefern.*

ähnliche Befragungen stattgefunden hatten, so daß man Fremden gegenüber relativ aufgeschlossen war.

Nach der Auswertung der Grunderhebung wurde mit der Vorbereitung des Fragebogens für die Hauptuntersuchung begonnen. Vor Untersuchungsbeginn hatte nur eine Rohfassung mit vielen Fragen vorgelegen, die aufgrund theoretischer Überlegungen formuliert worden waren. Diese Fassung mußte noch in die arabische Sprache übertragen und in einem Pretest auf ihre Brauchbarkeit geprüft werden. Als Testort wurde das im Untersuchungsgebiet gelegene Dorf Morek ausgewählt, in dem der Verfasser während des Erhebungsjahres wohnte. Es hat eine ähnliche Agrar- und Sozialstruktur wie die untersuchten Dörfer. In Morek wurden insgesamt 17 Landwirte (9 Agrarreformbauern, 4 Teilpächter und 4 Eigentumsbauern) befragt; ihre Antworten veranlaßten die Abänderung einiger Fragen des vorläufigen Entwurfs.

Die Hauptbefragung erstreckte sich über mehrere Monate, weil der Bearbeiter alle Interviews selbst durchführte. Anschließend wurden bei den örtlichen Genossenschaften, in den beiden regionalen Landwirtschaftsämtern von Hama und Homs sowie im Agrarreformministerium in Damaskus ergänzende Informationen gesammelt. Die Erhebungen verliefen insgesamt gesehen zufriedenstellend, gab es doch keine nennenswerten Schwierigkeiten, die ihren Verlauf negativ beeinflußten.

4.8. Datenauswertung

Der nichtstandardisierte Teil des Fragebogens und die Daten der durchgeführten Einzelinterviews mit Schlüsselpersonen und Betriebsinhabern wurden manuell ausgewertet. Dagegen konnte dieses Verfahren bei der Auswertung der standardisierten Befragung nicht angewandt werden. Bei letzterer ergaben sich 238 Variablen mit je 2-83 Ausprägungen. Für die insgesamt 188 Befragten resultierte hieraus eine große Datenmenge, deren statistische Analyse nur mit Hilfe einer Rechenanlage ohne großen Zeit- und Arbeitsaufwand durchgeführt werden konnte. Insbesondere für die Erstellung von mehrdimensionalen Häufigkeitstabellen und zur Prüfung kausal interpretierbarer Zusammenhänge war die Benutzung einer elektronischen Datenverarbeitungsanlage erforderlich. Nach der Vercodung der Fragebögen wurden die Daten auf Lochkarten übertragen und im Rechenzentrum der Universität Hohenheim mit Hilfe des "Statistik-Programm-Systems für die Sozialwissenschaften" (SPSS) ausgewertet.

Zwei statistische Prüfverfahren wurden in dieser Arbeit angewandt: der Chi-Quadrat-Test (χ^2-Test) und der t-Test. Beim Chi-Quadrat-Test wird die Sicherheit eines Zusammenhangs zwischen zwei oder mehreren Variablen geprüft. Demgegenüber werden beim t-Test die Gruppen der untersuchten Stichprobe hinsichtlich des Mittelwertes einer kontinuierlichen Variable miteinander verglichen, um statistisch bedeutsame Unterschiede festzustellen. Es wurde hierbei, wenn nichts anderes angegeben, mit dem in den Sozialwissenschaften üblichen Signifikanzniveau von 95 % (α = 0,05) gerechnet, d.h. mit einer Irrtumswahrscheinlichkeit von 5 %.

5. Durchführung der Agrarreform in den Untersuchungsdörfern

5.1. Die Agrarreform in Chiha

Chiha gehörte einst, zusammen mit weiteren vierundvierzig Dörfern, einem reichen und mächtigen Feudalherrn aus der Stadt Hama. Bis Ende des Jahres 1954 wurde die 2o Feddan oder 886 ha umfassende Nutzfläche von insbesamt 37 Teilpächtern nach dem Teilpachtsystem Dreiviertelpacht (Mozara) bewirtschaftet. Etwa ein Drittel der Dorfbevölkerung besaß einen landwirtschaftlichen Betrieb. Der Grundeigentümer stellte lediglich das Land zur Verfügung und erhielt dafür ein Viertel des Rohertrages, solange der Anbau sich nur auf Getreide beschränkte. Als zu Beginn der 5oer Jahre die Teilpächter zum unbewässerten Baumwollanbau übergingen, erhöhte der Verpächter seinen Anteil auf die Hälfte der Baumwollernte.

Im Jahre 1955 entstanden in Chiha neue Pachtverhältnisse, die dann bis zur Agrarreform andauerten. Eine Gruppe von kapitalkräftigen Unternehmern hatte das Dorf von seinem Eigentümer gepachtet, um es an Kleinpächter weiter zu verpachten. Die Zwischenpächter ließen vier leistungsfähige Motorpumpen am Orontes installieren und drei Kilometer lange Rohrleitungen legen, durch die das Flußwasser nach Chiha heraufgepumpt werden konnte. Die gesamte Gemarkung, die vorher nur aus Regenbaufeldern bestand, wurde somit für die Bewässerungslandwirtschaft und hauptsächlich für den Baumwollanbau erschlossen. Anbau- und Grundbesitzstruktur veränderten sich dadurch erheblich. Die Baumwolle wurde zur dominierenden Feldfrucht, ihr intensiver Anbau beschäftigte alle Dorfbewohner und somit stieg die Anzahl der Betriebe von 37 auf 1o1. Jede ansässige Familie bekam ein Stück Land, das sie unter der Anleitung der Agrarunternehmer bewirtschaftete [1]. Die Bauern standen in keiner direkten Beziehung mehr zum Landeigentümer, zwischen ihnen und der Unternehmergruppe wurden mündliche Pachtvereinbarungen abgeschlossen.

Die Baumwollernte wurde zwischen allen drei Partnern des Pachtverhältnisses geteilt. So fielen dem Grundeigentümer für die Bereitstellung der Wirt-

---

[1] *Die Agrarunternehmer mischten sich bei der Aufteilung des Bodens unter die Bauern nicht ein. Der Dorfrat führte diese Landaufteilung so durch, daß jede Familie eine Bewirtschaftungsfläche erhielt, die in ihrer Größe der Gesamtzahl der Mitglieder entsprach.*

schaftsfläche 19 % der Ernteerträge zu. Die Bauern bekamen 25 % der erzeugten Baumwolle für die Erledigung der anfallenden Feldarbeiten. Die restlichen 56 % erhielten die Unternehmer; zu ihren Aufgaben gehörte die Bereitstellung des Wassers und des Saatgutes. Außerdem mußten sie für die Bodenbearbeitung, d.h. für den Traktoreinsatz, sorgen und die Baumwolle vermarkten. Andere Kosten, wie Mineraldünger sowie Transportkosten und Pflückerlohn, wurden von den drei Partnern anteilmäßig getragen.

Ende 1958 mußte die Versorgung Chihas mit Flußwasser eingestellt werden, weil sich die große und ständige Wasserentnahme aus dem Orontes negativ auf die Landwirtschaft anderer Dörfer auswirkte. Der Wasserspiegel des Flusses sank so tief, daß große Flächen im Orontestal, die auf das Flußwasser angewiesen waren, nicht mehr bewässert werden konnten.

Chiha wurde als erstes Dorf im Untersuchungsgebiet enteignet und als drittes verteilt. Bereits wenige Wochen nach Verkündung des Agrarreformgesetzes Nr. 161 wurde hier die Landenteignung vorgenommen. Sie verlief zügig und bereitete keinerlei Schwierigkeiten, da die gesamte Dorffläche, die einem einzigen Eigentümer gehörte, unter die Enteignung fiel, welche übrigens mit großem Personaleinsatz durchgeführt wurde. Unmittelbar nach Verkündung des Enteignungserlasses im Oktober 1958 (Erlaß Nr. 35 vom 1.1o.1958) wurde eine Kommission zur Durchführung der Sozialerhebungen ins Dorf geschickt. Sie bestand aus fünf Beamten, einem Agraringenieur, einem Rechtsanwalt und einem Landvermesser aus dem Agrarreformministerium sowie zwei weiteren Beamten aus dem Ministerium für Arbeit und soziale Angelegenheiten. Zusammen mit dem Dorfvorsteher und einer zweiten fünfköpfigen Kommission aus Dorfbewohnern, wurden dann die Sozialerhebungen durchgeführt und ein Verzeichnis über die landwirtschaftlichen Haushalte angelegt. Es wurde zunächst festgestellt, daß zu diesem Zeitpunkt in Chiha 1o1 Bauernfamilien lebten, die alle gemäß den Gesetzesbestimmungen einen Anspruch auf das Reformland hatten. Die Gesamtsumme der errechneten Sozialeinheiten belief sich auf 625, so daß für jede Sozialeinheit 1,4 ha Land bereitstanden. Eine Familie mit 8 Personen hatte im Durchschnitt 6 Sozialeinheiten und bekam 8,4 ha Land zugeteilt. Ausgehend von diesen Berechnungen wurde in Zusammenarbeit mit dem Dorfrat ein vorläufiger Verteilungsplan angefertigt, nach dem die erste Landverteilung im Jahre 196o durchgeführt wurde. Im selben Jahr begann eine zweite Kommission, bestehend aus einem Agraringenieur und zwei Landvermessern, mit der Vermessung und

Bonitierung der Flur. Die hierfür erforderlichen Arbeiten waren langwierig, und es dauerte sechs Jahre bis zur Erstellung eines endgültigen Dorfplanes mit Parzelleneinteilungen. Die zweite und letzte Landzuteilung fand im Jahre 1965 statt. Da man die Gemarkung in drei verschiedene Bodenklassen einteilte, erhielt jeder Landempfänger in jeder dieser Klassen 1-2 Parzellen, und insgesamt 3-5 Parzellen, die genau abgegrenzt, markiert, numeriert und in einer Besitzirkunde festgehalten waren.

5.2. Die Agrarreform in Mecherfe

Etwa zu Beginn der 3oer Jahre kaufte ein Händler aus dem Libanon das Dorf Mecherfe und drei weitere Siedlungen in dessen Umgebung. Zuvor war es Eigentum eines Grundherrn, der in der Hauptstadt Damaskus lebte und sich kaum um seinen Landbesitz kümmerte. Im Gegensatz hierzu war der neue Eigentümer kein Feudalherr, sondern vielmehr ein Agrarunternehmer, der an der Modernisierung der Landwirtschaft großes Interesse zeigte. Er investierte viel Kapital in die Anlage von Brunnen, in den Kauf von Maschinen und Wasserpumpen sowie in die Errichtung von Baumschulen und Saatzuchtbetrieben [1]. Ferner ließ er einen Gebäudekomplex mit Büroräumen sowie Lager- und Maschinenhallen errichten. Hier wurde die Betriebsleitung, bestehend aus einem Verwalter, zwei Angestellten, einem Buchhalter und einem Mechaniker, untergebracht. Sie sorgten für eine ordnungsgemäße Bewirtschaftung der Grundherrenländereien.

Der Landeigentümer bewirtschaftete etwa ein Viertel der landwirtschaftlichen Nutzfläche in eigener Regie unter Aufsicht und Anleitung des Verwaltungspersonals mit Hilfe von 15o bis 2oo Landarbeitern, von denen die meisten nur saisonal beschäftigt waren. Die übrige Fläche wurde von 1oo bis 12o Teilpächtern genutzt. Wie es früher üblich war, wurden zwischen dem Verpächter und den Teilpächtern nur mündliche Vereinbarungen getroffen. Nach Angaben der Dorfbewohner herrschte zwischen ihnen und dem Eigentümer bis Anfang der 5oer Jahre ein relativ gutes Verhältnis, da der letztere sich korrekt an die mit ihm vereinbarten Pachtsätze hielt und keine Sonderabgaben oder persönlichen Dienste verlangte. Der Anteil des Verpächters am Rohertrag belief sich im Regenfeldbau auf 25 % und schwankte im bewässerten Anbau zwischen 33 und 5o %. Er bekam ein Drittel der Ernte bei der Kanalbewässerung und die Hälfte, wenn er das Wasser aus seinen Brunnen lieferte.

---

[1] *Vgl. WIRTH, 1971, S. 393.*

Die Ernteeintreibung selbst erfolgte nicht auf die im Untersuchungsgebiet übliche Art und Weise. Hier wurde vom Verwalter jedes Jahr vor der Ernte eine Schätzkommission eingesetzt, deren Aufgabe darin bestand, die Felder der Pachtbetriebe zu besichtigen und die abzugebende Ertragsmenge zu bestimmen. Die Entscheidungen dieser Kommission, an der auch die Teilpächter mit einem Vertreter beteiligt waren, fielen oft zugunsten des Verpächters aus. Mit der Zeit vermehrten sich die Unstimmigkeiten zwischen den Bodenbewirtschaftern einerseits und dem Verwalter und Eigentümer andererseits bis hin zu heftigen Auseinandersetzungen. Diese und der für den Verpächter immer weniger rentabel gewordene Anbau veranlaßten ihn 1951, Mecherfe und die anderen Siedlungen an einen Zwischenpächter aus Hama zu verpachten [1].

Mit dem Übergang des Dorfes an den Zwischenpächter verschlechterten sich die Lebensverhältnisse seiner Bewohner. Der neue Verwalter löste zuerst alle Regiebetriebe auf und entließ fristlos die darin beschäftigten Arbeiter. Die ganze Nutzfläche wurde in Pachtnutzung abgegeben. Dabei entstanden für die Teilpächter durch erhöhte Pachtforderungen wirtschaftliche Nachteile. Der neue Verpächter verlangte ein Drittel der Ernte im Regenfeldbau und die Hälfte im bewässerten Anbau. Außerdem versuchte er auch noch Sonderabgaben durchzusetzen. Die Teilpächter akzeptierten diese neuen Forderungen, weil sie zu dieser Zeit keine Möglichkeit hatten, sich zur Wehr zu setzen. Das Dorf blieb bis zur Agrarreform in der Hand des Zwischenpächter.

Bereits im Oktober 1958, also knapp einen Monat nach der Gesetzesverkündung, wurde in Mecherfe die Landenteignung vollzogen. Sie war hier unkompliziert, weil ihr die gesamte Dorfgemarkung unterlag, und konnte deshalb schnell erledigt werden. Im Anschluß daran nahm die Vermessungskommission die ersten Sozialerhebungen durch mit dem Ziel, die Anzahl der Landempfänger sowie ihre jeweilige Landbedürftigkeit zu ermitteln. Befragt wurden alle zum Erhebungszeitpunkt im Dorf lebenden Familien. Viele andere, vor allem Landarbeiter, die auswärts tätig waren, aber in Mecherfe ihren Wohnsitz hatten, wurden unverständlicherweise außer acht gelassen. Die Befragungsergebnisse waren daher unvollständig und mußten zehn Jahre später (1968) nochmals wiederholt wer-

---

[1] *Infolge einer unkontrollierten Anlage von Tiefwasserbrunnen begann der Grundwasserspiegel in den östlichen Teilen des Untersuchungsgebietes ständig zu sinken. In der zweiten Hälfte der 4oer Jahre war die Wasserförderung vieler Brunnen so gering, daß sie für einen intensiven Anbau nicht mehr ausreichte.*

den [1]. Die Auswertung der ersten Haushaltserhebungen ergab eine Landempfängerzahl von 322. Ein vorläufiger Verteilungsentwurf wurde ausgearbeitet und das Reformland wurde dann zu Beginn des Jahres 1959 an alle Bauern verteilt. Jeder von ihnen erhielt eine Bewirtschaftungsfläche, die sich in ihrer Größe nach der Anzahl der Familienmitglieder richtete. Die Landempfänger wurden als Pächter betrachtet und mußten den Pachtzins an die Reformbehörde entrichten. Bei der zweiten gründlicheren Erhebung stellte sich die Notwendigkeit heraus, Land an weitere 101 landlose Familien zu verteilen. Die endgültige Landverteilung an alle 423 Nutznießer fand im Jahre 1969 statt und kam unter Beteiligung der Dorfbewohner zustande. Die Landempfänger bildeten 38 Gruppen, wobei eine Gruppe zwischen 10 und 15 Familien umfaßte. Jede von ihnen erhielt, entsprechend ihrer Größe, einen Anteil an der Verteilungsfläche, den sie unter ihre Mitglieder aufteilte.

5.3. Die Agrarreform in Tiesien

Das Dorf Tiesien befand sich vor der Landenteignung im Jahre 1965 in der Hand einer Feudalfamilie, die in der benachbarten Stadt Hama ansässig war. 51 Teilpächter bearbeiteten vor der Agrarreform die 35 Feddan oder 1 920 ha umfassende Nutzfläche. Die übrigen Dorfbewohner, etwa 100 Familien, besaßen kein Land. Sie verdienten ihren Lebensunterhalt durch Gelegenheitsarbeit, u.a. auch als Landarbeiter in den Teilpachtbetrieben.

Die Grundherren hatten im Dorf ein Sommerhaus und verbrachten dort oft mit Verwandten und Gästen die Sommermonate. Um die Landbewirtschaftung kümmerten sie sich allerdings nicht. Zur Vertretung ihrer Rechte setzten sie einen Verwalter ein, der aus Hama kam, im Dorf aber wohnte. Er verfügte über uneingeschränkte Macht und wurde von den Bodenbewirtschaftern mehr gefürchtet als die Grundherren selbst. Alle Pachtvereinbarungen mußten mit ihm direkt ausgehandelt werden. Da es zu dieser Zeit an Pächterschutz fehlte, konnte er jeden Teilpächter zu jeder Jahreszeit fristlos kündigen. Diese starke Machtpo-

---

[1] *Die Befragungen wurden in diesem Dorf in aller Eile durchgeführt, da die Reformbehörde zu dieser Zeit unter Erfolgszwang stand. In der Anfangsphase der Reform konzentrierte man sich ganz besonders auf eine schnelle Landverteilung. Dieser Zeitdruck und die Tatsache, daß die Reformbehörde damals über keinerlei Erfahrungen verfügte, erklären die ungenauen Ergebnisse der ersten Erhebung.*

sition des Verwalters schaffte ein Abhängigkeitsverhältnis, das von den Teilpächtern als besonders schlimm empfunden wurde. Der Verwalter bestimmte, welche Familien wieviel Feddan erhielten. In die Verteilung des Pachtlandes mischte er sich jedoch nicht ein; sie wurde nach dem im Abschnitt 3.3.2.2. beschriebenen Mouchaasystem von den Teilpächtern selbst vorgenommen. Ebenso waren die Teilpächter in ihren Anbauentscheidungen völlig frei. Nur auf der speziell für die Grundherren abgesonderten Fläche (Schkara-Fläche) hatten sie das anzubauen, was ihnen vorgeschrieben wurde [1]. Vor der Ernte stellte der Verwalter einige Feldhüter ein, die meistens Städter waren. Sie hatten die Aufgabe, bei der Ernteaufteilung dafür zu sorgen, daß der Eigentümeranteil und alle anderen zusätzlichen Abgaben genau abgeliefert wurden.

Bei der Ernteteilung herrschten ähnliche Regelungen wie in Chiha. Die Verpächter bekamen 25 % des Rohertrages für den Boden und 5o %, wenn sie zusätzlich das Saatgut bereitstellten. Allerdings wurde der Ernteanteil des Teilpächters durch Sonderabgaben und überhöhte Zinsforderungen verringert. Auch der Verwalter stellte an die Teilpächter Forderungen, die sie erfüllen mußten, da sie auf sein Wohlwollen angewiesen waren. In Tiesien wird berichtet, daß der Verwalter für sich 1-2 % des Rohertrages beanspruchte. Geradezu erdrückend waren in diesem Dorf die persönlichen Dienste, die jeder Dorfbewohner, gleichgültig ob er Bewirtschafter oder Landloser war, zu leisten hatte. Hierzu gehörte unter anderem die Verpflichtung, die Ernte des Schkara-Landes sowie die Ernteanteile aus Teilpacht kostenlos in die Getreidelager der Grundeigentümer zu transportieren. Es war die Pflicht der ganzen Dorfgemeinschaft, die Feudalfamilie und ihre Gäste zu bewirten und zu bedienen.

Die Bestimmungen des Pachtgesetzes Nr. 134 von 1958 traten zwar sofort nach dessen Verkündung in Kraft, jedoch verstrichen über zwei Jahre bis zu ihrer Verwirklichung in allen Teilpachtbetrieben in Tiesien. Ende 1961 besaßen alle Teilpächter schriftlich festgelegte Pachtverträge, die sie mit den Grundeigentümern im Ministerium für Arbeit und Sozialangelegenheiten abgeschlossen hatten. Ab dieser Zeit erschien der Verwalter auch nicht mehr im Dorf, da er hier keine Aufgaben mehr zu verrichten hatte. Durch die vertraglichen Pachtvereinbarungen wurde die wirtschaftliche und soziale Stellung der Teilpächter erheblich gefestigt. Außer der Erhöhung der Pachtsicherheit trat

---

[1] *Vgl. Seite 27, Absatz 1.*

auch eine Erhöhung ihres Anteils am Rohertrag ein. Anstelle von drei Viertel der Ernte erhielten sie danach vier Fünftel.

Die Anwendung der Pachtbestimmungen brachte den Teilpächtern eine Verbesserung ihrer Lebensverhältnisse. Demgegenüber blieb die Situation der Landlosen unverändert, weil sich die Besitzstruktur in Tiesien bis dahin nicht verändert hatte. Erst 1966, nach der Durchführung der Landenteignung und Landverteilung, traten auch bei den Landlosen die ersten spürbaren Verbesserungen ein.

Ein Viertel der gesamten Gemarkung Tiesien fiel unter die Enteignung. Die Reformbehörde forderte die Grundherren dazu auf, sich darüber zu beraten, welchen Gemarkungsteil sie abgeben wollten. Sie machte es zur Bedingung, daß die Enteignungsfläche geschlossen sein mußte. Die Feudalfamilie behielt die besseren Böden im südlichen und westlichen Teil des Dorfes für sich und gab den östlichen Teil ab. Nach der Enteignung nahm die Vermessungskommission die Bonitierung der Nutzfläche vor und teilte sie in sechs Gewanne mit vier verschiedenen Bodenklassen ein. Die Sozialerhebungen wurden in der gleichen Weise durchgeführt wie in den beiden anderen Reformdörfern Chiha und Mecherfe. Die Anzahl der bis dahin landlosen Familien belief sich auf 1o7 mit insgesamt 436 Sozialeinheiten. Die Landzuteilung nahmen die Landempfänger im Jahre 1969 selbst vor. Sie teilten sich in drei Gruppen (27, 37 und 43). Jede Gruppe erhielt den Anteil an der Verteilungsfläche, der der Summe der Sozialeinheiten ihrer Mitglieder entsprach. Die kleinere Gruppe bekam 121 ha, die mittlere 166 ha und die größere 193 ha. Anschließend erfolgte innerhalb jeder Gruppe die Aufteilung ihrer Fläche an die Gruppenmitglieder. Bis heute existiert für das Dorf Tiesien keine endgültige Dorfkarte, da die hierfür erforderlichen Vermessungen noch nicht abgeschlossen sind. Die Abgrenzung der einzelnen Parzellen sowohl bei den Reformbauern- als auch bei den Teilpächterbetrieben besteht nur provisorisch; sie wurde von den Bewirtschaftern selbst vorgenommen. Trotzdem hat sich an der Parzellenstruktur der Reformbauernbetriebe seit der Durchführung der Bodenreform nichts geändert.

6. Sozialökonomische Veränderungen in den Untersuchungsdörfern seit der Agrarreform

6.1. Agrarstrukturelle Veränderungen

6.1.1. Veränderungen der Eigentums- und Besitzstruktur

Im folgenden Abschnitt werden die Grundeigentums- und Besitzverhältnisse in den Untersuchungsdörfern vor und nach der Agrarreform besprochen. Da die beiden Begriffe Eigentum und Besitz in der Literatur häufig bedeutungsgleich verwendet werden, erscheint hier eine Abgrenzung erforderlich. Eigentum wird als das unbeschränkte Recht einer Person an einer Sache definiert [1]. Der Eigentümer kann mit den Gegenständen, die ihm gehören, beliebig verfahren, d.h. er kann sie selbst benutzen, veräußern, verschenken oder ausleihen. "Der Terminus Besitz zielt aber im Gegensatz zum Eigentum (rechtliches Gehören) auf das faktische Haben, auf die tatsächliche Gewalt über eine Sache" [2]. Demnach ist in der Landwirtschaft zu unterscheiden zwischen dem Grundeigentümer als Person, welche die rechtliche Verfügungsgewalt über das Grundstück hat, und dem Grundbesitzer, der es bewirtschaftet, z.B. ein Landpächter. Liegt bei einem Grundeigentümer Selbstbewirtschaftung vor, so ist er zugleich Eigentümer und Besitzer, wie dies bei den befragten Eigentumsbauern und Agrarreformbauern der Fall ist. Demgegenüber sind die Teilpächter, die fremden Boden bewirtschaften, lediglich Grundbesitzer.

Wie im ganzen Land, war auch im Untersuchungsgebiet die Grundeigentumsverteilung vor der Agrarreform durch große Diskrepanzen gekennzeichnet. Eine anteil- und zahlenmäßig relativ kleine Grundherrenschicht verfügte über den Großteil der landwirtschaftlichen Nutzfläche; ihr stand ein hoher Anteil landloser Agrarbevölkerung gegenüber. Die starke Konzentration des Bodeneigentums zeigte sich darin, daß ein einziger Grundherr aus Hama 45 Dörfer, darunter das Untersuchungsdorf Chiha, besaß. Ebenso lag Mecherfe in der Hand eines Alleineigentümers, während Tiesien einer Feudalfamilie, bestehend aus 12 Einzeleigentümern, gehörte. Der Grundherr von Mecherfe verfügte über 3 960 ha, derjenige von Chiha über 886 ha und diejenigen von Tiesien über 1 920 ha, wobei jeder in diesem letzten Dorf durchschnittlich 160 ha besaß. Das Eigentum einer

---
[1] Vgl. hierzu PALANDT, 1980, S. 946 ff.
[2] WENZEL, 1974, S. 22 f.

Person schwankte also zwischen 16o und 3 96o ha und lag im Durchschnitt der drei Dörfer bei 483 ha. Demgegenüber besaß keiner der Bodenbewirtschafter in diesen Dörfern eigenes Land.

Die Agrarreform zielte, wie bereits aus den Ausführungen des Abschnitts 3.2.1. dieser Arbeit deutlich wurde, nicht etwa auf eine Aufhebung des Privateigentums an Grund und Boden, sondern auf seine Einschränkung zugunsten einer breiteren Eigentumsstreuung ab. In den drei untersuchten Dörfern gibt es nach Durchführung der Agrarreform anstelle von 14 Grundeigentümern 643, von denen 631 zuvor landlose Bauern waren. In Chiha und Mecherfe, wo die gesamte landwirtschaftliche Nutzfläche enteignet wurde, bekamen alle zur Zeit der Landverteilung dort wohnenden Familien Land zugeteilt. In Tiesien dagegen blieben drei Viertel der Gemarkung im Eigentum der ehemaligen Grundherrenfamilie. Das restliche Viertel, 48o ha, wurde enteignet und konnte verteilt werden. Unter den 172 ortsansässigen Familien zeigten nur die ehemals Landlosen Interesse an einer Landzuteilung. Die Teilpächter bewarben sich nicht darum, denn sie besaßen relativ große Betriebe und befürchteten, ihre Lebensverhältnisse durch einen Statuswechsel vom Teilpächter zum Agrarreformbauern zu verschlechtern, da sie in diesem Fall mit Sicherheit kleine Bewirtschaftungsflächen erhalten hätten. Damit sie ihre größeren Betriebe behalten konnten und nicht absteigen mußten, zogen sie den Pächterstatus dem Eigentümerstatus vor.

Tabelle 14 zeigt die gegenwärtige Grundeigentumsverteilung in den einzelnen untersuchten Dörfern. Daraus geht zunächst hervor, daß die Anzahl der Grundeigentümer in Bserin 119, in Chiha lol, in Mecherfe 423 und in Tiesien 119 beträgt. Der überwiegenden Mehrzahl davon gehören jeweils weniger als lo ha LN. Auf diese Kategorie der Kleingrundeigentümer entfallen in Tiesien 9o %, in Bserin 83 %, in Chiha 69 % und in Mecherfe 65 % aller Grundeigentümer. Die übrigen Grundeigentümer in Bserin (17 %), in Chiha (31 %) und in Mecherfe (35 %) haben jeweils zwischen lo und 2o ha und sind somit einer mittleren Kategorie zuzurechnen. Nur in Tiesien gibt es noch Grundeigentümer mit mehr als loo ha LN. Die alte Grundherrenschicht ist mit lo % an der Gesamtzahl der Eigentümer vertreten.

Die Verteilung der landwirtschaftlichen Nutzfläche auf die einzelnen Größenklassen zeigt, daß die Kleingrundeigentümer in allen Dörfern mit Ausnahme

Tabelle 14: Grundeigentumsstruktur in den Untersuchungsdörfern 1977

Größenklasse in ha	Bserin				Chiha				Mecherfe				Tiesien			
	Anzahl		Fläche		Anzahl		Fläche		Anzahl		Fläche		Anzahl		Fläche	
	abs.	%	abs.	%	abs.	%	abs.	%	abs.	%	abs.	%	abs.	%	abs.	%
Kleingrundeigentum																
unter 3	51	43	78	11	1	1	3	-	18	4	41	1	11	9	24	1
3 - 5	17	14	62	9	14	14	64	7	47	11	21o	5	61	51	227	12
5 - 1o	31	26	243	36	55	54	416	47	212	5o	1789	45	35	3o	229	12
Mittelgrundeigentum																
1o - 2o	2o	17	297	44	31	31	4o3	46	146	35	192o	49	-	-	-	-
Großgrundeigentum																
über 1oo	-	-	-	-	-	-	-	-	-	-	-	-	12	1o	144o	75
Insgesamt	119	1oo	68o	1oo	1o1	1oo	886	1oo	423	1oo	396o	1oo	119	1oo	192o	1oo
Durchschnittliche Eigentumsgröße ha	5,7				8,8				9,4				16,1			

Quelle: eigene Erhebung

von Tiesien über mehr als die Hälfte der Gesamtfläche verfügen. In Bserin besitzen sie 56 %, in Chiha 54 %, in Mecherfe 51 % und in Tiesien nur 25 % des Ackerlandes. In diesem letzten Dorf sind die Eigentumsunterschiede noch sehr groß, wohingegen eine mehr oder minder gleichmäßige Eigentumsverteilung in den anderen Dörfern herrscht (Abb. 3). Der Verlauf der Lorenzkurve, die die Verteilung des Bodeneigentums in Chiha und Bserin wiedergibt, läßt deutlich erkennen, daß die Agrarreform in Chiha zu einer breiteren und gleichmäßigeren Grundeigentumsverteilung geführt hat.

Die Grundeigentümer in den untersuchten Dörfern lassen sich hinsichtlich ihrer Rechte in drei Kategorien einteilen. Die erste und zahlenmäßig stärkste Kategorie besteht aus ehemaligen landlosen Bauern, die durch die Landverteilung erstmals Grundeigentum erlangten und deshalb als "bäuerliche Neueigentümer" bezeichnet werden können. Im Gegensatz zu den anderen Eigentümern haben die Neueigentümer erheblich eingeschränkte Eigentumsrechte und können erst nach Entrichtung des vollen Kaufpreises über das ihnen gehörende Land ähnlich frei verfügen (vgl. Abschnitt 6.1.2.). Die zweite Kategorie bilden die Eigentumsbauern des Dorfes Bserin, die von den Reformmaßnahmen nicht betroffen wurden und die man deshalb als "bäuerliche Alteigentümer" bezeichnen kann. Anders als die Neueigentümer haben sie eine in keiner Hinsicht einge-

Abbildung 3: Grundeigentumsverteilung in zwei Untersuchungsdörfern (Lorenzkurve)

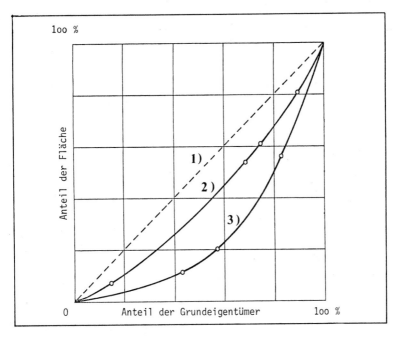

1) Gleichmäßige Bodenverteilung
2) Bodenverteilung in Chiha
3) Bodenverteilung in Bserin

schränkte Verfügungsgewalt über ihr Grundeigentum. Die dritte Kategorie umfaßt die teilweise enteigneten Großgrundeigentümer. Ihre Eigentumsrechte über das ihnen verbliebene Land wurden nur geringfügig eingeschränkt, wie die Ausführungen zum Grundstücksverkehr im nachfolgenden Abschnitt zeigen.

Wie aus Tabelle 15 hervorgeht, sind in der Kategorie der Neueigentümer Größenunterschiede im Hinblick auf die Eigentumsfläche festzustellen. So beträgt die durchschnittliche Eigentumsgröße eines Neueigentümers in Mecherfe 9,4 ha, in Chiha 8,8 ha und in Tiesien 4,5 ha. Diese Unterschiede sind eine Folge der praktizierten Verteilungspolitik, deren Ziel es war, allen landlo-

Tabelle 15: Grundeigentumsverteilung bei den Eigentümerkategorien in den untersuchten Dörfern in v.H.

Eigentumsgrößen-klasse in ha	Großgrund-eigentümer		bäuerliche Alteigentümer		bäuerliche Neueigentümer							
					Insgesamt		Chiha		Mecherfe		Tiesien	
	Zahl	Fläche	Zahl	Fläche	Zahl	Fläche	Zahl	Fläche	Zahl	Fläche	Zahl	Fläche
Kleingrundeigentum (unter 1o ha)	-	-	83	56	72	56	69	55	65	52	1oo	1oo
Mittelgrundeigentum (1o - 1oo ha)	-	-	17	44	28	44	31	45	35	48	-	-
Großgrundeigentum (über 1oo ha)	1oo	1oo	-	-	-	-	-	-	-	-	-	-
Insgesamt relativ	1oo	1oo	1oo	1oo	1oo	1oo	1oo	1oo	1oo	1oo	1oo	1oo
absolut	12	144o	119	68o	631	5326	1o1	886	423	396o	1o7	48o
Durchschnittliche Eigentumsgröße ha	12o,0		5,7		8,4		8,8		9,4		4,5	

Quelle: eigene Erhebung

sen Bauern eine landwirtschaftliche Existenzgrundlage zu geben. Das Enteignungsland wurde deshalb an alle Familien verteilt, die sich darum bewarben. Dieses Vorgehen erklärt auch das Vorherrschen des Kleingrundeigentums in den Reformdörfern (72 %). Auch bei den Eigentumsbauern ist die Größe des Bodeneigentums relativ klein; im Durchschnitt liegt sie bei 5,4 ha LN. 43 % der Eigentumsbauern von Bserin besitzen weniger als 3 ha, 57 % weniger als 5 ha und 83 % weniger als 1o ha. Ebenso wie bei den Neueigentümern überwiegt also auch hier das Kleingrundeigentum. Demgegenüber verfügen die Großgrundeigentümer einheitlich über jeweils 12o ha. In Tiesien gehört den 12 Grundherren dreimal soviel Land wie allen 1o7 Neueigentümern zusammen.

Hinsichtlich der Grundbesitzverhältnisse waren sich vor der Agrarreform die untersuchten Grundherrendörfer weitgehend ähnlich. Die gesamte landwirtschaftliche Nutzfläche wurde von einem Teil der dörflichen Bevölkerung als Pachtland bewirtschaftet. Die Dorfgemeinschaft war dadurch in zwei verschieden große Teile gespalten, zum einen die landlosen Bauern, die die überwiegende Mehrheit im Dorf bildeten und die häufig als Feldarbeiter tätig waren, zum anderen die Grundbesitzer, welche durchweg Teilpächter waren. Über die Größe der beiden Gruppen können keine exakten Angaben gemacht werden. Man kann davon ausgehen, daß früher in jedem dieser Dörfer nur etwa ein Drittel der Familien einen landwirtschaftlichen Betrieb hatte [1]. Die Bodenbesitzer

---

[1] *Nach Informationen der Landwirtschaftsämter in Hama und Homs gab es in Chiha 37, in Tiesien 51 und in Mecherfe ungefähr 14o Teilpächter. Quellen: Enteignungsregister von Chiha, 1958, S. 1 ff. und Enteignungsregister von Tiesien, 1965, S. 1 ff.*

hatten zwar Land und damit eine Existenzgrundlage. Diese war aber keineswegs gesichert, weil Pachtvereinbarungen fehlten und kein Kündigungsschutz bestand.

Die erfolgten Strukturveränderungen im Bereich des Grundeigentums und Grundbesitzes sowie deren Auswirkungen lassen sich folgendermaßen darlegen:

1. Durch die Landverteilung wurde eine Eigentumsumschichtung bewirkt. Die erheblichen Eigentumsunterschiede, die die frühere Grundeigentumsstruktur kennzeichneten, wurden durch die Agrarreform zwar nicht völlig beseitigt, jedoch weitgehend abgebaut.
2. Die Neuverteilung des Bodeneigentums und seine breitere Streuung bedeuten eine bessere und gleichmäßigere Einkommens- bzw. Vermögensverteilung.
3. Im Gegensatz zu der alten Grundeigentumsstruktur, in der das Großgrundeigentum vorherrschend war, dominiert in der neugeschaffenen das kleinbäuerliche Eigentum.
4. Vor der Agrarreform wurde die gesamte landwirtschaftliche Nutzfläche in den drei Dörfern verpachtet, heute wird der überwiegende Teil davon (79 %) von seinen Eigentümern selbst bewirtschaftet. Damit verlor ein großer Teil des Bodeneigentums seine traditionelle Funktion als Rentenquelle für die absenten Grundherren; es dient nunmehr als Einkommensquelle für eine breitere Schicht der ländlichen Bevölkerung.
5. Die Bodenreform ermöglichte vielen Teilpächtern und Landarbeitern den sozialen Aufstieg zum Neueigentümer. Neue soziale Gruppen, denen in der Vergangenheit jeglicher Zugang zu eigenem Grund und Boden versperrt war, wurden damit Grundeigentümer. Setzte sich früher die Grundeigentümerschicht ausschließlich aus Städtern zusammen, so besteht sie heute zu 98 % aus Bauern. Die Verstärkung des bäuerlichen Anteils wirkt sich auf die Gesamtentwicklung der ländlichen Gebiete positiv aus. Denn nun liegt ein großer Teil der Verkaufserlöse in der Hand der dörflichen Bevölkerung, kann zur Aufbesserung ihrer Lebensverhältnisse eingesetzt werden und wird nicht mehr, wie vorher, in die Städte geleitet.
6. Die Trennung zwischen Bodeneigentum einerseits und Bewirtschaftung andererseits, welche für alle Grundherrendörfer typisch war, wurde durch die Übereignung des Landes an die Bewirtschafter größtenteils aufgehoben. Eine derartige Zweiteilung besteht nur noch bei den Teilpächtern von Tiesien.
7. Die Agrarreform führte zum Abbau der sozialen Spannungen innerhalb der Dorfgemeinschaft. Durch eine relativ gleichmäßige Landverteilung an alle

Dorfansässigen wurde das früher in der Dorfgemeinschaft bestehende Mißverhältnis zwischen Landbesitzern und Landlosen beseitigt.

6.1.2. Veränderungen im Grundstücksverkehr [1]

Unter Grundstücksverkehr im weitesten Sinne wird in dieser Arbeit jeder Übergang von Eigentums- und Nutzungsrechten an landwirtschaftlichen Grundstücken oder Betrieben an andere Personen verstanden, folglich sowohl der Eigentumswechsel in seinen verschiedenen Formen als auch der Besitzwechsel. Nacheinander werden in diesem Abschnitt die wichtigsten Formen des Grundstücksverkehrs Erwerb, Vererbung und Verpachtung behandelt.

Erwerb von Grundeigentum durch Rechtsgeschäft:

Kauf und Verkauf landwirtschaftlicher Grundstücke waren vor der Agrarreform frei von gesetzlichen Beschränkungen. Theoretisch konnte jede Person in jedem Umfang Land erwerben, gleichgültig ob zur Selbstbewirtschaftung, Kapitalanlage oder zu ausschließlich spekulativen Zwecken. In der Praxis war jedoch der Kreis der potentiellen Landkäufer begrenzt. Nur finanzkräftige Grundherren und reiche städtische Händler waren in der Lage, Land zu kaufen. Hierbei handelte es sich um eine kleine, aber wohlhabende Schicht, die den gesamten Bodenmarkt beherrschte und Land in erster Linie erwarb, um in rentenkapitalistischer Weise Profit daraus zu ziehen. Bodenerwerb war bis zur Bodenreform die sicherste und rentabelste Kapitalanlage, da es zu jener Zeit kaum industrielle Investitionsmöglichkeiten gab. Das Interesse, Grundeigentum zu erwerben, wurde jedoch nicht nur von der leichten Verdienstmöglichkeit geweckt, die Teilpacht bietet, sondern auch durch den Gewinn an Sozialprestige und Einfluß wachgehalten, den größerer Landbesitz in Agrargesellschaften mit sich bringt. Die Wohlhabenden akkumulierten Land, um ihren Reichtum zu vergrößern, ihr soziales Ansehen zu erhöhen und ihre Machtstellung bei den Bauern und innerhalb der Grundeigentümerschicht zu vergrößern und zu verstärken[2].

---

[1] *In Syrien gibt es keine exakten Statistiken über Grundstücks- und Pachtpreise, welche die Grundlage einer quantitativen Analyse des Boden- und Pachtmarktes bilden könnten. Die nachfolgenden Erörterungen beschränken sich daher auf eine Beschreibung der Verhältnisse im landwirtschaftlichen Grundstücksverkehr vor und nach der Agrarreform.*

[2] *Je mehr Dörfer ein Feudalherr besaß, desto größer waren seine politische und wirtschaftliche Macht und sein Sozialprestige. Der Grundeigentümer von Chiha, der über insgesamt 45 Dörfer verfügte, gehörte vor der Agrarreform zu den politisch einflußreichsten Persönlichkeiten in ganz Syrien.*

Der weit überwiegende Teil der Landbevölkerung war vom Bodenerwerb ausgeschlossen. Auch ein tüchtiger Landwirt konnte wegen der herrschenden Feudalverhältnisse unmöglich vom abhängigen Pächter zum selbständigen Bauern aufsteigen. Jedoch bestand für ihn ständig die Gefahr des sozialen Abstiegs. Viele Kleingrundeigentümer gerieten immer wieder in finanzielle Schwierigkeiten, die sie manchmal zwangen, Teile ihres Landes zu verkaufen und schließlich als Teilpächter oder Landarbeiter fremden Boden zu bewirtschaften.

Die Bestimmungen des Agrarreformgesetzes haben die uneingeschränkte Verfügungsgewalt über das Bodeneigentum erstmals eingeengt. § 1 begrenzt den Umfang des erlaubten privaten Grundeigentums. Da ein Grundeigentümer über die zulässige Höchstgrenze hinaus kein Land besitzen darf, wird die Neubildung von Großgrundeigentum verhindert. Die Grundherren treten nicht mehr auf dem Bodenmarkt als die einzigen Käufer auf, ihre Einflußnahme auf das Marktgeschehen ist deshalb heute viel geringer als vor der Agrarreform, als sie die absolute Herrschaft ausübten.

Eine zweite Verfügungsbeschränkung bezieht sich auf die Veräußerung des Bodeneigentums. Der Verkauf von landwirtschaftlichen Grundstücken unterliegt der behördlichen Genehmigungspflicht. Im Falle des Verkaufs steht dem Pächter das Vorkaufsrecht zu. Nur wenn dieser nicht in der Lage ist, den ausgehandelten Verkehrswert aufzubringen, kann das Land an einen Dritten veräußert werden.

Spezielle Vorschriften betreffen das Reformland. Weder der Bodenreformbauer noch seine Nachkommen dürfen das zugeteilte Land verkaufen, solange der Landkaufpreis nicht voll entrichtet ist (Agrarreformgesetz § 25). Auch danach ist bei einem Verkauf in jedem Fall die Genehmigung der Agrarreformbehörde erforderlich.

Ferner ist das Reformland nicht verpfändbar und kann nur bei der staatlichen Landwirtschaftsbank zum Zwecke der Kreditnahme beliehen werden (Agrarreformgesetz § 25). Dadurch werden die Bodenreformbauern automatisch vom privaten Kreditmarkt ausgeschlossen. Ihnen stehen nur noch die spärlich fließenden Genossenschaftskredite zur Verfügung, was sich auf die innerbetrieblichen Investitionen nachteilig auswirkt. Die empirische Erhebung ergab tatsächlich einen sehr geringen Investitionsumfang in den Bodenreformbetrieben im Vergleich zu den Teilpachtbetrieben. Die Teilpächter haben freien Zugang zu den privaten Kreditquellen und nehmen diese offensichtlich vermehrt in Anspruch.

Die Bodenreformbauern müssen das Land selbst und ordnungsgemäß bewirtschaften (Agrarreformgesetz § 2o). Wird die Selbstbewirtschaftungspflicht nicht eingehalten oder wird der Boden verpachtet, kann der Staat dem Besitzer das Reformland entziehen (Agrarreformgesetz § 2o b) [1]. Die Eigentumsbauern und die Großgrundeigentümer sind dagegen nicht zur Selbstbewirtschaftung ihres Landes verpflichtet.

Die Verfügungsbeschränkungen haben in den Bodenreformdörfern Chiha, Mecherfe und Tiesien zu einer weitgehenden Erstarrung des Bodenmarktes geführt. Im Gegensatz hierzu besteht in Bserin eine größere Mobilität im landwirtschaftlichen Grundstücksverkehr. Viele Eigentümer, vor allem solche, die nicht landwirtschaftlich tätig sind, veräußern oder verpachten ihre Erbanteile. Die Bodenmobilität in Bserin wirkt sich strukturverbessernd aus. Hier kann der Bauer, wenn es ihm erforderlich erscheint, seinen Betrieb durch Landzupacht oder Landkauf aufstocken. Die Unterschiede in der Eigentumsgrößen- und Betriebsgrößenstruktur in diesem Dorf deuten darauf hin, daß viele Eigentumsbauern ihre Betriebe aufgestockt haben. Die Möglichkeit der Betriebsaufstockung ist in den anderen Dörfern nicht gegeben.

Vererbung des Grundeigentums:

Der landwirtschaftliche Grundstücksverkehr wird von der Vererbung deshalb stark beeinflußt, weil ein großer Teil des Eigentums- und Besitzwechsels im Erbgang stattfindet. Man unterscheidet zwei Vererbungsgrundformen: die geschlossene Vererbung und die freie Teilbarkeit [2]. Im Untersuchungsgebiet kommt nur die Freiteilbarkeit vor; diese Erbsitte ist in ganz Syrien vorherrschend. Hierbei kann das Grundeigentum gleich- oder anteilmäßig, real oder ideell aufgeteilt werden. Von einer Realteilung spricht man, wenn es zu einer

---

[1] *Die örtlichen Genossenschaften sind mit der Durchsetzung der Landbewirtschaftungspflicht beauftragt, jedoch sind sie von ihrer Struktur und Machtbefugnis her dazu nicht in der Lage. Sie haben vor allem bei denjenigen Bauern, die keine Bewässerungslandwirtschaft betreiben, keinerlei Handhabe, obwohl diese offiziell Mitglieder in den Genossenschaften sind. In Mecherfe verpachten einige Agrarreformbauern, die selbst nicht landwirtschaftlich tätig sind, ihr Land an Verwandte im Dorf.*

[2] *Vgl. ABEL, 1967, S. 166 ff., PLANCK und ZICHE, 1979, S. 196 f. und RÜHM, 1964, S. 23.*

tatsächlichen Bodenaufteilung kommt und jeder Berechtigte einen Teil des Landes erhält. Dagegen liegt Bruchteileigentum oder Gesamthandeigentum vor, wenn der Boden nur ideell unter den Erben aufgeteilt wird [1].

Während sich die Vererbung des Grundeigentums in den Untersuchungsdörfern Bserin, Chiha und Tiesien nach den islamischen Erbbestimmungen richtet, wird sie in Mecherfe von lokalen Erbgewohnheiten, die sich über Geschlechter herausgebildet haben, bestimmt. Die Gemeinschaft im letztgenannten Dorf besteht zur Hälfte aus Christen und zur anderen Hälfte aus Nuseiriyeh [2]. Sowohl die islamischen Erbgesetze als auch die gewohnheitsrechtlichen Erbsitten schreiben die Realteilung des Bodens vor. Sie unterscheiden sich voneinander in den Teilungsmodalitäten sowie hinsichtlich der Erbberechtigten, die bei einer Vererbung in Betracht kommen. Witwe, Söhne und Töchter zählen nach islamischem Erbrecht zu den Primärerben. Das gesamte Vermögen eines Erblassers einschließlich seines Grundeigentums, geht in festgesetzten Anteilen auf die Erben über. Die Witwe erhält ein Achtel des Landes, während die Kinder sich den Rest teilen, wobei die männlichen Erben bevorzugt werden, da ihnen der doppelte Anteil zusteht [3]. Bei den Christen in Mecherfe wird im Erbfall eine gleichmäßige Bodenaufteilung vorgenommen. Jeder der Erbberechtigten bekommt unabhängig von seinem Geschlecht den gleichen Eigentumsanteil. Demgegenüber werden die Frauen bei den Nuseiriyeh von der Erbfolge ausgeschlossen. Allein die Männer sind erbberechtigt, so daß der Betrieb nach dem Tode seines Inhabers auf alle männlichen Nachkommen gleichmäßig verteilt wird.

Allgemein ergab die Untersuchung eine zunehmende Einschränkung der Realteilung im Erbgang und den Übergang zu ideeller Erbteilung. Allerdings ist

---

[1] *Vgl. PLANCK und ZICHE, 1979, S. 196.*

[2] *Nuseiriyeh sind Angehörige einer religiösen Minderheit, die vorwiegend das Gebirge von Jebel Ansariye im Westen Syriens bewohnt. Im Gegensatz zu einer weit verbreiteten Auffassung gehören sie nicht dem Islam an. Ihre Religion ist heidnischen Ursprungs und enthält christliche und islamische Elemente, die sie durch Kontakt mit Moslems und Christen übernommen haben. Während der französischen Mandatszeit in Syrien wurden die Nuseiriyeh von den Franzosen Alawiten genannt, weil eine Sekte von ihnen den Khalifen Ali vergöttert. Dieser Name blieb ihnen bis heute erhalten. (Über die Religion der Nuseiriyeh informieren die Arbeiten von LYDE, 1860 und DUSSAUD, 1900.)*

[3] *Diese Bevorzugung ist nicht allein unter dem Gesichtspunkt der Gleichberechtigung zwischen Mann und Frau zu betrachten; eine unterschiedliche Rollenzuweisung innerhalb der islamischen Gesellschaft führt dazu, daß der Mann Ernährer der Familie und deren Oberhaupt ist. Hierin ist auch die Tatsache begründet, warum ihm bei der Erbteilung der doppelte Vermögensanteil zufällt.*

dieser Trend in unterschiedlichem Maße festzustellen. So teilen in Tiesien nur noch die Großgrundeigentümer das Land real unter allen Erben auf. Diese Aufteilung hat allerdings keinen negativen Einfluß auf die bestehende Betriebsstruktur, da sie keine Zersplitterung der Pachtbetriebe nach sich zieht. Für den Teilpächter vergrößert sich lediglich die Anzahl der Verpächter seines Betriebes. In Bserin wird das Land der Eigentumsbauern teils noch real, teils ideell unter den Erben aufgeteilt. Demgegenüber wird das Bodenreformland in allen untersuchten Dörfern nur ideell geteilt.

Drei Ursachen waren es, die im wesentlichen die Einschränkung der Realteilung begünstigt haben. Es sind die zunehmende Arbeitsmobilität, das Teilungsverbot der Agrarreformgesetzgebung sowie die starke Flurzersplitterung, die vor allem in Bserin eine Rolle gespielt hat.

Schon zu Beginn der 50er Jahre begann in allen Untersuchungsdörfern eine Welle der Abwanderung aus der Landwirtschaft, die sich bis zum heutigen Tage fortsetzt. Seither werden in den beiden Großstädten Hama und Homs zunehmend Arbeitsplätze in der Industrie und im Dienstleistungssektor geschaffen, die der landwirtschaftlichen Bevölkerung offenstehen. Da viele Bauernsöhne in diesen Dörfern eine nichtlandwirtschaftliche Tätigkeit ergreifen, besteht keine zwingende Notwendigkeit mehr, sie im Erbgang mit Land auszustatten, wie dies früher der Fall war. Je größer die berufliche Landflucht in einem Dorf ist, um so seltener kommt es zur Realteilung und umgekehrt.

Im Gegensatz zum ägyptischen Agrarreformgesetz behandeln die Bestimmungen des syrischen Gesetzes das Problem der Betriebsaufteilung nicht. Als man später diese Gesetzeslücke erkannte, wurde eine Verordnung erlassen, die jegliche Aufteilung von Reformland unter Androhung von Strafen, die bis zur Wegnahme des zugeteilten Landes reichen, untersagt. Dieses Teilungsverbot ist erforderlich, damit die Reformbetriebe, die ohnehin flächenmäßig klein sind, durch Erbteilung nicht noch kleiner werden. Seine Auswirkungen auf die Betriebsgrößenstruktur sind als positiv zu bewerten, da es eine Besitzzersplitterung verhindert.

Am Beispiel von Chiha soll die strukturerhaltende Wirkung des Teilungsverbotes aufgezeigt werden. Hier standen in der Berichtszeit (1958-1977) 32 Betriebe vor der Frage der Erbteilung, 11 nach dem Tode des Betriebsinhabers und 21 zu dessen Lebzeiten. In keinem Fall wurde real geteilt und deshalb änderte sich die Betriebsstruktur nicht. Ohne das gesetzliche Teilverbot wäre eine Realteilung, zumindest bei einem Teil dieser Betriebe, wahrscheinlich gewesen. Die Gesamtzahl der erbberechtigten Personen betrug 198, wovon 94 männliche Erben waren. In der Regel verzichten die Frauen auf ihre Erbanteile zugunsten der männlichen Erben [1]. Unter der Annahme, daß nur die Söhne erbten und je Erbfall durchschnittlich drei Söhne sich den väterlichen Betrieb real aufteilten, wäre die durchschnittliche Betriebsgröße schon beim ersten Generationswechsel von 8,4 auf 2,8 ha gesunken.

Bei der praktizierten ideellen Aufteilung geht der Betrieb wie bei der geschlossenen Vererbung an einen der Erbberechtigten ungeteilt über. Die Miterben erhalten jedes Jahr nach dem Ernteverkauf einen Geldbetrag, der ihren Erbanteilen entspricht. Sie können ihre Erbanteile an die betriebsführende Person veräußern; oft geschieht dies in Form einer Schenkung, weil der Betriebsführer Versorgungspflichten für die übrigen im Haushalt lebenden Angehörigen des Erblassers übernimmt.

Die Realteilung im Erbgang führt nicht nur zur Verkleinerung der landwirtschaftlichen Betriebe, sondern auch zu einer starken Flurzersplitterung. Aus Gründen der gerechten Verteilung wird traditionsgemäß jede einzelne Parzelle, gleichgültig wie klein sie ist, auf alle Erben aufgeteilt. Im Laufe der Zeit entstehen parzellierte Kleinstbetriebe, die nicht mehr rationell zu bewirtschaften sind. In der Gemeinde Bserin z.B. war die Bodenzersplitterung schon vor zwanzig Jahren sehr hoch. Viele Bauern sahen sich daher veranlaßt, von einer weiteren Realteilung Abstand zu nehmen. Nur so waren sie nämlich in der Lage, eine moderne Landwirtschaft zu betreiben, z.B. landwirtschaftliche Maschinen und Schlepper einzusetzen.

Verpachtung von Grundeigentum:

Die Teilpacht, bei der der Verpächter eine Quote vom Rohertrag als Pachtzins erhält, ist im Untersuchungsgebiet die älteste und häufigste Pachtform [2].

---

[1] *Die Frauen in Chiha und auch in anderen Dörfern verzichten normalerweise auf ihre in den islamischen Erbgesetzen verankerten Rechtsansprüche zugunsten der Söhne des Erblassers. Die Gründe für diesen Verzicht liegen darin, daß sie im Falle einer Scheidung oder Nichtheirat im Haushalt der Brüder leben und von diesen versorgt werden.*

[2] *Man unterscheidet nach Art und Umfang des Pachtzinses eine Reihe von Pachtformen, wie Naturalpacht, Geldpacht, Arbeitspacht sowie Teilpacht (vgl. WENZEL, 1974, S. 63).*

Die Höhe der abzuliefernden Rohertragsquote wird vom Umfang der Leistungen des Grundeigentümers bestimmt. Sie ist gering, wenn er nur den Boden zur Verfügung stellt und erhöht sich mit zunehmender Beteiligung an den entstehenden Produktionskosten.

Dreiviertelpacht (Mozara), Halbpacht (Mounasafa), Drittelpacht (Muthalatha), Viertelpacht (Mouraba) und Fünftelpacht (Mouchamasa) gehören zu den wichtigsten Teilpachtsystemen, die in Syrien verbreitet sind. Nach ABBAS war die Dreiviertelpacht in fast allen ehemaligen Grundherrendörfern vorherrschend [1]. Die durchgeführten Befragungen in den untersuchten Dörfern bestätigen diese Feststellung. Hier erfolgte die Ernteteilung nach dem Mozara-System, also im Verhältnis von 1:3. Der Verpächter, der lediglich den Boden zur Verfügung stellte, bekam ein Viertel der erzielten Wirtschaftserträge, während der Teilpächter die übrigen drei Viertel für sich beanspruchen durfte, da er sowohl seine Arbeitskraft einsetzte als auch alle zur Produktion erforderlichen Betriebsmittel, also das Saatgut, Geräte und Zugvieh, bereitstellte. Allerdings gab es Fälle, in denen die Grundeigentümer das Saatgut lieferten, z.B. nach einem Dürrejahr, wodurch sich ihr Ertragsanteil verdoppelte. Auch bekamen die Teilpächter nicht immer die ihnen zustehenden Ernteanteile in voller Höhe. Durch verschiedene Manipulationen (z.B. überhöhte Zinsforderungen) schmälerten die Grundherren den Anteil ihrer Pächter [2]. Hierzu gehörten auch Sonderausgaben. Die in Chiha und Tiesien befragten früheren Teilpächter berichteten, daß sie an den ehemaligen Feudalherrn jedes Jahr mehr als die mit ihm vereinbarten Quoten abgeführt hatten. Sie waren damals nicht in der Lage, sich gegen ungerechtfertigte Forderungen zu wehren. Da jede Auflehnung die Kündigung des Pachtverhältnisses zur Folge hatte und es früher keinerlei Pachtschutz gab, mußten die Teilpächter alle von den Verpächtern gestellten Bedingungen akzeptieren.

Zu Veränderungen im bis dahin angewandten Teilpachtsystem führte die Mechanisierung des Getreidebaues zu Beginn der 5oer Jahre und die Einführung der Baumwolle. Neue Personen, Besitzer von landwirtschaftlichen Maschinen, schalteten sich als Drittpartner in das Teilungsverhältnis ein. Einige Lohnunternehmer aus Hama pflügten mit ihren Schleppern die Felder in Chiha und

---

[1] Vgl. ABBAS, 1962, S. 51.

[2] Vgl. WIRTH, 1971, S. 218 f. und die Ausführungen im Abschnitt 2.3.2.1.

Tiesien und ernteten später mit ihren Mähdreschern. Dafür beanspruchten sie 25 % der Getreideernte. Die Mechanisierung brachte für die Teilpächter Arbeitsersparnisse, die dadurch freigewordene Arbeitskraft konnte allerdings damals in anderen Wirtschaftsbereichen nicht eingesetzt werden. Die Folge war eine Verschlechterung der Lebensverhältnisse, bewirkt durch die Verringerung des Ertragsanteils. WIRTH weist bei der Behandlung der agrarsozialen Verhältnisse der syrischen Bauern auf diesen negativen Mechanisierungseffekt hin: "Der seit dem Zweiten Weltkrieg einsetzende Übergang von traditioneller zu vollmechanisierter Bewirtschaftung führte zu einem empfindlichen Absinken der auf den Fellachen entfallenden Ernteanteile" [1].

Beim Baumwollanbau galten andere Teilungsverhältnisse, die je nach Anbauart und Dorf variierten. In Chiha wurde der Ertrag der zunächst im Regenfeldbau angebauten Baumwolle zwischen Grundeigentümer und Teilpächter halbiert (Halbpacht), denn beide kamen für die Produktionskosten zu gleichen Teilen auf. Als später das Dorf von Agrarunternehmern gepachtet und bewässerter Anbau betrieben wurde, verminderte sich der Ernteanteil des Verpächters auf 19 %, der des Teilpächters auf 25 % (vgl. Abschnitt 5.1.). Die Auswirkung dieser Verringerung auf die Lebensverhältnisse der Bauern waren in diesem Fall nicht gravierend, weil die Baumwollerträge durch Intensivierungsmaßnahmen erheblich gesteigert wurden. Der Hauptanteil der Baumwolle fiel den Unternehmern zu, die alle Investitionskosten für die Wasserbeschaffung allein trugen und auch den größten Anteil an den sonstigen Kosten übernahmen. In Tiesien setzten die Verpächter den Pachtzins zweimal herauf. Zunächst verlangten sie von allen Betrieben, die Baumwolle eingeführt hatten, ein Drittel der Ernte. Zwei Jahre später erhöhten sie ihren Anteil auf die Hälfte, ohne sich an den Erzeugungskosten zu beteiligen. In Mecherfe gab es drei verschiedene Abgabequoten. Der Grundeigentümer erhielt 5o % der Baumwollproduktion, wenn die Felder aus seinen eigenen Brunnen bewässert wurden. Sein Anteil verringerte sich auf 42,5 %, wenn der Teilpächter die Baumwolle mit Quell- oder Flußwasser bewässert hatte. Er beanspruchte nur 33 %, wenn der Pächter für die gesamten Bewässerungskosten selbst aufkam.

Der Pachtzins kann bei der Teilpacht entweder in Geld oder in Naturalien entrichtet werden. Naturallieferungen waren früher in den Untersuchungsdörfern die einzig mögliche Zahlungsmethode. Zum einen war die Geldwirtschaft

---

[1] *WIRTH, 1971, S. 218.*

nur wenig entwickelt und zum anderen war die Marktorientierung der Landwirtschaft relativ gering. Mit der Einführung der Baumwolle und mit dem vermehrten Anbau von Marktprodukten änderten sich diese Verhältnisse. Die Teilpächter wurden dadurch in die Lage versetzt, sich am Geldmarkt zu beteiligen, wovon sie früher fast ausgeschlossen waren. Seitdem zeichnet sich ein Abgehen von der Naturallieferung ab. Heute bekommen alle Verpächter in Tiesien den Geldwert für die ihnen zustehenden Ertragsanteile.

Das größte Risiko für den Teilpächter bestand vor der Agrarreform in der permanenten Besitzunsicherheit. Zwischen ihm und dem Grundeigentümer gab es nur mündliche, aber nicht gesetzlich fixierte Vereinbarungen, die zu jeder Zeit kündbar und damit von der Willkür des Verpächters abhängig waren. Für den Teilpächter war die Entwicklung des Pachtverhältnisses unter den geschilderten Umständen nicht voraussehbar, was einer der Gründe war, jegliche Kapitalinvestition im Betrieb zu unterlassen. Er nahm davon Abstand, solange ihm die Früchte seiner Aufwendungen nicht sicher waren.

Die Pachtrechte wurden zum ersten Mal durch die Bestimmungen der kurz nach der Agrarreform erlassenen Pachtgesetze geregelt. Schriftliche Form und behördliche Registrierung wurden vorgeschrieben. Es scheint, daß die Durchsetzung dieser Maßnahme in vielen Dörfern lange Zeit in Anspruch nahm, weil die Grundeigentümer sich am Anfang gegen eine gesetzliche Festlegung gesträubt hatten, da sie hiervon Nachteile befürchteten. Die befragten Teilpächter in Tiesien besitzen jedoch seit Beginn der 60er Jahre Pachtverträge, in denen die Pachtdauer, die Höhe des Pachtzinses und auch die Entschädigung im Falle einer Kündigung vereinbart sind. Die Mindestpachtdauer beträgt ein Jahr; das Pachtverhältnis wird aber automatisch verlängert, wenn keine zwingenden Gründe zur Auflösung vorliegen [1]. Bei einer Vertragsauflösung steht dem Teilpächter für die von ihm im Betrieb vorgenommenen Verbesserungen oder Investitionen eine Entschädigung zu. Der Verpächter muß ihn entschädigen, unabhängig von den Umständen, die zur Beendigung des Pachtverhältnisses geführt haben. Die Gewißheit, eine Entschädigung zu erhalten, motivierte viele Teilpächter, mehr Kapital und Arbeit in die Pachtobjekte zu investieren.

---

[1] *Vgl. hierzu Abschnitt 3.2.3.*

6.1.3. Veränderungen der Betriebsstruktur

Im Zuge der Agrarreform hat sich die Betriebsstruktur in den Untersuchungsdörfern erheblich gewandelt. Die Veränderungen betrafen nicht nur Anzahl und Größe der landwirtschaftlichen Betriebe, sondern auch die verbreiteten Betriebstypen und Betriebsformen. Es entstand ein neuer Betriebstyp, nämlich der Agrarreformbetrieb, der die früheren Pachtbetriebe in Chiha und Mecherfe ganz, in Tiesien teilweise ablöste. Ferner traten produktionstechnische Verbesserungen ein, die zur Verbreitung neuer Betriebsformen geführt haben. Während früher der reine Regenfeldbaubetrieb in allen untersuchten Dörfern dominierend war, zeichnet sich seit Jahren eine Verschiebung zum Teilbewässerungsbetrieb ab, die sich ganz besonders in Tiesien bemerkbar macht. Hier waren vor der Bodenreform alle Betriebe reine Regenfeldbaubetriebe, heute zählen nur noch 19 % der Betriebe zu dieser Betriebsform. Die überwiegende Mehrheit hat die Bewässerungslandwirtschaft eingeführt.

Tabelle 16 zeigt die gegenwärtige Betriebsstruktur nach Größenklassen in den einzelnen untersuchten Dörfern. Zunächst geht daraus hervor, daß es in Mecherfe 423, in Tiesien 172, in Chiha 101 und in Bserin 66 landwirtschaftliche Betriebe gibt. Die Mehrzahl davon besitzt jeweils weniger als 10 ha und ist damit den kleinbäuerlichen Betrieben zuzurechnen. Zu dieser Größenkategorie gehören in Chiha 69 % aller Betriebe, in Tiesien 66 %, in Mecherfe und in Bserin jeweils 65 %. Die durchschnittliche Größe eines Kleinbetriebes beträgt in Tiesien 4,6 ha, in Chiha 6,9 ha, in Bserin 7 ha und in Mecherfe

Tabelle 16: **Betriebsgrößenstruktur nach Größenklassen in den Untersuchungsdörfern 1977**

Größenklasse (ha)	Anzahl der Betriebe								Betriebsfläche (ha)							
	Bserin		Chiha		Mecherfe		Tiesien		Bserin		Chiha		Mecherfe		Tiesien	
	abs.	%	abs.	%	abs.	%	abs.	%	abs.	%	abs.	%	abs.	%	abs.	%
unter 5	12	18	15	15	65	15	72	42	48	7	67	8	251	6	250	13
5 - 10	31	47	55	54	212	50	41	24	255	38	416	47	1789	45	269	14
10 - 20	23	35	31	31	146	35	17	10	377	55	403	45	1920	49	230	12
über 20	-	-	-	-	-	-	42	24	-	-	-	-	-	-	1171	61
Insgesamt	66	100	101	100	423	100	172	100	680	100	886	100	3960	100	1920	100

Quelle: eigene Erhebung und Angaben des Landwirtschaftsamtes in Homs.

7,4 ha LN. Die restlichen Betriebe, rund ein Drittel aller, fallen in den mittelbäuerlichen Bereich von 1o-4o ha LN. Ein mittlerer Betrieb umfaßt in Tiesien durchschnittlich 23,7 ha, in Bserin 16,4 ha, in Mecherfe 13,1 ha und in Chiha 13 ha LN. Die Mehrzahl der Teilpachtbetriebe zählt zu dieser Größenklasse.

Ein Vergleich der Dörfer hinsichtlich der durchschnittlichen Betriebsgröße ergab keine großen Unterschiede. In Tiesien liegt sie bei 11,2 ha, in Bserin bei 1o,3 ha, in Mecherfe bei 9,4 ha und in Chiha bei 8,8 ha LN. Demgegenüber bestehen zwischen den wie auch innerhalb der untersuchten Betriebstypen signifikante Unterschiede. Während ein Agrarreformbetrieb im Durchschnitt 7,6 ha LN bewirtschaftet, umfaßt ein Eigentumsbetrieb 8,7 ha und ein Teilpachtbetrieb 21,9 ha (Tab. 17). Die kleinsten Betriebe besitzen die Agrarreformbauern von Tiesien, durchschnittlich 5,1 ha LN.

Tabelle 17: Betriebsgrößenstruktur der Untersuchungsbetriebe nach Größenklassen und Betriebstypen 1977

Größenklasse in ha		Anzahl der Landwirtschaftsbetriebe												
		Agrarreformbauern								Eigentumsbauern		Teilpächter		Insgesamt	
		Chiha		Mecherfe		Tiesien		Insgesamt							
		abs.	%	abs.	%	abs.	%	abs.	%	abs.	%	abs.	%	abs.	%
unter 5		5	14	7	16	16	46	28	25	6	17	-	-	34	18
5 - 1o		22	63	22	5o	19	54	63	55	18	52	4	1o	85	45
1o - 2o		8	23	15	34	-	-	23	2o	11	31	11	28	45	24
über 2o		-	-	-	-	-	-	-	-	-	-	24	62	24	13
Insg. relativ		1oo		1oo		1oo		1oo		1oo		1oo		1oo	
Insg. absolut		35		44		35		114		35		39		188	
Durchschnittl. Betriebsgröße in ha		8,43 a)		8,95 b)		5,12 c)		7,61 d)		8,71 e)		21,88 f)		1o,78	

Quelle: eigene Erhebungen

Der t-Test zeigt keinen signifikanten Unterschied zwischen den Mittelwerten der beiden Gruppen Agrarreformbauern und Eigentumsbauern:

d, e t = 1,72 < $t_{tab.}$ = 3,35 (FG = 147; α = o,oo1)

Dagegen besteht ein solcher Unterschied auf dem o,1 Prozent-Niveau zwischen diesen Gruppen einerseits und der Teilpächtergruppe andererseits:

d, f t = 8,71 > $t_{tab.}$ = 3,54 (FG = 41; α = o,oo1)
e, f t = 7,69 > $t_{tab.}$ = 3,5o (FG = 48; α = o,oo1)

Innerhalb der Agrarreformbauerngruppe ergaben sich folgende t-Werte:

a, b t = o,75 < $t_{tab.}$ = 3,42 (FG = 77; α = o,oo1)
a, c t = 6,17 > $t_{tab.}$ = 3,46 (FG = 59; α = o,oo1)
b, c t = 6,27 > $t_{tab.}$ = 3,44 (FG = 66; α = o,oo1)

Die beiden Tabellen 18 und 19 informieren über Anzahl und Größe der landwirtschaftlichen Betriebe in Chiha und Tiesien vor und nach der Agrarreform.

Tabelle 18: Betriebsgrößenstruktur nach Größenklassen in Chiha vor und nach der Agrarreform

Größenklasse in ha	Vor der Agrarreform				Nach der Agrarreform			
	Anzahl		Fläche		Anzahl		Fläche	
	abs.	%	abs.	%	abs.	%	abs.	%
unter 5	-	-	-	-	15	15	67	7
5 - 1o	-	-	-	-	55	54	416	47
1o - 2o	8	22	9o	1o	31	31	4o3	46
2o - 3o	16	43	353	4o	-	-	-	-
über 3o	13	35	443	5o	-	-	-	-
Insgesamt	37	1oo	886	1oo	1o1	1oo	886	1oo
Durchschnittliche Betriebsgröße in ha	23,9				8,8			

Quelle: eigene Erhebung

Tabelle 19: Betriebsgrößenstruktur in Tiesien nach Größenklassen vor und nach der Agrarreform

Größenklasse (ha)	Vor der Agrarreform				Nach der Agrarreform							
	Anzahl		Fläche		Tiesien insgesamt				Teilpächter			
					Anzahl		Fläche		Anzahl		Fläche	
	abs.	%	abs.	%	abs.	%	abs.	%	abs.	%	abs.	%
unter 3	-	-	-	-	11	6	24	1	-	-	-	-
3 - 5	-	-	-	-	61	35	227	12	-	-	-	-
5 - 1o	-	-	-	-	41	24	268	14	6	9	39	3
1o - 2o	9	18	165	9	17	1o	23o	12	17	26	23o	16
2o - 3o	3o	59	655	34	29	17	611	32	29	45	611	42
über 3o	12	23	11oo	57	13	8	56o	29	13	2o	56o	39
Insgesamt	51	1oo	192o	1oo	172	1oo	192o	1oo	65	1oo	144o	1oo
Durchschnittliche Betriebsgröße ha	37,6				11,1				22,1			

(Agrarreformbauern: Anzahl abs./%, Fläche abs./%)

Größenklasse (ha)	Agrarreformbauern			
	Anzahl		Fläche	
	abs.	%	abs.	%
unter 3	11	1o	24	5
3 - 5	61	57	227	47
5 - 1o	35	33	229	48
1o - 2o	-	-	-	-
2o - 3o	-	-	-	-
über 3o	-	-	-	-
Insgesamt	1o7	1oo	48o	1oo
Durchschnittliche Betriebsgröße ha	4,4			

Quelle: eigene Erhebung

Durch die Bodenverteilung stieg die Gesamtzahl der Betriebe in Chiha von 37 auf lo1, in Tiesien von 51 auf 172. Das führte zu einer zwangsläufigen Verringerung der durchschnittlichen Betriebsgröße auf etwa ein Drittel. Bei der heutigen Betriebsstruktur dominieren, wie bereits erwähnt, in beiden Dörfern die Kleinbetriebe, wohingegen diese vor der Agrarreform nicht existierten. Demnach hat die Bodenreform durch ihre Verteilungspolitik eine kleinbetriebliche Struktur geschaffen. Hauptziel war der Ausgleich des Bodenbesitzes innerhalb der Dorfgemeinschaft. Diesem sozialen Ziel wurden Überlegungen betriebswirtschaftlicher Art, wie ökonomisch vertretbare Betriebsgrößen, rentable Marktproduktion, rationaller Maschineneinsatz usw., untergeordnet. Viele der neu entstandenen Reformbetriebe, vor allem diejenigen mit weniger als 3 ha und ohne künstliche Bewässerung, sind reine Selbstversorgerwirtschaften.

Gerade an dem Problem der Betriebsgröße wird die konkurrierende Situation der Reformziele erkennbar. Auf der einen Seite soll gemäß dem Ziel der syrischen Agrarreform die landwirtschaftliche Produktion erhöht werden, was die Schaffung größerer Betriebseinheiten voraussetzt, die einen rationellen Einsatz der Produktionsfaktoren erlauben. Dem steht gegenüber das Ziel Anhebung des Lebensstandards der landwirtschaftlichen Bevölkerung im Dorf, was eine gleichmäßige Verteilung des Landes an alle bedeuten muß, damit die Unterschiede innerhalb der Dorfgemeinschaft gering bleiben. Da für eine große Zahl von Bauern nur eine begrenzte Fläche zur Verfügung steht, ergibt sich als Konsequenz der gleichen Verteilung die kleinbetriebliche Struktur, die zwar mit dem sozialen Ziel konform geht, zum ökonomischen Ziel allerdings im Widerspruch steht.

6.1.4. Veränderungen der Flurverfassung

Die Bodenreform beseitigte in allen untersuchten Reformdörfern das Mouchaasystem und leistete dadurch einen positiven Beitrag zur Verbesserung der Flurverfassung. Während früher die Landwirtschaftsbetriebe aus einer großen Anzahl von sehr schmalen langstreifigen Parzellen bestanden, umfassen sie heute nur wenige etwas breitere Parzellen. Die Agrarreform beendete die Betriebszersplitterung, die eine rationelle Bewirtschaftung verhindert hatte. Am Beispiel des Dorfes Chiha sollen nachfolgend die Veränderungen der Flurverfassung erläutert werden.

Gemarkungsfläche und Flur sind in dem Dorf Chiha nahezu identisch, da es hier weder Öd- noch Unland gibt. Wie schon erwähnt wurde, erfolgte vor der Agrarreform die Fluraufteilung an die Bodenbewirtschafter nach dem Mouchaasystem (vgl. Abschnitt 2.3.2.2.). Die Umverteilung des Landes wurde jedes Jahr von den Bauern selbst vorgenommen. Zunächst wurde die Flur in drei Schläge (Nier) geteilt, die hinsichtlich ihres Flächenumfanges etwa gleich groß, in bezug auf ihre Bodengüte aber unterschiedlich waren:

(A) Nordteil   (Nier Al-Arous)
(B) Südteil   (Nier Al-Jaṣṣat)
(C) Westteil   (Nier Al-Bahrah)

Ferner wurde jeder Schlag in eine Anzahl Flurkomplexe (Matrah) zergliedert, wobei hier wiederum die Bodenfruchtbarkeit ausschlaggebend war. Im Nordteil gab es drei derartige Flurkomplexe, im Südteil fünf und im Westteil zwei. Es entstanden auf diese Weise zehn unterschiedlich große Komplexe, die die folgenden Flurbezeichnungen trugen (Karte 4).

1   Al-Kaaserat
2   Abou Al-Charbeh
3   Al-Manfiyeh
4   Al-Jamiiat
5   Al-Maṣtabah
6   Al-Jaṣṣat Markazieh
7   Al-Sarjat
8   Ŝawwanet Abou Chlef
9   Ommahat Al-Adam
lo Al-Bahrah Markazieh

Jeden der genannten Komplexe teilte man dann in mehrere Blöcke (Maksam), die unterschiedlich groß und unregelmäßig begrenzt waren. Im ganzen Dorf gab es 51 Blöcke (Karte 4). Die letzte Teilung wurde innerhalb der einzelnen Blöcke vorgenommen und richtete sich nach der Anzahl der Betriebe. Da die Gemarkung vor der Bodenreform von 37 Bauern bewirtschaftet wurde und jeder von ihnen in jedem Block nach dem Mouchaasystem ein Grundstück hatte, wurde jeder einzelne Block in 37 langstreifige Parzellen (Sahm) unterteilt. Die Gesamtzahl der Parzellen in Chiha betrug 1 887, wobei jeder Betrieb aus 51 Parzellen be-

Karte 4: <u>Gliederung der Flur des Dorfes Chiha vor der Bodenreform</u>

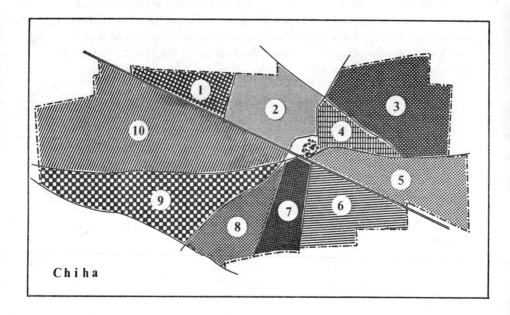

Schlag	Flurkomplex		Blöckezahl	Parzellenzahl
Al-Arous	1	Al-Kaaserat	2	2 x 37 = 74
	2	Abou Al-Charbeh	5	5 x 37 = 185
	3	Al-Manfiyeh	7	7 x 37 = 259
Al-Jaṣṣat	4	Al-Jamiiat	3	3 x 37 = 111
	5	Al-Maštabah	8	8 x 37 = 296
	6	Al-Jaṣṣat Markazieh	5	5 x 37 = 185
	7	Al-Sarjat	4	4 x 37 = 148
	8	Šawwanet Abou Chlef	8	8 x 37 = 296
Al-Bahrah	9	Ommahat Al-Adam	3	3 x 37 = 111
	1o	Al-Bahrah Markazieh	6	6 x 37 = 222
Dorfflur insgesamt	1o		51	51 x 37 =1887

tand, die über die ganze Gemarkung verstreut waren. Sowohl die kleinen als auch die etwas größeren Betriebe besaßen die gleiche Anzahl von Parzellen; sie unterschieden sich nur in bezug auf die Parzellengröße. Die durchschnittliche Größe der Parzellen lag bei knapp 0,5 ha. Nach Angaben der Landwirte schwankte die Parzellenbreite zwischen 5 und 10 m, die Länge zwischen 200 und 500 m [1].

Die periodische Neuaufteilung der Dorfflur und die damit verbundene Betriebszersplitterung wirkten sich sehr nachteilig auf die Landbewirtschaftung aus. Die Bauern bekamen jedes Jahr andere Parzellen und waren daher abgeneigt, irgendwelche Verbesserungen in ihren Betrieben durchzuführen. In dieser Situation mußte ihnen jede Investition von Arbeit oder Kapital nutzlos erscheinen. "Wer Steine liest, Dünger zuführt, Bäume pflanzt, einen Brunnen für Göpelbewässerung ausschachtet, kommt ja nicht selbst in den Genuß der Früchte seiner Arbeit; nur die Nachfolger in der Rotation der Bewirtschaftungsparzelle würden davon profitieren" [2]. Außerdem erschwerte die Parzellierung den Einsatz von Maschinen, insbesondere, weil die Parzellen nur einige Meter breit waren. Darüber hinaus vergrößerte die Zersplitterung den Leerlauf in der Arbeitswirtschaft des Betriebes. Lange An- und Rückfahrtswege zu den einzelnen Parzellen beeinflußten die Arbeitsproduktivität negativ. Hohe Randverluste beeinträchtigten auch die Flächenproduktivität.

Nach der Agrarreform hat sich die Flurverfassung grundlegend verändert. Die Boden- und Betriebszersplitterung wurde beseitigt. Die Dorfflur besteht heute aus nur 374 Parzellen (Karte 5). Im Durchschnitt beträgt die Fläche einer Parzelle 2,4 ha und ist damit fünfmal so groß wie vor der Bodenreform. Zwei Betriebe bestehen aus jeweils zwei Parzellen, 28 aus jeweils drei, 69 aus jeweils vier und zwei aus jeweils fünf. Die Parzellenbreite liegt durchschnittlich bei 30 m, die Länge schwankt zwischen 200 und 600 m. Im Unterschied zu früher bewirtschaften die Bauern jedes Jahr dieselben Parzellen. Ihr Interesse für die Verbesserung ihrer Betriebe wurde hierdurch gefördert.

---

[1] *Ähnliche Werte erwähnt auch WIRTH, 1971, S. 227.*

[2] *WIRTH, 1971, S. 229 f.*

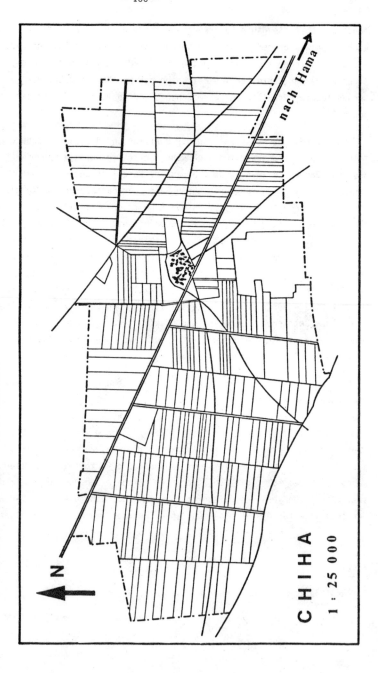

Karte 5: Flurgliederung von Chiha nach der Bodenreform

6.1.5. Veränderungen der Bodennutzung

In fast allen Agrarregionen Syriens findet man ein Nebeneinander von Regen- und Bewässerungsfeldbau. Der Regenfeldbau überwiegt flächenmäßig und bestimmt die gesamte agrarische Bodennutzung des Landes; der Bewässerungsfeldbau nimmt dagegen im Landesdurchschnitt nur 1o % der LN ein. In drei Untersuchungsdörfern ist der Anteil des Bewässerungsfeldbaus mit 5o % in Tiesien, 16 % in Bserin und 15 % in Chiha überdurchschnittlich hoch; in Mecherfe entspricht er mit 9 % ungefähr dem obigen Durchschnittswert.

Der Regenfeldbau dominiert jedoch nicht nur auf Dorfebene, sondern auch im Einzelbetrieb. Von den in die Befragung einbezogenen Betriebe waren 37 % ohne Bewässerungsland, 49 % konnten mit dem vorhandenen Wasser nur einen kleinen Teil ihrer Fläche bewässern, und nur die restlichen 14 % verfügten über ausreichende Wassermengen, um über die Hälfte der Betriebsfläche intensiv anbauen zu können.

Die syrischen Bauern unterscheiden zwischen Winterfrüchten (Schatwi) und Sommerfrüchten (Šayfi). Die Winterfrüchte werden in der Regel nicht bewässert. Ihre Aussaat erfolgt nach den ersten ergiebigen Niederschlägen im November, geerntet wird im Mai. Zu den Winterfrüchten zählen Weizen, Gerste und Hülsenfrüchte (Linsen, Bohnen, Erbsen und Kichererbsen). Sommerfrüchte sind Baumwolle, Mais, Hirse, Wasser- und Honigmelonen, Zuckerrüben, Kartoffeln sowie verschiedene Gemüsesorten wie Tomaten, Paprika, Gurken, Zwiebeln, Zucchini und Auberginen. Diese Kulturen sät man im März oder April und erntet in der Zeit zwischen August und Oktober. Sie werden zum Teil auf bewässerten und zum Teil auf unbewässerten Feldern angebaut. Tabelle 2o informiert über die wichtigsten Anbaufrüchte im Untersuchungsgebiet und in den Untersuchungsdörfern.

Im Untersuchungsgebiet kennt man, ebenso wie in allen anderen Agrarregionen Syriens, keine systematische Fruchtfolge. Das Ackerland wird in einer Art Zweifelderwirtschaft genutzt, bei der die Hälfte der Fläche mit Winterfrüchten, vorwiegend Weizen, bestellt wird, während die andere Hälfte brach liegt. Diese Wirtschaftsweise, bei der nur in jedem zweiten Jahr geerntet wird, ist vor allem in den regenärmeren Gebieten noch weit verbreitet. Im Gegensatz hierzu sind die Bauern in den besser beregneten Regionen, zu denen auch die drei Untersuchungsdörfer Bserin, Chiha und Tiesien gehören, von dieser Anbaufolge abgegangen. Das Ackerland wird in drei Schläge geteilt und entweder in

Tabelle 2o: Bodennutzung in den Untersuchungsdörfern und im Untersuchungsgebiet

Anbaufrucht	Bserin	Chiha	Mecherfe	Tiesien	Untersuchungsgebiet Anteil an d. landw. Nutzfläche (%)
Weizen	++	++	++	++	34
Gerste	++	+	+	++	24
anderes Getreide	++	-	-	+	5
Wicken	++	-	-	+	6
Linsen	+	+	+	+	4
andere Leguminosen	+	-	-	-	2
Baumwolle	+	+	+	++	6
Gemüse	+	+	+	++	5
Trauben	-	++	++	+	5
Melonen	-	+	+	-	3
Obst	-	-	-	-	3
Zuckerrüben	+	-	+	-	1
sonstige Früchte	+	+	+	-	2
Insgesamt					1oo

++ wird stark angebaut
+ wird angebaut
- wird nicht angebaut

Quelle: eigene Erhebung und Zusammenstellung nach Statistical Abstract, 1977, S. 2oo ff.

der Reihenfolge Getreide-Getreide-Brache oder Getreide-Brache-Sommerfrucht angebaut. Auf diese Weise erzielt man zwei Ernten in drei Jahren. Die Verringerung des Brachanteils von 5o auf 33 % bedeutet eine Erhöhung der Anbauintensität. Auf den bewässerten Feldern, die permanent angebaut werden, wechseln in einem zweijährigen Anbaurhythmus Weizen und Sommerkulturen, speziell Baumwolle.

Gegenüber der Zeit vor der Agrarreform wurde die Brachfläche in den Untersuchungsdörfern verringert. Danach befragt, bestätigten 83 % aller Bauern die Abnahme des Brachlandes und führten dafür folgende Gründe an:

1) Ausweitung der bewässerten Fläche durch Erschließung bisher im Regenfeldbau genutzter Areale für die Bewässerungslandwirtschaft.

2) Ausdehnung des Anbaues von Sommerfrüchten, insbesondere von Wassermelonen und Baumwolle.
3) Verringerung der Betriebsgröße und die daraus resultierende Notwendigkeit, alles Land zu bebauen.
4) Aufgabe oder Einschränkung der Tierhaltung und damit verbunden ein Bedeutungsschwund der früheren Brachweiden.
5) Zunahme der Verwendung von Kunstdünger.

Eine Bodennutzungserhebung, die Aufschluß über die genauen Anbauverhältnisse hätte geben können, gab es in keinem der untersuchten Dörfer. Aus Zeit- und Kostengründen konnte im Rahmen des Forschungsprojekts eine derartige Erhebung nur in Chiha durchgeführt werden, deren Ergebnisse in Tabelle 21 festgehalten sind. Daraus geht hervor, daß 2o6 ha oder 23 % der gesamten LN mit

Tabelle 21: Bodennutzung auf der Gemarkung von Chiha 1977

Anbaufrucht	unbewässertes Land in ha	Bewässerungs- land in ha	Insgesamt		
			in ha	% der Nutz- fläche	% der Feld- fläche
Weizen	243	2o	263	3o	39
Gerste	28	-	28	3	4
Linsen	31	-	31	3	5
Baumwolle	18	52	7o	8	1o
Melonen	114	-	114	13	17
Gemüse 1)	52	36	88	1o	13
Rebland	2o6	-	2o6	23	-
Brache	86	-	86	1o	12
Insgesamt	778	1o8	886	1oo	1oo

1) Die wichtigsten angebauten Gemüsesorten sind: Auberginen, Gurken, Kartoffeln, Okra, Zucchini und Zwiebeln.
Quelle: eigene Erhebung

Weinstöcken bepflanzt sind. Die Rebfläche wurde seit der Agrarreform verfünffacht. Damals umfaßte das Rebland 4o ha, von denen im Zuge der Landverteilung jeder Bauer rund o,4 ha erhielt. Ein Großteil der Trauben wurde früher für den Eigenverbrauch erzeugt; heute beziehen die Bauern von Chiha einen ansehnlichen Teil ihres Einkommens aus dem Traubenverkauf. 92 von 1o1 Bauern kultivieren Reben auf durchschnittlich 2,2 ha. Die Ausdehnung des Reblandes beruht sowohl auf günstigen Standortbedingungen als auch auf staatlichen Förderungsmaßnahmen (Pflanzgut zu niedrigen Preisen, mehrere Jahre lang kostenlose Pflanzenschutzmittel), die 1963 einsetzten.

Zieht man das Rebland von der landwirtschaftlichen Nutzfläche ab, so verbleiben 68o ha für den Anbau von Feldfrüchten. Von diesen wurden 572 ha (84 %) im Regen- und 1o8 ha (16 %) im Bewässerungsfeldbau genutzt.

Unter den Feldfrüchten überwiegt das Getreide, wobei der Weizenanbau eindeutig dominiert. Alle Landwirte bauen Weizen an, weil er die Grundlage der Ernährung bildet. Die Weizenfläche schwankt je nach Betriebsgröße zwischen 2 und 4 ha. Der überwiegende Teil des Weizens wird auf unbewässertem Land angebaut. Nur 2o von insgesamt 263 ha Weizenfläche wurden bewässert. Der Gersteanbau wird in erster Linie von der Viehhaltung im Betrieb bestimmt, da man Gerste hauptsächlich als Viehfutter verwendet. Je nach Größe des Viehbestandes variiert die Gerstefläche in den einzelnen Betrieben zwischen o,5 und 1 ha. Im ganzen Dorf beträgt sie 28 ha oder 1o % der gesamten Getreideanbaufläche. Aufgrund der Dürreresistenz der Gerste schränken die Bauern die Weizenfläche zugunsten der Gerste in trockenen Jahren ein. Dann kann es vorkommen, daß auch viehlose Betriebe einen Teil ihrer Felder mit Gerste bestellen.

Linsen gehören zu den wichtigeren Grundnahrungsmitteln der bäuerlichen Familien. Sie werden daher in der Mehrzahl der Betriebe für den Eigenbedarf angebaut. Ihre Anbaufläche liegt im allgemeinen unter o,5 ha je Betrieb. In Chiha werden insgesamt nur 31 ha oder 5 % der Gesamtfläche mit dieser Kultur bebaut. Der Linsenanbau hat sich flächenmäßig seit Jahren kaum verändert, obwohl die Marktpreise für Linsen günstig sind und aufgrund einer zunehmenden Nachfrage ständig steigen. Einer der Gründe für die Nichtausweitung des Linsenanbaus liegt im hohen Arbeitsaufwand der Linsenernte. Sie kann ohne den Einsatz von Fremdarbeitskräften nicht erledigt werden, weshalb der Linsenanbau mit hohen Lohnkosten verbunden ist.

Baumwolle gehört nicht zu den traditionellen Feldfrüchten des Untersuchungsgebietes. Nach Angaben der Landwirte von Mecherfe soll sie hier vom ehemaligen Grundherrn im Jahre 1947 eingeführt worden sein. Zu Beginn der 5oer Jahre verbreitete sich ihr Anbau sehr schnell in vielen anderen Dörfern, darunter auch in Chiha. Baumwolle wurde zunächst im Regenfeldbau angebaut, erstens, weil zu jener Zeit im Dorf noch keine Bewässerungsmöglichkeiten vorhanden waren, und zweitens, weil der unbewässerte Anbau trotz geringer Erträge aufgrund guter Marktpreise noch lohnend war [1]. Die damaligen Pachtbetriebe bestellten etwa die Hälfte ihrer Flächen mit unbewässerter Baumwolle. Als das Dorf zwischen 1955 und 1958 in der Hand von Agrarunternehmern lag, wurde fast die gesamte Ackerfläche ohne Rücksicht auf die ackerbaulichen Erfordernisse mit bewässerter Baumwolle bestellt. Nach der Bodenreform und mit der Ausdehnung des Bewässerungsareales wurde der unbewässerte Anbau immer mehr vom bewässerten Baumwollanbau abgelöst. In Chiha betrug im Erhebungsjahr die Baumwollfläche 70 ha oder 10 % der gesamten Ackerfläche; davon waren 52 ha bewässert und 18 ha unbewässert. Die Ausdehnung des Baumwollanbaues, die bereits vor der Bodenreform einsetzte, erfolgte auf Kosten des Anbaus anderer Sommerfrüchte. So wurde der Mais-, Hirse- und Kichererbsenanbau erheblich verringert und in vielen Betrieben aufgegeben.

In den Ackerebenen von Aleppo-Hama-Homs befindet sich das wichtigste syrische Anbaugebiet für Melonen: über 80 % der Wasser- und Zuckermelonen werden hier erzeugt. Auch für die Bauern von Chiha hat der Melonenanbau große wirtschaftliche Bedeutung. Die Anbaufläche für Melonen beträgt 114 ha, das sind rund 17 % der Gesamtfläche. Ein großer Teil der Erzeugung wird in der benachbarten Stadt Hama an Einzelhändler verkauft.

Ebenso wie die Baumwolle wird in Chiha auch das Gemüse mit und ohne Bewässerung angebaut. Okra, Möhren, Gurken und Zucchini zählen zu den Gemüsesorten, die man im Regenfeldbau anbaut. Kartoffeln, Tomaten, Auberginen und Zwiebeln werden dagegen bewässert. Gemüsebau wird zwar von vielen Landwirten betrieben, jedoch gibt es nur wenige, die Gemüse in einem größerem Umfang für den Markt produzieren. Die Gemüseanbaufläche von 88 ha oder 13 % der Ackerfläche teilen sich 92 Betriebe. Die Ausdehnung der Gemüsefläche hängt eng mit der Erweiterung des Bewässerungsareales zusammen. Daher ist auch der Gemüseanbau in dem Dorf Tiesien flächenmäßig größer und vielseitiger als in Chiha.

---

[1] *Die nach dem Zweiten Weltkrieg erzielten sehr hohen Baumwollpreise gaben den Anstoß zu einem ausgedehnten Anbau. Innerhalb kurzer Zeit stieg die Baumwollanbaufläche auf das Sechzehnfache, von 17 000 ha (1945) auf 285 000 ha (1965); seitdem ist sie wieder rückläufig (vgl. Abschnitt 7.4.).*

Die restlichen 12 % der LN in Chiha lagen im Erhebungsjahr brach. In den anderen Untersuchungsdörfern herrschen ähnliche Bodennutzungsverhältnisse wie in Chiha. Die wesentlichen Unterschiede stellen sich wie folgt dar:

1. In Bserin betreibt man nur Ackerbau, weil für die Anlage von Dauerkulturen, z.B. Rebland, keine günstigen Bodenverhältnisse bestehen. Da hier der Umfang der Viehhaltung größer ist als in Chiha, wird mehr Gerste angebaut. Mehrere Betriebe bauen auch Zuckerrüben an.
2. Der Zuckerrübenanbau ist ebenfalls in dem Dorf Mecherfe verbreitet. Betriebe, die hier über Bewässerung verfügen, bestellen, je nach Betriebsgröße und Anbauvertrag mit der Zuckerfabrik von Homs, zwischen o,5-1 ha mit dieser Kultur.
3. Der Umfang des Bewässerungslandes ist in Tiesien siebenmal so groß wie in Chiha. Deshalb ist der Anbau hier allgemein intensiver und vielseitiger. Das zeigt sich vor allem an dem umfangreicheren und vielseitigeren Anbau von Gemüse. Baumwolle ist in diesem Dorf die Hauptanbaufrucht. Ungefähr 7o % des Bewässerungsareals werden jährlich damit bestellt.

Die Anbauveränderungen, die sich nach der Agrarreform in den Untersuchungsdörfern zugetragen haben, lassen sich entweder auf die Ausdehnung des Bewässerungsareals oder auf die Erweiterung der mit Weinstöcken bepflanzten Fläche zurückführen.

In den beiden Dörfern Chiha und Tiesien wurde der Regenfeldbau zugunsten des Bewässerungsfeldbaus und der Bestockung mit Reben eingeschränkt. Demgegenüber haben sich die diesbezüglichen Verhältnisse in Bserin überhaupt nicht und in Mecherfe nur geringfügig geändert. Im letztgenannten Dorf wurde lediglich das Rebland ausgeweitet, das Bewässerungsareal dagegen nicht.

Bei der Einführung der Bewässerungslandwirtschaft in vielen Betrieben stand die Intensivierung des Baumwollanbaues im Vordergrund. Hierdurch sollten die Erträge der bis dahin im Regenfeldbau angebauten Baumwolle erhöht und gleichzeitig gesichert werden. Nicht selten brachte der unbewässerte Anbau Mißernten, die sich alle drei bis vier Jahre wiederholen. Deshalb und wegen der jährlichen Ernteschwankungen mußte er von vielen Bauern aufgegeben werden. Tabelle 22 zeigt, daß der unbewässerte Baumwollanbau, der früher in sämtlichen Grundherrendörfern überwog, heute nur noch von wenigen Landwirten in Chiha betrieben wird. Demgegenüber bewässern die meisten befragten Betriebe

Tabelle 22: <u>Baumwoll- und Gemüseanbau in den untersuchten Betrieben vor und nach (1977) der Bodenreform in v.H.</u>

Anbau	Bserin		Chiha		Mecherfe		Tiesien		Insgesamt	
	vor	nach	vor	nach	vor	nach	vor	nach	vor	nach
Baumwolle										
kein Anbau	31	26	25	34	6	68	36	15	28	33
Anbau	69	74	75	66	94	32	64	85	72	67
davon:										
bewässert	6o	74	-	29	47	32	-	85	27	6o
unbewässert	9	-	75	37	47	-	64	-	45	7
Gemüse										
kein Anbau	63	14	83	46	loo	86	64	7	74	34
Anbau	37	86	17	54	-	14	36	93	26	66
davon:										
bewässert	31	74	-	26	-	12	-	85	lo	55
unbewässert	6	12	17	28	-	2	36	8	16	11
Insgesamt	loo	loo	loo	loo	loo	loo	loo	loo	loo	loo
Zahl der Betriebe	35	35	12	35	17	44	42	74	lo6	188

Quelle: eigene Erhebungen

ihre Baumwollfelder. Verschiebungen zugunsten des bewässerten Anbaues fanden in allen Dörfern statt. Aus der gleichen Tabelle kann man ferner erkennen, daß sich der Anteil der Baumwollbetriebe an der Gesamtzahl der Betriebe verändert hat. In Tiesien hat er stark, in Bserin schwach zugenommen, wogegen er in Chiha leicht, in Mecherfe sehr stark zurückgegangen ist.

Seit etwa zehn Jahren wird in vielen Betrieben der Untersuchungsdörfer und vor allem in denjenigen, die über Bewässerungswasser verfügen, mehr Gemüse angebaut. Während früher nur 26 % der befragten Betriebe Gemüse anbauten, waren es im Erhebungsjahr 66 % (Tab. 22). Die frühere Erzeugung diente primär der Selbstversorgung und nicht der Marktbelieferung. Eine Ausnahme hiervon machten einige Betriebe in Bserin, die schon früher für den Markt von Hama produzierten. Für die Mehrzahl der befragten Betriebe (74 %) war jedoch der unbewässerte Gemüsebau mit seinen unsicheren und meist niedrigen Erträgen wenig rentabel. Darüber hinaus lag der Gemüsemarkt völlig in der Hand von städtischen Händlern, die ihrerseits hohe Gewinne abschöpften und die Erzeugerpreise niedrig hielten. Aus diesen Gründen bestand bei vielen Bauern kein Anreiz, den Gemüseanbau aufzunehmen. Nach der Agrarreform haben sich diese Verhältnisse verändert. Durch die Bewässerung der Gemüsefelder können höhere Erträge erwirtschaftet werden. Außerdem zeigen die Marktpreise seit Jahren eine steigende Tendenz, weil die städtische Nachfrage nach Frischgemüse infolge erhöhter Einkommen ständig zunimmt. Der intensivere Gemüseanbau wurde dadurch für viele Betriebe lohnend. Während in der Vergangenheit nur 10 % der befragten Bauern die Gemüsefelder bewässerten, sind es gegenwärtig 55 %. Auch die Gemüseanbaufläche in den einzelnen Betrieben hat sich erhöht. Sie beträgt in einem Teilbewässerungsbetrieb durchschnittlich 2 ha. In diesem Zusammenhang muß noch erwähnt werden, daß die Bewässerung zur Diversifizierung des Gemüseanbaues beigetragen hat. Früher kultivierte ein Bauer im Durchschnitt sechs Gemüsearten, im Untersuchungsjahr dagegen in Teilbewässerungsbetrieben neun. Hier werden außer den in den reinen Regenfeldbaubetrieben üblichen Kulturen auch noch Kartoffeln, Zwiebeln, Tomaten, Zucchini, Auberginen und Blumenkohl angebaut. Erst vor ein paar Jahren hat man den Kartoffel- sowie Zwiebelanbau eingeführt.

6.1.6. Veränderungen der Viehhaltung

Die Viehhaltung, die in Syrien vorwiegend aus Schaf- und Ziegenhaltung besteht, liegt im Untersuchungsgebiet überwiegend in der Hand von Nomaden und Halbnomaden [1]. Diese sind seit jeher die eigentlichen Viehzüchter, während sich die Landwirte in erster Linie als Ackerbauern betrachten. Zwar werden in den meisten Betrieben einige Schafe gehalten, aber sobald ein Bauer eine größere Herde hat, übergibt er sie der Obhut eines Nomaden, der für seine Hirtendienste teils in Naturalien, teils in Geld bezahlt wird. Im Untersuchungsgebiet werden die Herden im Frühjahr und im Sommer auf den östlichen Schafhutungen geweidet, im Herbst auf die Stoppelfelder und Brachflächen getrieben und im Winter zu den westlichen Gebirgsweiden gebracht. Diese Art der Haltung, Transhumanz genannt, nutzt die vorhandenen Futterquellen bestmöglich, wirkt sich aber abträglich auf die Entwicklung einer eigenständigen bäuerlichen Viehwirtschaft aus. Die Bauern betrachten traditionsgemäß die Erzeugung von

---

[1] *Im Jahre 1975 wurden in Syrien 5,8 Mio. Schafe und 0,8 Mio. Ziegen gehalten, das sind 86 % aller im Lande gehaltenen Tiere. Im Untersuchungsgebiet beträgt dieser Anteil 89 % (vgl. Statistical Abstract, 1976, S. 264 f.).*

Fleisch, Milch und Wolle nicht als ihre Produktionsziele, sondern als die der Nomaden, und halten deshalb in ihren Betrieben Vieh, wenn überhaupt, nur in begrenztem Umfang.

Die untersuchten Betriebe lassen sich hinsichtlich ihrer Produktionsstruktur in reine Ackerbaubetriebe sowie Betriebe mit Viehhaltung unterteilen. Über die Hälfte aller Betriebe (53 %) war, wie dies Tabelle 23 zeigt, viehhlos. Der Anteil der reinen Ackerbaubetriebe war in den Bodenreformdörfern besonders hoch: in Mecherfe 77 %, in Chiha 71 %, in Tiesien 42 % gegenüber nur 26 % im Eigentumsbauerndorf Bserin. Dieser auffallende Unterschied läßt sich darauf zurückführen, daß die meisten Bodenreformbauern als ehemalige Landarbeiter früher weder Land noch Vieh besaßen. Nur wenige von ihnen steckten nach der Bodenreform Teile ihrer Einnahmen in die Viehwirtschaft.

Tabelle 23: Viehhaltung in den Untersuchungsbetrieben 1977

Viehbestand in GVE	Anzahl der Betriebe in									
	Bserin		Chiha		Mecherfe		Tiesien		alle Dörfer	
	abs.	v.H.	abs.	v.H.	abs.	v.H.	abs.	v.H.	abs.	v.H.
keine Viehhaltung	9	26	25	71	34	77	31	42	99	53
weniger als 1	9	26	3	9	2	5	14	19	28	15
1 bis weniger als 3	11	31	4	11	4	9	22	3o	41	22
3 bis weniger als 5	4	11	2	6	3	7	5	7	14	7
5 und mehr	2	6	1	3	1	2	2	2	6	3
Insgesamt	35	1oo	35	1oo	44	1oo	74	1oo	188	1oo

Quelle: eigene Erhebung

Auch in den viehhaltenden Betrieben sind die Bestände im allgemeinen klein: 15 % halten weniger als 1 GVE, 22 % 1-3 GVE, 7 % 3-5 GVE und nur 3 % mehr als 5 GVE [1]. Ein Betrieb hat im Durchschnitt einen Viehbestand von 1,8 GVE oder, bezogen auf die durchschnittliche Betriebsfläche, einen Viehbesatz von 14,1 GVE je 1oo ha (Tab. 24). Große Unterschiede zeigen sich hinsichtlich

---

[1] *Umrechnungsschlüssel: 1 Kuh = 1 GVE, 1 Esel = o,7 GVE, 1 Zugochse = o,7 GVE, 1 Schaf (über 1 Jahr) = o,1 GVE und 1 Lamm = o,o5 GVE.*

Tabelle 24: <u>Untersuchte Betriebstypen nach Viehhaltung 1977</u>

| | Betriebe von ||||||||
| | Eigentums-bauern || Teilpächtern || Agrarreform-bauern || Insgesamt ||
	Anzahl	%	Anzahl	%	Anzahl	%	Anzahl	%
ohne Viehhaltung	9	26	14	36	76	67	99	53
mit Viehhaltung	26	74	25	64	38	33	89	47
Insgesamt	35	100	39	100	114	100	188	100
Durchschnittlicher Viehbestand pro Betrieb in GVE	1.78		2.17		1.65		1.83	
Durchschnittlicher Viehbesatz pro Betrieb und 100 ha in GVE/100 ha	19.1		8.6		21.7		14.1	

Quelle: eigene Erhebung

des Viehbesatzes zwischen den Teilpächterbetrieben einerseits und den Bodenreform- sowie Eigentumsbauernbetrieben andererseits. Die Pachtbetriebe weisen einen geringeren Besatz aus, obwohl sie einen höheren Viehbestand haben. Das ist auf ihre größere Flächenausstattung zurückzuführen.

Die bäuerliche Viehhaltung war schon vor der Agrarreform rückläufig. Vermehrter Einsatz von Landmaschinen und zunehmende Motorisierung des Verkehrs veranlaßten viele Landwirte, ihre Esel, Ochsen und Kühe zu verkaufen. Wie während der Untersuchung beobachtet werden konnte, verstärkte sich dieser Trend nach der Bodenreform. Die Teilpächter aus Tiesien, aber auch viele Agrarreformbauern aus Tiesien und Chiha, die im Besitz von Vieh waren, verkauften einen Teil ihres Viehbestandes, um die Bohrung von Tiefbrunnen zu finanzieren.

In jüngster Zeit gewinnt die marktorientierte Hühnerhaltung an Bedeutung und wird selbst für Kleinbauern interessant. Hühnerfarmen kleiner und mittlerer Kapazität entstehen in vielen Dörfern des Untersuchungsgebietes, um die steigende Nachfrage nach Eiern und Hühnerfleisch zu befriedigen. Da die Hühner in einfach gebauten Lagern auf dem Boden gehalten werden, erfordert die Errichtung einer derartigen Farm keine hohen Investitionskosten. Außerdem erbringt das bei der Kleintierhaltung eingesetzte Kapital schon nach einer relativ kurzen Zeit Gewinne. So haben zwei bessergestellte Bodenreformbauern in

Mecherfe eine Hühnerfarm mit 1 5oo bzw. 3 ooo Tieren aufgebaut. Drei Landwirte in Chiha und einer in Tiesien gaben im Erhebungsjahr an, daß sie bald eine größere Geflügelhaltung in ihren Betrieben beginnen wollen. Von dem Markt in Hama und Homs gehen dazu starke Anreize aus, insbesondere weil die Nachfrage nach Eiern und Geflügel gegenwärtig nur unzureichend befriedigt wird.

6.1.7. Veränderungen der Arbeitsverfassung

Die Familienarbeitsverfassung, bei der alle im Betrieb anfallenden Arbeiten ganz oder vorwiegend von familieneigenen Arbeitskräften ausgeführt werden, war vor der Agrarreform und ist heute noch die vorherrschende Arbeitsverfassung im Untersuchungsgebiet. Lohnarbeitsbetriebe gibt es hier nur vereinzelt, Kollektivbetriebe überhaupt nicht [1]. Alle untersuchten Betriebe sind Familienbetriebe. Zwar werden in vielen dieser Betriebe familienfremde Arbeitskräfte beschäftigt, aber nur saisonal, um Arbeitsspitzen zu bewältigen. Die von ihnen geleistete Arbeitszeit ist im Verhältnis zur Familienarbeitszeit so gering, daß man in keinem Fall von einer Fremdarbeitsverfassung sprechen kann.

Über den Bestand und Besatz der Untersuchungsbetriebe an Familienarbeitskräften informiert Tabelle 25. Doch bevor darauf im einzelnen eingegangen wird, sollen die beiden Begriffe Arbeitskräftebestand sowie Arbeitskräftebesatz näher erläutert und einige Bemerkungen zur Vorgehensweise bei ihrer Erfassung gemacht werden. Unter einer Arbeitskrafteinheit (AK) wird eine voll arbeitsfähige männliche oder weibliche Person verstanden, die im Jahr etwa 2 4oo Arbeitsstunden (AKh) oder 3oo Arbeitstage zur Verfügung steht [2]. Als Arbeitskräftebestand eines Betriebes wird die Summe seiner Arbeitskräfteeinheiten definiert. Bezogen auf die jeweilige Betriebsfläche ergibt sich daraus der Arbeitskräftebesatz, der in AK pro 1oo ha gemessen wird. Bei der Ermittlung des Arbeitskräftebestandes wurden nur die familieneigenen, jedoch nicht die familienfremden Arbeitskräfte berücksichtigt.

---

[1] *Die drei Grundformen der Arbeitsverfassung in der Landwirtschaft sind: Familienarbeitsverfassung, Fremdarbeitsverfassung sowie kooperative Arbeitsverfassung (vgl. PLANCK und ZICHE, 1979, S. 212 ff. und ABEL, 1967, S. 1o5 ff.).*

[2] *Vgl. Hauptverband der landwirtschaftlichen Buchstellen und Sachverständigen e.V., 1959, S. 12.*

Tabelle 25: Anzahl, Arbeitskräftebestand und Arbeitskräftebesatz der Untersuchungsbetriebe 1977

Größenklasse in ha	Agrarreformbetriebe			Eigentumsbetriebe			Teilpachtbetriebe			Betriebe insgesamt		
	Zahl	AK pro Betrieb	AK pro 1oo ha	Zahl	AK pro Betrieb	AK pro 1oo ha	Zahl	AK pro Betrieb	AK pro 1oo ha	Zahl	AK pro Betrieb	AK pro 1oo ha
unter 5	28	1,8	46,8	6	2,0	52,2	-	-	-	34	1,8	47,7
5 - 1o	63	2,1	27,5	18	2,1	27,2	4	2,4	32,8	85	2,1	27,7
1o - 2o	23	2,3	18,2	11	2,4	18,8	11	2,8	18,2	45	2,4	18,3
2o und mehr	-	-	-	-	-	-	24	3,3	12,1	24	3,3	12,1
Insgesamt	114	2,0	26,8	35	2,2	25,2	39	3,1	14,0	188	2,3	21,2

Quelle: eigene Erhebung

In die Berechnung wurden alle im bäuerlichen Haushalt arbeitsfähigen Personen, die älter als 12 Jahre waren, einbezogen, sofern sie nicht einer außerlandwirtschaftlichen Beschäftigung nachgingen. Bei der Umrechnung auf AK erfolgte eine Differenzierung nach zwei Merkmalen: Erstens nach dem Alter, welches wesentlich die Arbeitsleistung eines Familienmitgliedes bestimmt, und zweitens nach dem Geschlecht, da die weiblichen Arbeitskräfte nur teilweise in den Arbeitsprozeß eingegliedert sind. Folgender AK-Schlüssel wurde verwendet:

Geschlecht und Alter	AK
Männliche Personen von 13-15 Jahren	o,5
Männliche Personen von 16-6o Jahren	1,0
Männliche Personen über 6o Jahre	o,5
Betriebsleiter über 6o Jahre	1,0
Betriebsleiter mit einer zusätzlichen außerlandwirtschaftlichen Beschäftigung	o,5
Weibliche Personen von 13-6o Jahren	o,25 [1]

Der durchschnittliche Arbeitskräftebestand liegt in den untersuchten Betrieben bei 2,3 AK; er steigt mit zunehmender Betriebsgröße von 1,8 in Be-

---

[1] *Um der Tatsache Rechnung zu tragen, daß Frauen im landwirtschaftlichen Arbeitsprozeß teilweise einbezogen werden, wurde für eine weibliche Person o,25 AK angesetzt. Bei dieser Schätzung wird davon ausgegangen, daß eine Frau mindestens ein Viertel des Jahres im landwirtschaftlichen Bereich tätig ist. Dies kommt den tatsächlichen Verhältnissen nahe, denn allein während der beiden Arbeitsspitzen im Frühjahr und Spätsommer, also ungefähr zwei Monate, führen Landfrauen fast ständig Feldarbeiten aus.*

trieben mit weniger als 5 ha auf 3,3 AK in Betrieben mit mehr als 2o ha. Ein korrelativer Zusammenhang besteht allerdings nicht nur zwischen dem Arbeitskräftebestand und der Betriebsgröße, sondern auch zur Familiengröße, wie Tabelle 26 zeigt [1]. Daraus ist zu erkennen, daß je kleiner die Personenzahl

Tabelle 26: <u>Durchschnittlicher Arbeitskräftebestand in Abhängigkeit von der Betriebs- und Familiengröße in AK (n = 188)</u>

Familiengröße in Personen \ Betriebsgröße in ha	1 - 5	5 - 1o	1o - 2o	2o und mehr	Durchschnittlicher AK-Bestand je Familiengrößenklasse
1 - 5	1,0	1,0	1,9	-	1,3 (n = 31)
6 - 1o	1,8	1,9	2,1	2,6	2,0 (n = 1o5)
11 - 15	2,7	3,0	3,2	3,3	3,1 (n = 43)
16 und mehr	-	3,9	5,2	4,9	4,8 (n = 9)
Durchschnittlicher AK-Bestand je Betriebsgrößenklasse	1,8 (n=34)	2,1 (n=85)	2,4 (n=45)	3,3 (n=24)	2,3 (n = 188)

Quelle: eigene Erhebung

einer Familie, desto kleiner auch die Anzahl der Familienarbeitskräfte ist: während eine Kleinfamilie mit weniger als 5 Personen nur über 1,3 AK verfügt, besitzt eine Großfamilie mit 16 Personen und mehr 4,8 AK, also nahezu das Vierfache. In den Teilpächtbetrieben wird das gesamte vorhandene familiäre Arbeitskräftepotential eingesetzt. Demgegenüber können die relativ kleinen Bodenreform- und Eigentumsbauernbetriebe nur einen Teil der Familienangehörigen beschäftigen, der Rest muß außerbetrieblich arbeiten. Ein Teilpachtbe-

---

[1] *Der Produkt-Moment-Korrelationskoeffizient (r_p) wird in der Statistik als ein Maß für die Stärke des Zusammenhangs zwischen zwei kontinuierlichen Variablen verwendet (vgl. FRÖHLICH und BECKER, 1971, S. 43o und 44o.).*

Der zwischen der Variablen AK-Bestand und der Variablen Familiengröße errechnete Koeffizient beträgt: r_p = o,867; Signifikanzniveau α = o,oo1. Dieser Wert deutet auf eine starke Korrelation zwischen den beiden Variablen hin. Eine mittelstarke Korrelation zeigt sich zwischen dem AK-Bestand und der Betriebsgröße. Die Werte sind hier: r_p = o,528; Signifikanzniveau α = o,oo1.

trieb beschäftigt im Durchschnitt 3,1 AK, während der Arbeitskräftebestand eines Eigentümerbetriebes bei 2,2 AK und eines Bodenreformbetriebes bei 2 AK liegt [1]. Diese Abweichung ist auf die beiden Faktoren Betriebsgröße und Familiengröße, die den Arbeitskräftebestand beeinflussen, zurückzuführen. Die Pachtbetriebe haben sowohl die personenreicheren Familien als auch die größeren Bewirtschaftungseinheiten.

Besser als der Arbeitskräftebestand eignet sich der Arbeitskräftebesatz für einen zwischenbetrieblichen Vergleich, weil dieser auf die Nutzfläche bezogen wird. Der durchschnittliche AK-Besatz errechnet sich für die untersuchten Betriebe auf 21,2 AK je 1oo ha. Nach Aussagen der Landwirte ist eine Arbeitskraft in der Lage, unter den gegebenen Produktionsverhältnissen etwa 5-6 ha Land, davon ein Drittel bewässert, zu bewirtschaften. Das entspricht einem durchschnittlichen AK-Besatz von 18 AK je 1oo ha. Diesen Richtwert zugrunde gelegt, zeigt sich, daß nur die Betriebe der Größenklasse 1o-2o ha, also rund ein Viertel, mit Arbeitskräften angemessen besetzt sind. Alle übrigen sind entweder über- oder unterbesetzt. Betriebe unter 1o ha, nahezu zwei Drittel aller untersuchten Betriebe, haben demnach einen Überbesatz an Familienarbeitskräften. Dazu zählen die meisten Betriebe der Bodenreform- und Eigentumsbauern.

Die Mehrzahl der befragten Betriebe stellt Fremdarbeitskräfte ein (Tab. 27). Der Lohnarbeitereinsatz hängt weder von der Betriebsgröße noch von dem Arbeitskräftebesatz ab, entscheidend hierfür ist allein die Anbaustruktur oder genauer die Anbaufläche von arbeitsintensiven Kulturen, wie Baumwolle

---

[1] *Die Prüfung des Mittelwertunterschiedes der verschiedenen Betriebstypen durch den t-Test hat ergeben:*
   a) *Es besteht ein signifikanter Unterschied zwischen den Teilpächtern (a) einerseits und den Agrarreformbauern (b) bzw. Eigentumsbauern (c) andererseits, denn:*
   $a, b: t = 5,oo > t_{tab.} = 3,48$ (FG = 53; $\alpha = o,oo1$)
   $a, c: t = 3,75 > t_{tab.} = 3,43$ (FG = 68; $\alpha = o,oo1$)
   b) *Jedoch ist ein signifikanter Unterschied zwischen den Agrarreform- und Eigentumsbauern nicht vorhanden:*
   $b, c: t = o,93 < t_{tab.} = 3,35$ (FG = 147; $\alpha = o,oo1$).

Tabelle 27: Beschäftigung von Fremdarbeitskräften in Abhängigkeit von der Betriebsgröße und vom Baumwollanbau (n = 187)

Größenklasse in ha	Anzahl der Betriebe mit Baumwollanbau		Anzahl der Betriebe ohne Baumwollanbau		Insgesamt	
	mit Fremd-AK	ohne Fremd-AK	mit Fremd-AK	ohne Fremd-AK	mit Fremd-AK	ohne Fremd-AK
unter 5	15	7	1	11	16	18
5 - 1o	42	11	4	28	46	39
1o - 2o	25	1	4	14	29	15
2o und mehr	24	o	-	-	24	o
Insgesamt	1o6	19	9	53	115	72

Quelle: eigene Erhebung

und Linsen [1]. Von insgesamt 115 Betrieben, die Lohnarbeiter einstellen, sind 1o6 (92 %) Baumwollbetriebe, und die restlichen 9 betreiben einen ausgedehnten Linsenanbau. Nur 19 der insgesamt 125 Baumwollbetriebe benötigen keine Lohnarbeiter, weil sie weniger als 1 ha Baumwolle anbauen. Dagegen muß ein Durchschnittsbetrieb mit 2,5 ha bewässerter Baumwolle während der Erntezeit eine Woche lang 15 Pflückerinnen einstellen [2].

Baumwollpflücken ist eine Tätigkeit, die heute ausnahmslos weiblichen Arbeitskräften zugewiesen wird. Mehrere Frauen und Mädchen werden zu einem Arbeitstrupp zusammengestellt und von einem männlichen Vorarbeiter angeleitet und beaufsichtigt. Sie stammen aus Familien und Betrieben der umliegenden Dörfer, die keine Intensivkulturen anbauen. Ein Trupp umfaßt zwischen 12-2o

---

[1] *Wenn man die beiden Variablen Betriebsgröße und Beschäftigung von Fremd-AK isoliert betrachtet und ihre gegenseitige Beziehung mittels eines χ^2-Testes prüft, so ergibt sich auf dem o,1 Prozent-Signifikanzniveau ein statistisch gesicherter Zusammenhang:*

$\chi^2 = 2o,34 > \chi^2_{tab.} = 16,26$ *(FG = 3; α = o,oo1).*

Dabei handelt es sich jedoch um eine sogenannte Scheinkorrelation, denn der Zusammenhang verschwindet, sobald man in die Analyse den Baumwollanbau als Kontrollvariable einführt. Der errechnete χ^2-Wert beträgt für die Betriebe mit Baumwollanbau 12,88 und für die Betriebe ohne Baumwollanbau 1,34. Beide Werte sind kleiner als der $\chi^2_{tab.}$-Wert von 16,26. Das bedeutet, daß zwischen der Betriebsgröße und dem Lohnarbeitseinsatz keine direkte Abhängigkeit besteht.

[2] *Die Erntearbeiten bei der Baumwolle sind umfangreich und nehmen etwa zwei Drittel ihres gesamten Arbeitsbedarfs ein. In der Regel werden Lohnarbeiter nur beim ersten Pflücken eingestellt. Das zweite und dritte Pflücken erledigen meist die Familienarbeitskräfte selbst.*

Personen, die täglich 8 Stunden arbeiten. Im allgemeinen ist der Verdienst einer Baumwollpflückerin sehr gering. Der Tageslohn hängt nicht von der geleisteten Arbeitszeit ab, sondern richtet sich nach der gepflückten Baumwollmenge. Da eine Frau am Tag ca. 5o kg Baumwolle pflückt und dafür durchschnittlich o,17 Lera je kg erhält, verdient sie nicht mehr als 8,5 Lera pro Tag [1].

Da vor der Agrarreform in den untersuchten Dörfern ein großer Überschuß an männlichen Arbeitskräften herrschte, bildeten die Männer das Gros der Fremdarbeitskräfte. Heute besteht die überwiegende Mehrheit der Lohnarbeiter aus Frauen und Mädchen. Hieran zeigt sich, daß die syrische Landfrau am landwirtschaftlichen Arbeitsprozeß zunehmend teilnimmt. In der Erntezeit arbeitet sie sogar die meiste Zeit auf dem Feld, in der übrigen Zeit des Jahres vorwiegend im Haushalt [2].

Die Landfrauen verrichten auf dem Feld meist nur Erntearbeiten, wie Pflücken von Baumwolle und Ernten von Gemüse, Linsen und Trauben. Ferner obliegt ihnen in den viehhaltenden Betrieben die Versorgung der Tiere. Alle anderen Feldtätigkeiten wie Bodenbearbeitung, Bestellung und Düngung der Äcker werden in der Regel von männlichen Arbeitskräften ausgeführt. Diese Arbeitsteilung, die sich in der Landwirtschaft zwischen den Geschlechtern im Laufe von Generationen herausgebildet hat, blieb bis heute erhalten. Daran hat auch die Agrarreform nichts geändert. Es wurde allerdings die Beobachtung gemacht, daß neuerdings Frauen vermehrt "männliche" Feldarbeiten übernehmen. In Chiha gibt es sogar drei Betriebe, die von weiblichen Arbeitskräften geleitet werden. Diese Entwicklung hängt nicht mit der Bodenreform zusammen, sondern ist auf die Abwanderung vieler männlicher Arbeitskräfte aus der Landwirtschaft zurückzuführen.

---

[1] *Ausgehend von diesem Tagelohn und davon, daß eine Frau im günstigsten Fall zwei Monate im Jahr voll beschäftigt ist, ergibt sich ein Jahresverdienst von nur 5oo Lera. Die Landarbeiter haben unter der Landbevölkerung das niedrigste Einkommen.*

[2] *Zu den wichtigsten Tätigkeiten im Haushalt gehören:*
  a) Versorgung der Kinder und Alten,
  b) Aufbereitung der Nahrungsmittel,
  c) Zubereitung der Mahlzeiten,
  d) Versorgung des Haushalts mit Wasser und Brennmaterialien,
  e) Erledigung der Reinigungsarbeiten und
  f) Waschen und Reinigen der Kleidung.

Die Untersuchung der Arbeitswirtschaft zeigte, daß sich der Arbeitsbedarf bedingt durch die herrschenden Bodennutzungsverhältnisse auf einige Monate im Jahr konzentriert. Folglich sind die vorhandenen Familienarbeitskräfte nur in dieser Zeit ausgelastet, die meiste Zeit im Jahr sind sie mehr oder minder unterbeschäftigt [1]. Allerdings bestehen hinsichtlich der Auslastung der Arbeitskapazität Unterschiede zwischen einem reinen Regenfeldbaubetrieb und einem Teilbewässerungsbetrieb, die anhand eines Vergleiches näher erläutert werden sollen. Zu diesem Zweck seien zwei Betriebe in Chiha ausgewählt. Beide verfügen über die gleiche Anzahl von Arbeitskräften (2 AK) und haben eine annähernd gleiche Betriebsfläche. Der Regenfeldbaubetrieb umfaßt 8 ha, von denen 1,6 ha Rebflächen sind. Die Restfläche war im Erhebungsjahr wie folgt bestellt: 2,2 ha Weizen, o,9 ha Linsen, 1,5 ha Wassermelonen sowie o,8 ha Okra. Der Rest von 1 ha wurde nicht genutzt. Demgegenüber hat der Teilbewässerungsbetrieb 7,5 ha, wovon 2,6 ha bewässert wurden. Auf den unbewässerten Feldern wurden 2 ha Weizen, 1,8 ha Melonen und o,6 ha verschiedene Sommerfrüchte, hauptsächlich Okra, angebaut. Über zwei Drittel der Bewässerungsfläche wurde mit Baumwolle, der Rest mit Gemüse bestellt.

Der Arbeitsaufwand der einzelnen angebauten Kulturen sowie der Gesamtarbeitsaufwand beider Betriebe sind in Tabelle 28 enthalten. Wie hieraus ersichtlich ist, werden von den jeweilig verfügbaren 4 800 AKh im Regenfeldbaubetrieb 1 608 AKh (34 %) und im Teilbewässerungsbetrieb 2 544 AKh (53 %) eingesetzt. In beiden Fällen liegt also eine partielle Auslastung der betrieblichen Arbeitskapazität vor, wobei sich erwartungsgemäß ein höherer Auslastungsgrad im Teilbewässerungsbetrieb zeigt. Hier nimmt allein der Baumwollanbau etwa 6o % der geleisteten Gesamtarbeitszeit ein. Demgegenüber entfallen 46 % des Arbeitsbedarfs im Regenfeldbaubetrieb auf die Rebanlage, 3o % auf den Sommerfrüchteanbau sowie 24 % auf den traditionellen Getreideanbau [2].

---

[1] *Eine Person ist unterbeschäftigt, wenn sie an einem Arbeitstag mehr als eine, jedoch weniger als sechs Arbeitsstunden leistet (vgl. PLANCK und ZICHE, 1979, S. 39o f.).*

[2] *In Regenfeldbaubetrieben ohne Rebanlagen ist die Auslastung der Familienarbeitskräfte noch viel geringer. Daher und weil sie ein niedrigeres Einkommen haben, suchen viele Inhaber solcher Betriebe eine außerlandwirtschaftliche Beschäftigung. Etwa 4o % der Besitzer von Regenfeldbaubetrieben üben eine zusätzliche Erwerbstätigkeit aus.*

Tabelle 28: Arbeitsaufwand in einem Regenfeldbaubetrieb und einem Teilbewässerungsbetrieb in Chiha in AKh

Monat	Regenfeldbaubetrieb (8 ha, 2 AK)							Teilbewässerungsbetrieb (7,5 ha, 2 AK)						
	2,2 ha Weizen	0,9 ha Linsen	1,5 ha Melonen	0,8 ha Okra	1,6 ha Trauben	AKh insgesamt	AKh je Tag	2,0 ha Weizen	1,8 ha Melonen	0,6 ha Okra	1,8 ha Baumwolle	0,8 ha Gemüse	AKh insgesamt	AKh je Tag
Januar	-	-	-	-	160	160	3,2	-	-	-	-	-	-	-
Februar	88	32	-	-	-	120	2,4	72	-	-	-	48	120	2,4
März	-	-	-	-	96	96	1,9	-	-	-	72	64	136	2,7
April	-	-	32	24	-	56	1,1	-	32	8	284	96	420	8,4
Mai	24	104	120	48	-	296	5,9	24	96	40	128	56	344	6,9
Juni	-	80	32	24	-	136	2,7	-	32	24	120	56	232	4,6
Juli	-	-	56	48	-	104	2,1	-	48	36	144	72	300	6,0
August	-	-	24	32	56	112	2,2	-	24	32	124	80	260	5,2
September	-	-	8	32	192	232	4,6	-	16	16	480	36	548	11,0
Oktober	-	-	-	-	104	104	2,1	-	-	-	120	16	136	2,7
November	56	8	-	-	-	64	1,3	48	-	-	-	-	48	1,0
Dezember	-	-	-	-	128	128	2,6	-	-	-	-	-	-	-
Insgesamt	168	224	272	208	736	1608	2,7	144	248	156	1472	524	2544	4,2

Quelle: eigene Erhebung

Um die zeitliche Verteilung der landwirtschaftlichen Arbeit im Jahresablauf anschaulicher und die dabei auftretende Saisonalität der Feldarbeit sichtbar zu machen, wurden die im Teilbewässerungsbetrieb erhobenen arbeitswirtschaftlichen Daten in eine Kreisdarstellung gebracht (Abb. 4). Daraus geht hervor, daß die Familienarbeitskräfte im Dezember und Januar unbeschäftigt, im April und September überbeschäftigt und in den übrigen Monaten voll- oder unterbeschäftigt sind. Die größte Arbeitsspitze tritt im September auf während der Ernte von Baumwolle und verschiedenen Sommerfrüchten. In diesem Monat tritt sogar Überbeschäftigung ein, denn täglich leistet eine Familienarbeitskraft mehr als 10 Arbeitsstunden.

Nach Angaben der Landwirte in den untersuchten Dörfern beträgt der Gesamtarbeitsaufwand für einen Hektar Weizen 70-80 AKh, Linsen und Gerste jeweils 230-250 Akh, Trauben 450 AKh, bewässertes Gemüse 750 AKh und bewässerte Baumwolle 900 AKh [1]. Die Zahlen mögen sich bei einer umfassenderen arbeitswirtschaftlichen Erhebung nach oben bzw. unten verschieben. An ihrer Relation wird sich jedoch dadurch nur wenig ändern. Man kann hieraus folgern, daß der

---

[1] *Linsen und Gerste werden von Hand geerntet und sind daher mit einem höheren Arbeitsaufwand verbunden als Weizen.*

Abbildung 4: Saisonalität der Feldarbeit am Beispiel eines Teilbewässerungsbetriebes im Dorf Chiha

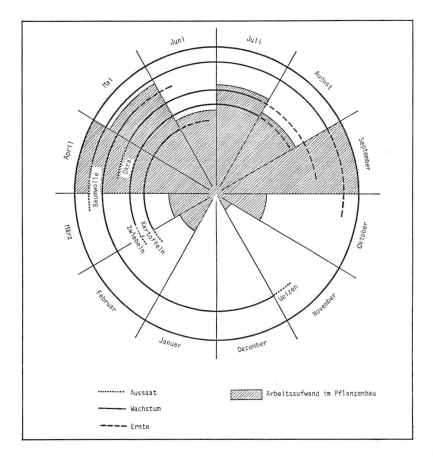

Quelle: eigene Erhebung (entworfen in Anlehnung an PLANCK und ZICHE, 1979, S. 2o9).

Arbeitsaufwand eines Hektars Baumwolle mehr als zehnmal so groß ist wie derjenige eines Hektars Weizen. Ebenso erfordert der Anbau von Trauben viel mehr Arbeit als der Weizenanbau.

Diesen Abschnitt abschließend sollen nun die Veränderungen der Arbeitsverhältnisse in den untersuchten Dörfern behandelt werden. Die landlosen Familien waren vor der Agrarreform diejenigen, die ständig Fremdarbeit geleistet hatten. 72 % aller befragten Bodenreformbauern waren frühere Landarbeiter. Heute gibt es demgegenüber weder in Chiha noch in Mecherfe oder Tiesien Landarbeiterfamilien. Die Bodenreform hat also die Fremdarbeit in diesen Dörfern weitgehend zugunsten der Familienarbeitsverfassung beseitigt.

Darüber hinaus hat sich die innerbetriebliche Unterbeschäftigung seit der Agrarreform erheblich verringert. Zwei Faktoren waren es, die zu dieser Veränderung beitrugen. Als erste Ursache ist in diesem Zusammenhang die in vielen Betrieben erfolgte Anbauintensivierung zu nennen. Sowohl die Erweiterung der Rebanlagen als auch die Ausweitung des Bewässerungsareals erforderten einen Mehreinsatz an Arbeit. Beide Maßnahmen führten zur Reaktivierung brachliegender Arbeitskraft im Betrieb [1].

Die entscheidende Rolle bei der Verringerung der Unterbeschäftigung fiel jedoch dem ständigen Abzug von Arbeitskräften aus der Landwirtschaft zu. Viele Familienmitglieder wohnen zwar im Dorf, arbeiten jedoch in der Stadt und beteiligen sich nur in einem begrenzten Umfang am landwirtschaftlichen Arbeitsprozeß. Ohne diese Abwanderung, die sich in allen Dörfern seit Jahren bemerkbar macht, wäre die Unterbeschäftigung in den untersuchten Betrieben um einiges höher, als sie heute ist.

6.2. Technische und wirtschaftliche Veränderungen

6.2.1. Modernisierung der Landwirtschaft

Die Modernisierung der Landwirtschaft zählt nicht zu den direkten Zielen der syrischen Agrarreform, steht jedoch in einer engen Beziehung zu den Reformzielen Produktionserhöhung und Verbesserung der Lebensverhältnisse der Bodenbewirtschafter. Die Verwirklichung beider Ziele hängt entscheidend von der Modernisierung ab, denn ohne die Erneuerung überholter Anbaupraktiken

---

[1] *Der Anbau eines Hektars mit den traditionellen Winter- und Sommerkulturen erfordert etwa 15o AKh. Demgegenüber benötigt man für den Anbau eines Hektars Trauben das Dreifache, eines Hektars bewässerter Kulturen das Fünffache. Daraus läßt sich erkennen, wie groß die Reaktivierung brachliegender Arbeitskräfte war.*

und ohne die Einführung moderner Technologien kann die Agrarproduktion nicht gesteigert werden, was wiederum eine Voraussetzung für die Anhebung der bäuerlichen Einkommen ist. Die Modernisierung der Landwirtschaft ist also nicht Selbstzweck, sondern eine unabdingbare Voraussetzung zur Erreichung anderer wirtschaftlicher und sozialer Zielsetzungen.

Im produktionstechnischen Bereich unterscheidet man zwei Arten von Neuerungen, die mit einem Modernisierungseffekt verbunden sind: (1) Neuerungen, die als mechanisch-technischer Fortschritt in erster Linie arbeitssparend wirken, wie z.B. landwirtschaftliche Maschinen und neue technische Arbeitsverfahren, und (2) Neuerungen, die aus dem biologisch-technischen Fortschritt resultieren und die direkt zur Ertragssteigerung beitragen, wie beispielsweise Düngemittel und verbessertes Saatgut. In diesem Abschnitt wird untersucht, welche Neuerungen wann in den befragten Betrieben zum Einsatz kamen, und ferner, welche Rolle die Agrarreform hierbei spielte.

6.2.1.1. Verbreitung von landwirtschaftlichen Maschinen

Die Verbreitung landwirtschaftlicher Maschinen begann im Untersuchungsgebiet bereits vor der Agrarreform. Zu Beginn der 5oer Jahre wurden die ersten Traktoren eingeführt; einige Jahre danach folgten die Mähdrescher. Mecherfe war eines der ersten Dörfer in dem Traktoren eingesetzt wurden. Der ehemalige Agrarunternehmer, dem das Dorf gehörte, führte hier 1953 diese Neuerung ein. Etwa zur gleichen Zeit verbreitete sie sich auch in den übrigen untersuchten Dörfern Bserin, Chiha und Tiesien. Nicht die Großgrundbesitzer waren dort die Träger der Innovation, sondern private Lohnunternehmer aus den benachbarten Städten Hama, Homs und Maharde.

Von den befragten Bauern gaben 38 % an, daß sie schon vor der Bodenreform einen Schlepper in ihren Betrieben verwendet hatten. Nur 18 % setzten jedoch zu dieser Zeit bereits Mähdrescher ein. Abbildung 5 zeigt den Verlauf des Diffusionsprozesses der Schlepperinnovation in den untersuchten Dörfern im Zeitablauf. Die Diffusion dieser Neuerung nahm etwa 2o Jahre in Anspruch und verlief auch in Bserin, wo keine Agrarreform durchgeführt wurde, ähnlich und im gleichen Zeitraum. Dies steht nicht im Einklang mit der Hypothese, daß die Reformmaßnahmen unmittelbar die Mechanisierung der Bodenbearbeitung und die Verbreitung des Mähdreschers beeinflußten. Die Bodenreform hat die Mechani-

Abbildung 5: <u>Verlauf der Diffusion der Schleppernutzung in den Untersuchungsdörfern</u>

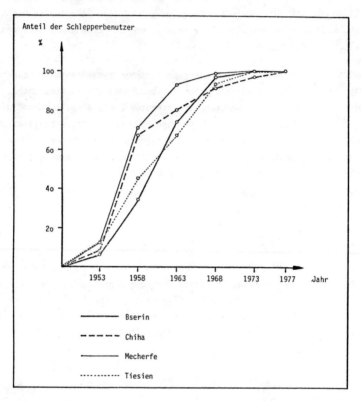

sierung der Landwirtschaft weder gefördert noch behindert. Die Unterschiede der Entwicklung liegen mehr auf organisatorischem Gebiet.

Schlepper und Mähdrescher wurden im Erhebungsjahr in den Untersuchungsdörfern fast in jedem Betrieb eingesetzt. Alle befragten Betriebe bearbeiteten den Boden mit Schleppern, verwendeten jedoch Schlepper nicht für Transporte und andere landwirtschaftliche Arbeiten. Allerdings wurde nicht die gesamte Betriebsfläche mit Hilfe von Schleppern gepflügt. Schätzungsweise hatten die Bauern auf einem Drittel der Ackerfläche den von Tieren gezogenen Hakenpflug verwendet. Zugtiere werden vor allem im Gemüseanbau und auf den Rebfeldern, beim Ziehen der Aussaatfurchen, sowie bei der Ernte von Zuckerrüben und Kartoffeln eingesetzt.

Die in den Untersuchungsdörfern eingesetzten Schlepper gehören entweder Lohnunternehmern, der örtlichen Genossenschaft oder den Bauern selbst. Von den befragten Landwirten ließen im Untersuchungsjahr 61 % ihre Felder durch Lohnunternehmer pflügen, 31 % durch Genossenschaftsschlepper und die restlichen 8 % benutzten den eigenen Traktor. Der Preis, den die Genossenschaft für das Pflügen eines Hektars mit dem Scheibenpflug verlangte, betrug 4o Lera. Für das Einebnen des Bodens mit Hilfe eines Kultivators mußten 15 Lera je Hektar zusätzlich bezahlt werden. Die Preise der Lohnunternehmer lagen etwas höher. Dennoch werden sie von den Landwirten bevorzugt, weil sie im Gegensatz zur Genossenschaft im allgemeinen die vereinbarten Termine einhalten. Bei den Genossenschaftsschleppern fehlen oft die Schlepperfahrer und fast immer gibt es Engpässe bei der Ersatzteillieferung, die zu langen Ausfallzeiten führen [1]. Dieser Ausfall macht einerseits die termingerechte Verfügbarkeit von Genossenschaftsschleppern unsicher und beeinträchtigt andererseits die Wirtschaftlichkeit ihres Einsatzes. Wegen der niedrigen Zahl von Einsatzstunden sind die Gesamteinnahmen je Genossenschaftsschlepper gering. Während die Lohnunternehmer aus dem Einsatz ihrer Schlepper Gewinne erzielen, erbringen die Traktoren den Genossenschaften zum Teil hohe Verluste [2].

Weizen und teilweise auch Gerste werden maschinell geerntet, alle anderen Anbaufrüchte erntet man nach wie vor von Hand (Tab. 29). Mähdrescher wurden, wie die Befragung ergab, in allen vier Dörfern und in fast sämtlichen Unter-

---

[1] *Im Untersuchungsjahr 1977 waren nur 2 von insgesamt 6 Schleppern, die der Genossenschaft von Mecherfe in diesem Jahr gehörten, funktionsfähig, die anderen 4 waren reparaturbedürftig und wurden das ganze Jahr über nicht eingesetzt. Auch in Chiha war nur einer von drei Traktoren in Betrieb.*

[2] *Mit dem Genossenschaftsschlepper von Chiha wurden im Jahre 1976 nicht mehr als 21o ha Land bearbeitet. Dieser niedrige Auslastungsgrad führte zu folgenden Verlusten in der Bilanz:*

Gesamteinnahmen	11 5o7 *Lera*
minus Reparaturkosten, Ersatzteile und Dieselöl	8 752 *Lera*
Fahrergehalt	4 861 *Lera*
Abschreibung	2 1oo *Lera*
Verlust	4 2o6 *Lera*

Tabelle 29: **Mechanisierung des Ackerbaues in den Untersuchungsdörfern 1977**

Anbaufrucht / Tätigkeit	Weizen [1]	Gerste	Linsen	Baumwolle	Zuckerrüben	Trauben	Gemüse
Pflügen	mechanisiert	mechanisiert	mechanisiert	mechanisiert	mechanisiert	Gespannarbeit	teils mechanisiert
Säen/pflanzen	Handarbeit	Handarbeit	Handarbeit	Handarbeit	Handarbeit	Handarbeit	Handarbeit
Bewässern	Handarbeit	-	-	teils mechanisiert	Handarbeit	-	teils mechanisiert
Hacken/jäten	-	-	-	Handarbeit	Handarbeit	-	-
Düngen	-	-	-	Handarbeit	Handarbeit	-	Handarbeit
Spritzen	-	-	-	Handarbeit	Handarbeit	Handarbeit	-
Ernten/pflücken	mechanisiert	Handarbeit	Handarbeit	Handarbeit	Hand- und Gespannarbeit	Handarbeit	Handarbeit

[1] Bewässerter Weizen wird meist von Hand abgeerntet; auch seine Düngung wird durch Handarbeit verrichtet.
Quelle: eigene Erhebung

suchungsbetrieben (97 %) eingesetzt. In den restlichen Betrieben (6 von insgesamt 188) war die angebaute Weizenfläche zu klein für den Mähdrescher-einsatz. Der Weizen wurde in diesen Fällen mit der Sichel geerntet.

Die ersten Besitzer von Mähdreschern waren Lohnunternehmer, die für das Abernten der Getreidefelder von den Bauern entweder einen Teil der Ernte oder Bargeld erhielten. 1966 bekam die Genossenschaft von Mecherfe ihren ersten Mähdrescher, der jedoch inzwischen veraltet und außer Betrieb ist. Die Anschaffung eines neuen Mähdreschers wurde nicht mehr erwogen, weil der erste von Anfang an jedes Jahr in der Abschlußrechnung hohe Verluste aufwies. Auch die Genossenschaft in Chiha verfügt über einen eigenen Mähdrescher, der 1971 gekauft wurde und im Erhebungsjahr noch voll einsatzfähig war. Damit wurde 1977 allerdings nicht mehr als 26o ha Weizen abgeerntet; eine außerordentlich geringe Auslastung für einen Mähdrescher. Deshalb, und weil die Genossenschaft niedrigere Preise für den Mähdrusch verlangte als die Privatunternehmer, entstanden hohe Verluste in der Abschlußrechnung [1].

---

[1] *Für das Abernten eines Hektars Weizens zahlen die Bauern an die Genossenschaft 6o Lera, dem Lohnunternehmer dagegen 9o Lera. Die Preise für die Genossenschaftsmähdrescher werden staatlich festgelegt und dürfen nicht überschritten werden. So hat die Genossenschaft nicht die Möglichkeit, kostendeckend zu arbeiten. Im Vorerhebungsjahr erlitt die Genossenschaft von Chiha mit dem Mähdrescher einen Verlust von 7 163 Lera (Buchhaltungshefte der Genossenschaft von Chiha, 1976, S. 189 f.).*

6.2.1.2. Mechanisierung der Bewässerung und Ausdehnung des Bewässerungsareals

Zu den wichtigsten Innovationen, die nach der Agrarreform in vielen Betrieben eingeführt wurden, gehört die Bohrung von Tiefbrunnen und die Wasserförderung mit Motorpumpen. Pumpenbewässerung gab es zuvor in begrenztem Umfang nur in Mecherfe.

197o wurde in Chiha der erste Rohrbrunnen in einem Agrarreformdorf mit Krediten der dortigen Genossenschaft errichtet. Neun Agrarreformbauern schlossen sich zu diesem Zweck zusammen und beantragten einen gemeinsamen Genossenschaftskredit, mit dem sie eine Motorpumpe kauften. Zuvor hatten sie aus eigenen Mitteln die Bohrung des Brunnenschachtes finanziert. Da die Zahl der Brunnenteilhaber zu groß war und sie sich über die Wasserverteilung nicht einigen konnten, wurde der Brunnen bereits ein Jahr danach stillgelegt. Zwei Jahre später, also 1973, unternahmen die Landwirte einen Versuch, drei Brunnen anzulegen. Jeweils drei Reformbauern beteiligten sich diesmal am Bau eines Brunnen. Seitdem stieg die Anzahl der Brunnen in Chiha; sie betrug im Erhebungsjahr 1o Brunnen, die insgesamt 31 Bauern gehörten. Damit werden 1oo ha Land bewässert.

Die größten Fortschritte im Bereich der Bewässerung und ihrer Mechanisierung haben im Untersuchungsdorf Tiesien und dort speziell in den Teilpachtbetrieben stattgefunden. Von insgesamt 57 Tiefbrunnen, die in der Zeit von 1972 bis 1977 in diesem Dorf angelegt wurden, verfügen die Teilpächter über 5o, mit denen sie in 65 Betrieben 8o2 ha LN bewässern. Die restlichen 7 Brunnen sind im Besitz von 74 Agrarreformbauern, die damit 174 ha LN bewässern können (Tab. 3o).

Tabelle 3o: Zahl, Bewässerungsfläche und Bewässerungsleistung von Tiefbrunnen in Tiesien, 1972 - 1977

Jahr	Agrarreformbetriebe			Teilpachtbetriebe			alle Betriebe		
	Anzahl der Brunnen	bewässerte Fläche in ha	bewässerte Fläche je Brunnen	Anzahl der Brunnen	bewässerte Fläche in ha	bewässerte Fläche je Brunnen	Anzahl der Brunnen	bewässerte Fläche in ha	bewässerte Fläche je Brunnen
1972	2	65	32,5	1	1o	1o,o	3	75	25,o
1973	5	155	31,o	7	138	19,7	12	293	24,4
1974	6	17o	28,3	14	261	18,6	2o	431	21,6
1975	6	17o	28,3	21	368	17,5	27	538	19,9
1976	6	17o	28,3	24	412	17,2	3o	582	19,4
1977	7	174	24,9	5o	8o2	16,o	57	976	17,1

Quelle: eigene Erhebung

Während fast jeder Teilpächter einen Rohrbrunnen hat, besitzen durchschnittlich drei Agrarreformbauern in Chiha und sogar nur je zehn in Tiesien zusammen je einen Tiefbrunnen. Die installierten Brunnen haben lange Rohre mit einem Durchmesser von 4 Inch (1o,16 cm) oder 6 Inch (15,24 cm), die 12o-15o m in die Tiefe reichen. Die Leistung der Motorpumpen liegt durchschnittlich bei 2o-3o PS. Nach Angaben der Landwirte im Untersuchungsgebiet können mit dem Wasserausstoß eines Rohrbrunnens mittlerer Größenordnung rund 15 ha LN bewässert werden. In Tiesien ist die Bewässerung in den Teilpachtbetrieben intensiver als in den Bodenreformbetrieben. Bei ungefähr gleicher Förderleistung bewässern die Teilpächter je Brunnen 16 ha, wohingegen die Agrarreformbauern das Wasserangebot eines Brunnens auf das Anderthalbfache, nämlich 24,9 ha LN verteilen müssen.

Im Untersuchungsdorf Mecherfe wurden nach der Agrarreform keine neuen Brunnen angelegt. Im Gegenteil, hier mußten viele der alten Oberflächenbrunnen wegen sinkendem Grundwasserspiegel aufgegeben werden [1]. Auch die Ergiebigkeit noch bestehender Brunnen hat aus dem gleichen Grund stark nachgelassen. Früher wurden mit dem Wasserausstoß solcher Brunnen bis zu 5 ha LN bewässert, heute reicht das Wasser in trockenen Jahren kaum für die Bewässerung eines einzigen Hektars aus.

In den untersuchten Betrieben variiert der Umfang des Bewässerungsareales von Dorf zu Dorf und von Betriebstyp zu Betriebstyp. Wie aus Tabelle 31 hervorgeht, liegt die durchschnittliche Bewässerungsfläche bei 4,9 ha; sie ist in Tiesien und in den Teilpachtbetrieben am größten und in Bserin und in den Eigentumsbetrieben am kleinsten. Dieselbe Tabelle zeigt einen positiven Zusammenhang zwischen der Betriebsgröße und der Bewässerungsfläche. In jedem Untersuchungsdorf nimmt der Umfang des Bewässerungslandes mit steigender Betriebsgröße zu. Die Teilpächter von Tiesien haben die größeren Bewässerungsareale; während jeder von ihnen im Durchschnitt über 11 ha bewässertes Land verfügt, hat ein Bodenreformbetrieb 2 ha, ein Eigentumsbetrieb sogar nur 1,3 ha LN.

---

[1] *In den östlichen Teilen der Hama-Homs-Agrarregion mußten in den 6oer Jahren immer mehr Brunnen stillgelegt werden, was zu einem erheblichen Rückgang der pumpenbewässerten Flächen führte. Dies ist nach WIRTH u.a. auf die Überbeanspruchung der Grundwasservorräte in dieser Region zurückzuführen (vgl. WIRTH, 1971, S. 2o3 f.).*

Tabelle 31: <u>Umfang der durchschnittlichen Bewässerungsfläche in ha in den untersuchten Teilbewässerungsbetrieben in Abhängigkeit von der Betriebsgröße</u> (n = 118)

Betriebsgröße in ha	Bserin	Chiha	Mecherfe	Tiesien	alle Dörfer
unter 5	1,0 (n= 6)	2,0 (n= 1)	1,6 (n= 3)	1,5 (n=11)	1,4 (n=21)
5 - 1o	1,3 (n=14)	3,1 (n= 7)	1,7 (n=1o)	2,9 (n=17)	2,2 (n=48)
1o - 2o	1,6 (n= 7)	2,2 (n= 2)	1,8 (n= 5)	8,7 (n=11)	4,8 (n=25)
über 2o	-	-	-	13,2 (n=24)	13,2 (n=24)
Insgesamt	1,3 (n=27)	2,8 (n=1o)	1,7 (n=18)	7,6 (n=63)	4,9(n=118)

Quelle: eigene Erhebung

Die im Untersuchungsgebiet angewandten Bewässerungsmethoden haben sich seit der Agrarreform nicht geändert. Beckenbewässerung ist das am häufigsten praktizierte Verfahren. Dabei werden die Felder in mehrere kleine Becken unterteilt, die von Erdwällen umgeben sind und ein geringes Gefälle haben. Neuerdings werden diese Erdwälle mit Hilfe eines Gerätes aufgeworfen, das von einem Schlepper gezogen wird. Die Beckenbewässerung wird vor allem im Baumwoll- und Gemüsebau angewandt. Sie ist deshalb so stark verbreitet, weil es sich hierbei um eine einfache und relativ billige Bewässerungsmethode handelt, die allerdings, wie jedes Flächenbewässerungsverfahren, viel Wasser verbraucht [1].

Hinsichtlich der Organisation der Bewässerung bestehen zwischen den untersuchten Betrieben und Dörfern keinerlei Unterschiede. Die Tiefbrunnen werden mitten auf dem Feld angelegt, ein Kanalsystem, mit dessen Hilfe weit entfernt liegende Felder bewässert werden können, existiert nicht. Und so werden nur die Felder in der unmittelbaren Umgebung der Brunnen bewässert, die anderen baut man im Regenfeldbau an. Außerdem findet in den Betrieben keine permanente Bewässerung statt, da die Pumpen grundsätzlich nur im Frühjahr und Sommer eingesetzt werden. Eine Bewässerung der Weizenfelder in der Winterzeit wird nicht durchgeführt, obwohl sie in manchen trockenen Jahren erforderlich wäre. Aber auch während der Bewässerungszeit tauchen oft Schwierigkeiten auf, die zu einer Unterbrechung der Bewässerung führen, z.B. Motorausfall oder Verknappung von Dieselkraftstoff. Da die Reparaturarbeiten nur in den Werkstätten von Hama und Homs vorgenommen werden können, dauert es manchmal Monate bis zum erneuten

---

[1] *Bei der Beckenbewässerung können Wasserverluste bis zu 5o % auftreten (vgl. SCHENDEL, 1971, S. 159).*

Einsatz des Motors. Ein längerer Bewässerungsausfall ist zumeist mit großen Ertragseinbußen verbunden. Sehr schwerwiegend und auf eine optimale Nutzung des vorhandenen Wassers nachteilig wirkt darüber hinaus die Tatsache, daß die Bauern selbst über keinerlei Informationen hinsichtlich des richtigen Zeitpunktes und der Dauer der Bewässerung sowie des Wasserbedarfes der einzelnen Kulturpflanzen verfügen. Diesbezüglich werden sie weder von der Genossenschaft noch von anderen landwirtschaftlichen Stellen beraten. Alle erwähnten Gegebenheiten und Faktoren erschweren den optimalen Einsatz des knappen Produktionsfaktors Wasser.

Abschließend läßt sich feststellen, daß sich die Agrarreform auf die Bewässerungswirtschaft dort günstig ausgewirkt hat, wo durch die Bohrung von Tiefbrunnen Wasser gefördert und im Baumwoll- und Gemüseanbau gewinnbringend eingesetzt werden konnte. Die Initiative ging dabei von den Bauern selbst aus; Eigenmittel- und Genossenschaftskredite ermöglichten die Finanzierung. Mangels Beratung kam es jedoch zu keinen wesentlichen Innovationen im Bereich der Bewässerungstechnologie, sieht man von der Einführung von Motorpumpen ab.

6.2.1.3. Die Verwendung produktionssteigernder Betriebsmittel

Ertragssteigernde Betriebsmittel wie Mineraldünger, verbessertes Saatgut und Pflanzenschutzmittel werden normalerweise nur für den Anbau von Baumwolle, Zuckerrüben sowie teilweise von Kartoffeln, Zwiebeln und einigen Gemüsesorten benutzt. Unbewässerte Kulturen werden selbst in den gut beregneten Gebieten, wo Düngergaben erforderlich und nützlich wären, ohne die Benutzung von Handelsdünger angebaut. Darüber hinaus sind derartige Betriebsmittel nicht beliebig verfügbar. Über ihre Verwendung entscheiden staatliche Stellen wie die Landwirtschaftsbank sowie die Zucker- und Trockenzwiebelfabrik. Sie bestimmen jährlich, welche Sorten anzubauen sind sowie Art und Einsatzmenge des Mineraldüngers.

Die Baumwollanbauer müssen vor Beginn des landwirtschaftlichen Jahres bei der Landwirtschaftsbank die benötigten Betriebsmittel beantragen. Gemäß der beabsichtigten Anbaufläche erhalten sie die vom Staat für den Anbau je Hektar vorgeschriebenen Saat- und Düngermengen. Bewässerungslandwirte werden bei der Verteilung bevorzugt, und nur bei vorhandenen Restbeständen an Mineraldünger werden die anderen Bauern berücksichtigt. Ähnlich verläuft die Zuteilung beim Zuckerrüben- und Zwiebelanbau. Die Produzenten schließen jedes Jahr einen Anbauvertrag mit der jeweiligen Fabrik ab und erhalten von ihr die der Anbaufläche entsprechenden Mengen an Saatgut und Mineraldünger. Differenzen im Düngemitteleinsatz je Hektar, aus denen Produktivitätsunterschiede entstehen können, sind durch dieses Zuteilungsverfahren ausgeschaltet. In allen untersuchten Betrieben sind die erzielten Hektarerträge deshalb annähernd gleich.

Die befragten Betriebe, die Bewässerungslandwirtschaft betreiben, haben im Erhebungsjahr für den Anbau von Baumwolle, Zuckerrüben und teilweise von Kartoffeln, Zwiebeln und Gemüse verbessertes Saatgut benutzt. Dagegen wurden im Getreidebau nur die bekannten lokalen Getreidesorten Bayyadhi, Haurani und Franzieh angebaut. In Tiesien und Chiha, den besser beregneten Untersuchungsdörfern, wurde 1970 versuchsweise die neue hochertragsreiche Weizensorte Maxipak ausgesät. Die geernteten Weizenerträge waren jedoch sehr niedrig, weil die Einführung von Maxipak in einem niederschlagsarmen Jahr erfolgte, in dem die relativ hohen Wasseransprüche dieser Sorte nicht befriedigt wurden, und weil bei deren Anbau nicht die erforderlichen Mineraldüngermengen eingesetzt wurden [1]. Die Bauern erhielten Maxipak, ohne über ihre Anbaubedingungen richtig informiert worden zu sein. Seit diesem Fehlschlag bauen sie wieder ihre früheren Getreidesorten an. Für den Maxipakanbau bestehen heute vor allem in Tiesien sehr gute Erfolgsaussichten, da die Wasserversorgung durch die künstliche Bewässerung gesichert ist. Doch diese Chance wird nicht wahrgenommen. Die Initiative hierzu muß vom Staat kommen, der allerdings nicht genügend Saatgut an Maxipak oder ähnlich hochertragsreichen Weizensorten besitzt.

Die gesamte Zuckerrübenanbaufläche, nahezu die ganze Baumwollanbaufläche und die Hälfte der Zwiebelanbaufläche in den untersuchten Dörfern wurde im Erhebungsjahr mit verbessertem Saatgut bestellt. Lokale Baumwollsorten bauten nur einige Landwirte in Chiha an, die über kein Bewässerungswasser verfügen. Im Zwiebelanbau benutzten nur diejenigen Bauern, die mit der Zwiebelfabrik in Salamiyeh Anbauverträge abgeschlossen hatten, verbessertes Pflanzgut. Auch im Gemüse- und Kartoffelbau wurden nicht durchweg verbesserte Sorten verwendet. Zum Teil geht dies auf Versorgungsschwierigkeiten zurück. Nur die Versorgung mit verbesserter Baumwoll- und Zuckerrübensaat funktioniert einwandfrei. Bei

---

[1] *Im Jahr 1970 betrug die Regenmenge in Hama nur 253 mm, die niedrigste seit Jahren. Der durchschnittliche Ertrag für Weizen lag bei nur 4,7 dz je Hektar, das ist ebenfalls der niedrigste Durchschnittsertrag seit 1960 (vgl. Statistical Abstract, 1971, S. 74 und S. 232).*

den übrigen Anbaufrüchten erfolgt sie selten zufriedenstellend. So erhielten die Landwirte im Untersuchungsjahr nur ein Zwölftel des von ihnen vorbestellten Kartoffelpflanzgutes; sie mußten deshalb die Anbaufläche entweder einschränken oder mit lokalen Sorten bestellen. In beiden Fällen hatten sie Ertragseinbußen hinzunehmen.

Ebenso wie im ganzen Lande war auch im Untersuchungsgebiet die Verwendung von Dünger vor der Bodenreform sehr begrenzt. Mineraldünger wurden so gut wie keine eingesetzt und nur ein Teil der organischen Dünger wurden hauptsächlich für den Gemüseanbau benutzt [1]. Ein Großteil des Tierdungs wurde früher und wird heute noch in vielen Dörfern, darunter Tiesien und Bserin, als Brennstoff verwendet und damit der Landwirtschaft entzogen. Diese Verhältnisse haben sich jedoch nach der Agrarreform verändert. Die Mehrzahl der untersuchten Betriebe (69 %), darunter alle diejenigen, die Bewässerungslandwirtschaft betreiben, streuten im Erhebungsjahr Mineraldünger. Baumwolle, Zuckerrüben, Zwiebeln und Kartoffeln gehören zu den Kulturpflanzen, die Düngergaben erhalten, während alle Kulturen des Regenfeldbaues keine mineralischen Dünger bekommen. Gemüse und Weizen werden allenfalls gedüngt, wenn die Anbaufelder bewässert werden.

Der Anstieg im Düngemittelverbrauch in den Untersuchungsdörfern läßt sich im wesentlichen auf zwei Faktoren zurückführen: zum einen die Erweiterung des Bewässerungsareales in den Untersuchungsdörfern, die den Düngereinsatz lohnend macht, und zum anderen die staatlichen Förderungsmaßnahmen, wozu die Erhöhung der Düngerimporte sowie die Aufnahme der eigenen Mineraldüngerproduktion im Lande gehören.

Die einzelbetrieblichen Aufwendungen für Mineraldünger sind in den untersuchten Dörfern und Betrieben, wie sich gezeigt hat, unterschiedlich. 1976 schwankten sie zwischen loo und 7 ooo Lera und lagen im Durchschnitt bei 1 2oo Lera pro Betrieb. Die Landwirte in Mecherfe hatten dabei die geringsten, die in Tiesien die höchsten Aufwendungen (Tab. 32). Besonders groß waren die diesbezüglichen Unterschiede zwischen den Teilpächtern einerseits und den Bodenreformbauern und Eigentumsbauern andererseits. Ein Teilpachtbetrieb gab 1976 für Düngemittel im Durchschnitt 2 553 Lera aus gegenüber 345 Lera je Agrar-

---

[1] *Im Jahre 1956, also zwei Jahre vor der Reformdurchführung, betrug der Düngerverbrauch in ganz Syrien knapp 5 ooo Tonnen (vgl. Abschnitt 7.3.).*

Tabelle 32: __Durchschnittliche Ausgaben für Mineraldünger in Lera in Abhängigkeit von der Bewässerungsfläche__ (n = 130)

Bewässerungs-fläche in ha	Bserin	Chiha	Mecherfe	Tiesien	alle Dörfer
0	-	243 (n= 7)	150 (n= 4)	200 (n= 1)	208 (n= 12)
0,1 - 2	581 (n=24)	475 (n= 2)	538 (n=12)	523 (n=13)	552 (n= 51)
2,1 - 5	1 067 (n= 3)	1 288 (n= 8)	967 (n= 6)	790 (n=16)	968 (n= 33)
5,1 und mehr	-	-	-	2 750 (n=34)	2 750 (n= 34)
insgesamt	635 (n=27)	762 (n=17)	584 (n=22)	1 768 (n=64)	1 201 (n=130)

Quelle: eigene Erhebung

reformbetrieb und 490 Lera je Eigentumsbetrieb [1]. Die Düngerausgaben eines Betriebes betragen ungefähr 10-15 % seines gesamten Sachaufwandes (Tab. 34).

Der einzelbetriebliche Düngemitteleinsatz hängt eindeutig von der Ausstattung der Betriebe mit Bewässerungsland ab. Abbildung 6 stellt in Form einer Regressionsgeraden diese Abhängigkeit zwischen den beiden Variablen Ausgaben für Dünger und Größe des bewässerten Landes dar [2]. Daraus geht eindeutig hervor, daß sich die Düngeraufwendungen mit steigender Bewässerungsfläche erhöhen.

---

[1] *Die Prüfung des Mittelwertunterschiedes der verschiedenen Betriebstypen durch den t-Test ergab einen signifikanten Unterschied zwischen den Teilpächtern (a) einerseits und den Agrarreformbauern (b) bzw. Eigentumsbauern (c) andererseits. Dagegen konnte kein Unterschied zwischen beiden Letztgenannten festgestellt werden:*

$a, b: t = 8,47 > t_{tab.} = 3,55 \quad (FG = 40; \alpha = 0,001)$
$a, c: t = 7,71 > t_{tab.} = 3,52 \quad (FG = 44; \alpha = 0,001)$
$b, c: t = 1,75 < t_{tab.} = 3,35 \quad (FG = 147; \alpha = 0,085)$

[2] *Auf eine sehr starke Korrelation zwischen den Düngerausgaben und der Bewässerungsfläche weist der errechnete Produkt-Moment-Korrelationskoeffizient ($r_p = 0,811$) hin.*

Abbildung 6: <u>Düngeraufwendungen in Abhängigkeit von der Bewässerungsfläche im Betrieb</u>

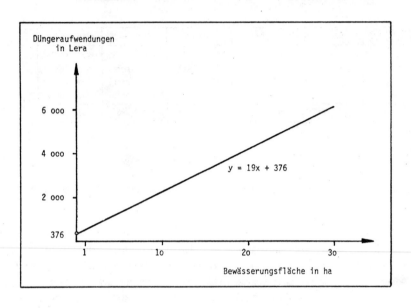

6.2.2. Kapitalbildung und Investitionen

In der Ära der Feudalherrschaft wurde das aus den Grundherrendörfern abgeschöpfte Geld konsumiert, gehortet oder zum Kauf vom Land verwendet und damit die Konzentration des Bodeneigentums verstärkt [1]. An Investitionen in den ländlichen Gebieten oder in der Landwirtschaft bestand bei den Großgrundeigentümern, die damals über große Finanzkraft verfügten, kein Interesse. Ihre rentenkapitalistische Denkweise hat den produktiven Einsatz ihres Kapitals in der Landwirtschaft verhindert. Auch die staatlichen Investitionen in die Landwirtschaft und in die ländliche Infrastruktur waren vor der Agrarreform sehr gering. Deshalb blieben die ländlichen Gebiete unterentwickelt und wuchs die wirtschaftliche und soziale Diskrepanz zwischen Land und Stadt.

---

[1] *"In den agrarischen Feudalgesellschaften verfügen die oberen Schichten zwar über beachtliche Einkommen, die aber als Renteneinkommen meist nicht dem Wirtschaftsaufbau zugute kommt, sondern dem Luxuskonsum oder der wertbeständigen Anlage im Inlande und Auslande dienen" (KRAUS/CREMER, 1967, S. 25).*

Die Bodenbewirtschafter selbst lebten in Armut und Schulden. Von ihnen waren daher Kapitalakkumulation und Investitionen nicht zu erwarten. Einzig die städtischen Agrarunternehmer, die auf die Vergrößerung ihres Profits bedacht waren, investierten in der syrischen Landwirtschaft.

Nach der Agrarreform übernahm der Staat die Aufgabe der Kapitalakkumulation [1]. In seiner Hand liegt seither die Vermarktung von Getreide, Baumwolle und Zuckerrüben. Im Untersuchungsjahr wurde auch die staatliche Gemüsevermarktung angeordnet, konnte jedoch wegen organisatorischer Schwierigkeiten nicht durchgeführt werden. Die Bauern sind verpflichtet, ihre Produkte an den Staat abzuliefern, sie bekommen dafür einen Preis, der vorher festgelegt wird und der immer unterhalb des Marktpreises liegt. Durch die Zwangsablieferung von Agrarerzeugnissen sichert sich der Staat einen Anteil an den erwirtschafteten Erträgen, mit denen er seine Investitionsvorhaben inner- und außerhalb der Landwirtschaft finanziert.

Der Umfang der staatlichen Investitionen im landwirtschaftlichen Bereich hat in den letzten zehn Jahren stark zugenommen. Zu ihnen zählt die Errichtung von Bewässerungsanlagen, Mineraldünger- und Schlepperfabriken sowie von Verarbeitungsbetrieben und Getreidesilos [2].

Als Folge der Landverteilung und Sicherung der Pachtrechte stieg, wie noch im Abschnitt 6.2.4. zu zeigen sein wird, das Einkommen der Bodenbewirtschafter. Da sie zuvor unter schlechten Verhältnissen in Armut gelebt hatten, bestand die Befürchtung, daß sie die gesamten Betriebseinnahmen zur Befriedigung ihrer Konsumwünsche und zur Verbesserung ihres Lebensstandards einsetzen würden. Die vorliegende Untersuchung ergab, daß ein verstärktes konsumtives Verhalten nur bei einem Teil der befragten Reformnutznießer eintrat. Dagegen nahm, insbesondere bei den Teilpächtern und Reformbauern von Tiesien, die Investitionstätigkeit erheblich zu. Diese haben einen Großteil ihrer Einkommenserhöhung im Betrieb investiv angelegt. In erster Linie wurden damit Tiefbrunnen gebohrt und später auch Traktoren gekauft. Das Anlegen eines Brunnens kostet im Durch-

---

[1] Vgl. KUHNEN, 1967, S. 348.

[2] Vor der Agrarreform gab es in Syrien kein einziges Getreidesilo, obwohl das Land damals ein Getreideexportland war und solche Silos benötigte. Heute sind mehr als zehn Getreidesilos vorhanden.

schnitt rund 3o ooo Lera, und der Preis eines Schleppers liegt je nach Motorleistung zwischen 27 ooo und 34 ooo Lera. Diese Beträge stellen für die kleinbäuerlichen Wirtschaften eine enorme Investition dar. Allein in Tiesien wurden innerhalb von sechs Jahren (1972-1977) nahezu 2 Mio. Lera in Schlepper und Rohrbrunnen angelegt, wobei die Teilpächter den weitaus größten Teil (9o %) aufbrachten [1]. Legt man die Gesamtinvestitionssumme auf die einzelnen Betriebe um, so beträgt der Investitionsumfang eines Agrarreformbetriebes 2 838 Lera und der eines Teilpachtbetriebes 37 72o Lera, d.h. mehr als das Dreizehnfache.

In den beiden Dörfern Chiha und Mecherfe wurde nach der Agrarreform in den Betrieben ebenfalls investiert. Allerdings war der Umfang des angelegten Kapitals geringer als in Tiesien. Aber auch im Eigentumsbauerndorf Bserin läßt der Kauf von Schleppern eine zunehmende Investitionsbereitschaft erkennen.

Daß der Investitionsumfang von der Wirtschaftskraft der Betriebe abhängt, zeigt sich ganz deutlich am Schleppererwerb. Seit der Agrarreform kauften 14 der befragten Landwirte einen Traktor: in Tiesien gibt es heute sechs Schlepperbesitzer, in Bserin vier, in Mecherfe drei und in Chiha einen. Alle betreiben Bewässerungslandwirtschaft und die Mehrzahl von ihnen hat relativ große Betriebe. Wie aus Tabelle 33 hervorgeht, besteht zwischen dem Besitz bzw. Nichtbesitz von Schleppern und der Betriebsgröße ein enger Zusammenhang. Ebenso läßt sich eine Korrelation zwischen der Betriebsgröße und dem Besitz von Tiefbrunnen nachweisen. Während die Inhaber von größeren Betrieben ihre eige-

---

[1] *Dieser Rechnung liegen folgende Zahlen zugrunde:*

    1. *Kosten eines Schleppers á 65 PS.*   27 ooo Lera
    2. *Kosten eines Schleppers á 8o PS.*   34 ooo Lera
    3. *Kosten einer Brunnenanlage:*
        a) Bohrungskosten   4 ooo Lera
        b) Motorkosten   8 ooo Lera
        c) Wasserpumpe   18 ooo Lera
        Insgesamt   3o ooo Lera

In Tiesien gibt es:

    57 *Brunnen*   x   3o ooo Lera   1 71o ooo Lera
    5 *Schlepper á 8o PS*   x   34 ooo Lera   17o ooo Lera
    1 *Schlepper á 65 PS*   x   27 ooo Lera   27 ooo Lera

    Investitionssumme insgesamt   1 9o7 ooo Lera

Tabelle 33: Schlepperbesitz in Abhängigkeit von der Betriebsgröße (n = 186)

Betriebsgröße in ha	Schlepperbesitz		Nicht-Schlepperbesitz		Insgesamt	
	abs.	rel.	abs.	rel.	abs.	rel.
unter 5	1	1	32	17	33	18
5 bis unter 1o	3	2	82	44	85	46
1o und mehr	1o	5	58	41	68	36
Insgesamt	14	8	172	92	186	1oo

$\chi^2 = 7.94 > \chi^2_{tab.} = 5,99$ (FG = 2; α = 0,oo5)

Quelle: eigene Erhebung

nen Brunnen haben, teilen die Besitzer kleinerer Betriebe die Anlage mit mehreren anderen Betriebsinhabern oder sie besitzen keinen Brunnen.

Die Bodenreformbauern finanzierten den Bau ihrer Brunnen durch mittelfristige Genossenschaftskredite, deren Bonität durch die Zwangsablieferung von Baumwolle gesichert war. Dagegen nahmen die Teilpächter, die bis heute noch keinen Zugang zu derartigen Krediten haben, das für die Finanzierung erforderliche Geld bei städtischen Geldverleihern auf. Da die Reformbauern verhältnismäßig kleine Betriebe haben und deshalb einzeln keinen Kredit bekommen können, schlossen sich mehrere von ihnen zusammen und beantragten einen Genossenschaftskredit. Daher teilen sich mehrere Reformbauern den Besitz eines Brunnens, während fast jeder Teilpächter seinen eigenen Tiefbrunnen hat.

Der Umfang der genossenschaftlichen Kredite ist, gemessen an dem der privatwirtschaftlichen, gering. Ihre Vorteile liegen in den besseren Kreditbedingungen. So zahlt ein Agrarreformbauer niedrigere Zinsen als ein Teilpächter.

Zur Kapitalbildung in der Landwirtschaft gehört nicht nur die monetäre, sondern auch die nichtmonetäre Kapitalakkumulation, wie die Anlage von Dauerkulturen und die Durchführung von Bodenmeliorationen. Bedingt durch "erhöhte Sicherheit und gesteigerte Erwartungen und Anreize" [1] nimmt im Anschluß an eine Agrarreform diese Form der Kapitalbildung erheblich zu. Diese Festellung konnte durch die Untersuchung teilweise bestätigt werden. Viele Reformbetrie-

---

[1] KUHNEN, 1967, S. 349.

be, vor allem in Chiha, haben nach der Agrarreform die Rebfläche in ihren Betrieben erweitert oder neu angelegt (vgl. Abschnitt 6.1.5.). Zur Pflanzung von Obstbäumen kam es jedoch in keinem der untersuchten Dörfer. Ebenso wurden weder Kanalsysteme für die Bewässerung angelegt, noch Bodenmeliorationen vorgenommen.

Abschließend läßt sich feststellen, daß die Investitionsbereitschaft nach der Agrarreform erheblich gestiegen ist. In vielen der untersuchten Betriebe wurden langfristige Kapitalanlagen geschaffen und Investitionen vorgenommen, die zur Anhebung des Produktivitätsniveaus geführt haben. Da sowohl die Bodenreformbauern als auch die Teilpächter in ihre Betriebe investierten, läßt sich daraus die Schlußfolgerung ziehen, daß der Besitzsicherung ebenso wie der Eigentumsübertragung eine hohe Bedeutung bei der Investitionszunahme zukommt. Ferner wird aus der unterschiedlichen Höhe der Investitionstätigkeiten in den Teilpachtbetrieben und Agrarreformbetrieben sichtbar, welche Rolle die Betriebsgröße hierbei spielt.

6.2.3. Änderung der landwirtschaftlichen Produktion und Produktivität

Eine exakte Analyse über die seit der Agrarreform in den Untersuchungsdörfern eingetretene Produktions- sowie Produktivitätsveränderung läßt sich nicht durchführen, weil die hierzu erforderlichen Daten völlig fehlen. Trotzdem soll in diesem Abschnitt anhand der während der Erhebung gesammelten Informationen zumindest der Trend aufgezeigt werden, wie sich die Agrarproduktion kurz- und langfristig entwickelt hat. Da eine Agrarreform nicht nur auf die Produktionshöhe, sondern ebenso auf die Produktionsrichtung Auswirkungen haben kann [1], werden bei der Untersuchung vorliegender Fragestellung die Änderungen in beiden Bereichen berücksichtigt.

Die landwirtschaftliche Produktion ging unmittelbar nach der Agrarreform in allen untersuchten Dörfern merklich zurück. Zu diesem kurzfristigen Rückgang, der drei Jahre andauerte, führten mehrere Ursachen, die gleichzeitig auftraten. Als erste und weitaus wichtigste Ursache ist die dreijährige Dürreperiode (1958-1961), unter der damals ganz Syrien litt, zu nennen. Die erzielten Hektarerträge verringerten sich infolgedessen in allen Regenfeldbaugebie-

---

[1] Vgl. KUHNEN, 1967, S. 347.

ten, also auch in den vier Untersuchungsdörfern, deren Nutzfläche zu jener Zeit fast ausschließlich ohne Zusatzbewässerung genutzt wurde. Die Produktion sank in diesen Dürrejahren schätzungsweise unter die Hälfte ihres durchschnittlichen Niveaus ab. Wie die Landwirte berichteten, konnten sie drei Jahre lang nicht mehr als 4 dz Getreide je Hektar ernten anstelle von normalerweise lo dz. Da die Produktion sowohl im Eigentumsbauerndorf Bserin als auch im bis dahin noch nicht verteilten Dorf Tiesien in fast gleichem Maße zurückging wie in den beiden Reformdörfern Chiha und Mecherfe, läßt sich folgern, daß der Rückgang in erster Linie durch die Dürre bedingt war. In den beiden letztgenannten Dörfern wurde er durch die während der Landverteilung herrschenden unklaren Rechts- und Besitzverhältnisse sowie ferner durch die Übergabe von Land an ehemalige Landarbeiter verstärkt. Letztere besaßen weder in der selbständigen Bodenbewirtschaftung noch in der Betriebsführung Kenntnisse und erhielten keinerlei technische Unterweisung. Eine intensive Beratung der Neubauern wäre vor allem in der Anfangsphase erforderlich gewesen, um ein Absinken der Produktion zu verhindern. Nach den Bestimmungen der syrischen Agrarreformgesetze fiel die Beratung der Neubauern bei der Bebauung des Reformlandes den jeweiligen örtlichen Genossenschaften zu. Doch die gerade gegründeten Genossenschaften in Chiha und Mecherfe waren von ihrer personellen Ausstattung her nicht in der Lage, diese Aufgabe wahrzunehmen.

Nachdem sich die Besitz- und Betriebsstruktur in den Dörfern stabilisiert hatte, bestand für die Neubauern ein größerer Anreiz zur Steigerung der Erzeugung. Viele von ihnen begannen nun, mehr Arbeit und mehr Kapital in ihre Betriebe zu investieren, was zu einer Anhebung des gesamten Produktionsniveaus in den Dörfern führte. In der Mehrheit der Betriebe wurde auch die Produktionsrichtung geändert. In Chiha und insbesondere in Tiesien ergab sich eine Verschiebung vom extensiven zum intensiven und stärker gemischten Anbau, bedingt durch die Ausweitung der Bewässerung (vgl. Abschnitt 6.1.5.).

Die im Regenfeldbau erzielten Hektarerträge haben sich seit der Agrarreform nicht verändert; sie sind nach wie vor niedrig. Je nach Erntejahr werden im Durchschnitt pro Hektar 9-11 dz Weizen, 8-1o dz Gerste oder Linsen, 2-4 dz Baumwolle und rund 6o dz Wassermelonen geerntet. In unbewässerten Gebieten hat zwar keine Ertragssteigerung je Frucht stattgefunden, dafür aber eine ertrags- und einkommenssteigernde Verschiebung innerhalb der Anbaustruktur. Die Anbaufläche der wenig ertragreichen Früchte wurde vor allem zugunsten von Rebflächen verringert; dies trifft besonders für Chiha zu. Viele Landwirte erzielen nun aus dem Verkauf von Trauben einen großen Teil ihrer Einnahmen. Sowohl in Chiha als auch in Mecherfe wird heute weniger Getreide produziert als vor der Agrarreform, dafür jedoch mehr Trauben und Gemüse.

Mit der Einführung der Bewässerung ergab sich in Tiesien und Chiha die Möglichkeit, die Produktion horizontal wie vertikal auszudehnen. Dank künstlicher Bewässerung konnte die Anbaufläche durch Verringerung der Brachflächen in vielen Betrieben erweitert werden. Der durch die Bewässerung lohnend gewordene Einsatz von Betriebsmitteln hob die Hektarerträge kräftig an. So werden gegenwärtig nicht nur 3 dz, sondern 23 dz Baumwolle je Hektar geerntet. Flächenmäßig wird zwar in allen Untersuchungsdörfern weniger Baumwolle als früher angebaut, durch die Intensivierung aber eine weitaus größere Baumwollproduktion erzielt. Die Hektarerträge des bewässerten Weizens liegen bei 21 dz und sind damit doppelt so hoch wie beim unbewässerten. Insgesamt gesehen ist jedoch die Weizenproduktion nicht gestiegen, weil nur wenige Landwirte einen bewässerten Anbau betreiben und die Weizenflächen zugunsten anderer Anbaukulturen eingeschränkt wurden. Demgegenüber zeigt sich bei der Gemüseproduktion ein stetiger Anstieg, der von einer starken Nachfrage nach allen Gemüsearten begünstigt wird. Erhöht hat sich die Auberginen-, Zucchini-, Zwiebel-, Tomaten-und Okraproduktion. Während man z.B. unbewässert nur 6o dz Tomaten erntet, beträgt die Tomatenernte auf bewässerten Flächen 19o dz, d.h. mehr als das Dreifache.

Die Mehrzahl der befragten Landwirte (94 %) gab an, daß Produktion und Produktivität im Vergleich zu früher gestiegen sind. Als Gründe hierfür führten die Befragten an:

- Mehreinsatz an Mineraldünger und verbessertem Saatgut;
- Ausdehnung des Bewässerungsareals;
- Mehreinsatz von Arbeit und Kapital in den Betrieben.

Zusammenfassend kann festgestellt werden, daß die Durchführung der Agrarreform von einem kurzfristigen Produktionsrückgang begleitet war, langfristig jedoch dazu beitrug, das Produktionsvolumen insgesamt zu erhöhen und die Produktionsrichtung zugunsten von Marktprodukten zu ändern.

6.2.4. Änderung der Einkommensverhältnisse

Eine Agrarreform führt durch die Landumverteilung zu einer Neuverteilung des landwirtschaftlichen Einkommens (Distributionseffekt) [1]. Hiervon und von einer eventuellen Produktionssteigerung profitieren vor allem die Neubauern. Allerdings brauchen bei einer umfassenden Reform nicht nur die Landempfänger Nutznießer einer Einkommenserhöhung zu sein. Auch das Einkommen der Teilpächter kann sich stabilisieren und erhöhen, wenn die Pachtsätze durch gesetzliche Maßnahmen festgelegt und gleichzeitig gesenkt werden. In diesem Abschnitt werden die Einkommensverhältnisse der untersuchten Landwirte und ihre Veränderung im Gefolge der Agrarreform analysiert.

In der Ära der Feudalherrschaft lebte die Mehrheit der ländlichen Bevölkerung in großer Armut. Ihr Einkommen war niedrig und unsicher, und auf ihre Lebensverhältnisse traf die eindrucksvolle Schilderung zu, die SCHICKELE ganz allgemein für alle unter traditioneller Agrarstrukturen leidenden Bauern feststellt: "Ob der Boden fruchtbar war oder karg, ob die Bodennutzung intensiv war oder extensiv, ob die Betriebseinheiten groß waren oder klein, ob der Bauer Besitzer war oder Pächter - was immer die Umstände waren, die Bauernfamilie war arm, ihr blieb nur gegeben, was nötig war zur Erhaltung und zur Fortpflanzung. Aller Überschuß ging zum Arbeitgeber, zum Verpächter, zum Kreditgeber, zum Steuereinnehmer, zum Staat. Das Arbeitseinkommen war ganz ähnlich reguliert wie die Futtereinnahme eines Pferdes - gerade genug zur Erhaltung und nötigen Arbeitsleistung" [2].

Drei Viertel der befragten Bodenreformbauern waren früher Landarbeiter, die in der Regel nur einige Monate im Jahr Beschäftigung fanden und in der restlichen Zeit arbeitslos waren. Auch den Teilpächtern ging es unter feudalistischer Herrschaft nicht viel besser als den Landarbeitern. Der Grundherr hielt sie in permanenter Schuldabhängigkeit und konnte ihnen ihr Land jederzeit entziehen. Die Eigentumsbauern hatten demgegenüber zwar eine relativ sichere Existenzgrundlage. Ihr Lebensstandard war aber infolge der kleinen Betriebsflächen und der niedrigen Erträge ähnlich niedrig wie der der beiden anderen Sozialgruppen.

---

[1] Vgl. KUHNEN, 1967, S. 348.
[2] SCHICKELE, 1957, S. 41.

Während die Einkommensunterschiede innerhalb der landwirtschaftlichen Bevölkerung gering waren, bestand zwischen ihnen und den übrigen Bevölkerungsteilen ein erhebliches Einkommensgefälle. Diese Einkommensdisparität ist heute noch vorhanden und gilt als eine der wichtigsten Ursachen für die Abwanderung aus den ländlichen Gebieten in die Städte, wo ein besseres Einkommen erzielt werden kann.

Eine Verbesserung der allgemeinen Einkommenssituation zeichnet sich seit der Agrarreform in allen untersuchten Dörfern ab. 86 % aller befragten Landwirte gaben an, ihr Einkommen sei im Vergleich zu früher gestiegen. Sowohl Bodenreformbauern als auch Teilpächter und Eigentumsbauern hatten an der erfolgten Einkommensverbesserung teil, wenngleich aus verschiedenen Gründen und in einem unterschiedlichen Ausmaß. Die Einkommenssituation der Bodenreformbauern verbesserte sich einmal dadurch, daß die jährlichen Abzahlungsraten für das zugeteilte Land unter den Pachtzinsen lagen, die vorher für die gleiche Fläche an die Grundherren zu entrichten waren. Außerdem wurden die Neubauern drei Jahre nach der Reformdurchführung von der Ratenzahlung befreit und mußten nur noch einen geringfügigen Geldbetrag an die Genossenschaften abgeben. Die gesamten Betriebseinnahmen stehen ihnen also zur Verfügung. Zum anderen fanden in vielen Reformbetrieben Produktions- und Produktivitätssteigerungen statt, die wiederum zur Erhöhung der Betriebseinnahmen geführt haben. Aus demselben Grund hat sich auch das Einkommen der Teilpächter erheblich verbessert. Ferner wirkte sich auf ihre Einkommenssituation die gesetzliche Senkung der Teilpacht von einem Viertel auf ein Fünftel der erwirtschafteten Erträge günstig aus. Hinzu kommt die Verringerung ihres Anteils an den Betriebsaufwendungen, die dadurch entsteht, daß die Verpächter sich anteilmäßig an den aufgewendeten Mineraldünger- und Saatgutkosten beteiligen müssen. Aber auch die Verpächter konnten aus den in den Teilpachtbetrieben durchgeführten Intensivierungsmaßnahmen Nutzen ziehen. Sie erhalten heute trotz verringertem Ertragsanteil faktisch mehr als zuvor, obwohl sie sich an den vorgenommenen Bewässerungsinvestitionen überhaupt nicht beteiligen. Bekam der Grundeigentümer vor der Einführung der Bewässerungslandwirtschaft beispielsweise o,8 dz Baumwolle je Hektar, so erhielt er im Berichtsjahr 4,5 dz, d.h. fast das Sechsfache.
Mit Recht empfinden die Teilpächter diese Situation als ungerecht, haben jedoch keine Möglichkeit, sie zu verändern, und müssen die vereinbarten Ertragsanteile abliefern. Die Pachtgesetze enthalten keine Regelung der Ernteaufteilung im Falle der Anbauintensivierung. Ebenso nahmen die Eigentumsbauern teil

an der erfolgten Einkommenserhöhung. Ihre Betriebseinnahmen stiegen infolge der verzeichneten Produktionssteigerungen.

Da die Betriebseinnahmen sowohl von der Betriebsgröße als auch vom Umfang des Bewässerungslandes abhängen, haben die Teilpächter von allen untersuchten Sozialkategorien die höheren Einkommen. Ein Teilpächter erzielt im Durchschnitt das Drei- bis Vierfache des Betriebseinkommens eines Bodenreformbauern oder Eigentumsbauern (vgl. Tab. 34). Vergleicht man die Einkommensverhältnisse innerhalb des Dorfes, so kann festgestellt werden, daß es als Folge der sozialökonomischen Entwicklung zu einer Vergrößerung der Einkommensunterschiede kam. Das niedrigste Betriebseinkommen haben heute die Bodenreformbauern in Tiesien, das höchste die Teilpächter im selben Dorf. Dennoch ist festzustellen, daß alle von der Agrarreform begünstigten Landfamilien einen gesicherten Lebensunterhalt haben bei einem Einkommen, das ihnen mindestens Nahrung und Kleidung garantiert und darüber hinaus den Erwerb von Gebrauchsgegenständen für den Haushalt ermöglicht. In allen untersuchten Familien ist die Kaufkraft seit 1958 ständig gestiegen, was sich unter anderem an der Entwicklung des Hausrates ablesen läßt. Die Zahl der Haushaltsgegenstände hat in allen Untersuchungsdörfern in ähnlicher Weise zugenommen. Daraus ist auf eine allgemeine Verbesserung des ländlichen Lebensstandards zu schließen (vgl. die Ausführungen des Abschnitts 6.3.4.).

Die verbesserte Einkommenssituation und die gegenwärtigen Einkommensverhältnisse der untersuchten Sozialkategorien sollen nachfolgend an drei Einzelbeispielen dargestellt werden: einem Bodenreformbetrieb in Chiha, einem Eigentumsbetrieb in Bserin und einem Teilpachtbetrieb in Tiesien. Die Auswahl der drei Betriebe erfolgte nicht nach repräsentativen Aspekten, daher gelten die referierten Ergebnisse streng genommen nur für diese Bauernhaushalte. Da aber jeder dieser Betriebe für die Sozialkategorie, aus der er ausgewählt wurde, typisch ist, lassen sich hieraus Rückschlüsse auf die allgemeine Einkommenssituation der gesamten Kategorie machen. Die Kennziffern der drei Betriebe lauten:

Betriebstyp	Betriebsgröße ha LN 1)	Bewässerungsanteil 1)	Arbeitskräftebestand in AK 1)
Agrarreformbetrieb	8,7 (7,6)	0 (14)	1,7 (2,0)
Eigentumsbetrieb	7,6 (8,7)	29 (16)	2,0 (2,2)
Teilpachtbetrieb	2o,o (21,8)	5o (52)	3,3 (3,1)

1) Die in Klammern angegebenen Werte sind die Durchschnittswerte der jeweiligen Sozialkategorie.

In keinem der Betriebe lagen Buchführungsergebnisse vor, weshalb die Betriebsdaten durch Befragung der Betriebsinhaber ermittelt werden mußten. Daraus wurde dann das erzielte landwirtschaftliche Einkommen errechnet. Die Ergebnisse sind in der Aufwand-Ertrags-Rechnung in Tabelle 34 zusammengefaßt.

Die Marktleistung der angebauten Kulturen errechnete sich aus Anbaufläche, Hektarerträgen und Erzeugerpreisen. In die Berechnungen ging auch die Naturalentnahme der Haushalte ein. Der Anteil der Baumwolle am gesamten Rohertrag der Bodenerzeugnisse war sehr groß im Teilpacht- und im Eigentumsbetrieb, während die Wassermelonen im Bodenreformbetrieb am meisten zum Rohertrag beitrugen. In allen drei Betrieben war der Weizenanteil am Rohertrag zweitrangig, selbst in dem reinen Regenfeldbaubetrieb. Im Gegensatz zu früher besitzt der Weizen nur eine nachrangige Stellung, da er von allen Anbaufrüchten den niedrigsten Deckungsbeitrag, nämlich 455 Lera je Hektar, liefert (Tab. 35). Demgegenüber leistet Baumwolle einen Deckungsbeitrag von 1 79o Lera je Hektar und Gemüse einen noch höheren, der z.B. bei Okra 3 25o Lera je Hektar erreicht. Trotz dieses großen Deckungsbeitragsunterschiedes wird in den Betrieben viel mehr Baumwolle angebaut als Gemüse. Dieses aus wirtschaftlicher Sicht unökonomische Verhalten der Bauern ist dadurch zu erklären, daß der Anbau von Baumwolle im Vergleich zu Gemüse weitaus unkomplizierter und risikoärmer ist. Die Bauern haben weniger Erfahrung im bewässerten Gemüseanbau als in anderen Betriebszweigen; außerdem fehlt es an Beratung.

Die Viehhaltung dient vorrangig der Eigenversorgung der Bauernhaushalte. Nur der Eigentumsbetrieb verkaufte Milch. Die Milchleistung der hier und im Teilpachtbetrieb gehaltenen Kühe war mit 6oo Litern im Erhebungsjahr sehr gering, was auf die unzureichende Fütterung zurückzuführen ist. Beide Betriebe

Tabelle 34: Aufwand-Ertrags-Rechnung ausgewählter Betriebe in den Untersuchungsdörfern 1977

Betriebstyp	Bodenreformbetrieb	Eigentumsbetrieb	Teilpachtbetrieb
Betriebsgröße, ha LN	8,7	7,6	2o,o
Bewässerte Anbaufläche	-	2,2	1o,o
Unbewässerte Anbaufläche	8,7	4,8	7,4
Brachfläche	o	o,6	2,6
Arbeitskräftebesatz AK/1oo ha	2o	26	16
Bodennutzung, ha			
Weizen	2,1	2,o	3,4
Gerste	o,8	o,8	o,7
Linsen	o,2	o,5	o,4
Wassermelonen	3,1	1,5	2,9
Trauben	2,5	-	-
Weizen, bewässert	-	-	1,1
Baumwolle	-	1,7	7,5
Zwiebeln	-	o,2	o,6
Gemüse (Okra, Auberginen)	-	o,3	o,8
Viehbestand			
Zugtiere	1	-	-
Milchkühe	-	2	1
Schafe	2	8	-
Hühner	4	1o	1o
Erträge der Verkaufsfrüchte (Lera)			
Weizen	1 533	1 46o	3 725
Gerste	7o4	7o4	616
Linsen	23o	575	46o
Wassermelonen	4 96o	2 4oo	4 64o
Trauben	3 988	-	-
Baumwolle	-	6 817	3o o75
Zwiebeln	-	1 8oo	5 4oo
Gemüse	-	1 68o	4 48o
Ertrage der Viehhaltung (Lera)			
Milch	-	64o	-
Fleisch	-	1 o8o	28o
Wolle	-	3o	-
Erfolgsrechnung (Lera)			
Rohertrag insgesamt	11 415	17 186	49 676
davon Baumwolle	-	4o %	61 %
Wassermelonen	43 %	14 %	9 %
Gemüse	-	1o %	9 %
Getreide	2o %	13 %	9 %
Sachaufwand insgesamt	4 771	6 8o9	22 84o
davon Bewässerungskosten	-	32 %	4o %
Mineraldünger	-	1o %	12 %
Betriebseinkommen	6 644	1o 377	26 836
Fremdlöhne	142	1 175	3 944
Familieneinkommen	6 5o2	9 2o2	22 892
Produktivität			
Rohertrag Lera/ha	1 312	2 261	2 484
Rohertrag Lera/AK	6 342	8 593	15 o53
Betriebseinkommen Lera/ha	764	1 365	1 342
Betriebseinkommen Lera/AK	3 691	5 189	8 132
Einkommen Lera/AK	3 612	4 6o1	6 937

Quelle: eigene Erhebung

Tabelle 35: Deckungsbeiträge wichtiger Anbaufrüchte im Untersuchungsgebiet in Lera im Jahre 1977

	Weizen		Linsen		Trauben		Wassermelonen		Baumwolle		bewässerte Okra	
	dz/ha	Lera/ha	dz/ha	Lera/ha	dz/ha	Lera/ha	dz/ha	Lera/ha	dz/ha	Lera/ha	dz/ha	Lera/ha
Ertrag	1o	-	9	-	35	-	64	-	23	-	4o	-
Stroh/Blatt	-	3o	-	25o	-	2o	-	-	-	1oo	-	-
Marktleistung	-	73o	-	1 15o	-	1 595	-	1 6oo	-	4 o1o	-	5 6oo
Saatgut	1,2	85	1,3	13o	-	-	-	-	15o	1,2	45	o,3	15o
Mineraldünger	-	-	-	-	-	-	-	-	-	3oo	-	3oo
Organische Dünger	-	-	-	-	-	-	-	-	-	-	-	25o
Pflanzenschutz	-	-	-	-	-	2o	-	2o	-	-	-	-
Beizung/Unkraut	-	5	-	-	-	-	-	-	-	21o	-	-
Traktorkosten	-	1o5	-	4o	-	24o	-	19o	-	185	-	19o
Mähdrescherkosten	-	7o	-	-	-	-	-	-	-	-	-	-
Bewässerungskosten	-	-	-	-	-	-	-	-	-	1 o5o	-	1 o5o
Löhne nichtständiger AK	-	-	-	31o	-	-	-	-	-	4oo	-	3oo
sonstige Kosten	-	4o	-	12o	-	27o	-	45o	-	13o	-	11o
Deckungsbeitrag	-	455	-	8oo	-	1 o85	-	79o	-	1 79o	-	3 25o

Quelle: eigene Erhebung und Berechnung

bauten kein Viehfutter an und ihr Futterzukauf war minimal. Aus dem Milchverkauf nahm der Eigentumsbetrieb 64o Lera ein, während der Teilpachtbetrieb daraus keine Einnahmen verzeichnete.

Da Kühe und Mutterschafe in der Regel nach einer fünfjährigen Nutzung entweder im eigenen Haushalt geschlachtet oder an einen Viehhändler verkauft werden, kann ein Betrieb mit einer Kuh und 1o Schafen im Jahr durchschnittlich o,2 Kühe, 2 Schafe und einige Lämmer verkaufen. Der Eigentumsbetrieb erbrachte bei dem gegebenen Viehbestand eine Fleischleistung im Wert von 1 o8o Lera, der Teilpachtbetrieb mit seinem kleineren Viehbestand nur 28o Lera.

Dem Betriebsertrag steht der Betriebsaufwand gegenüber, der aus zwei Komponenten besteht: (1) dem Sachaufwand, der sich wiederum aus den Kosten für Saatgut, Mineraldünger, Pflanzenschutzmittel, Maschinen, Bewässerung und Transporte zusammensetzt, sowie (2) dem Arbeitsaufwand, der sowohl die Fremdlöhne als auch den Lohnanspruch der Besitzerfamilie beinhaltet. Der Lohnanspruch wird nur bei der Berechnung des Reingewinns der Betriebe berücksichtigt.

Die Kosten für Saatgut wurden aus den aufgewendeten Saatmengen und den im Erhebungsjahr gezahlten ortsüblichen Preisen ermittelt. Es ergaben sich Saatgutaufwendungen für einen Hektar Weizen von 85 Lera, für einen Hektar Linsen von 13o Lera, für einen Hektar Baumwolle von 45 Lera und für einen Hektar Okra von 15o Lera.

Die Ausgaben für Mineraldünger betrugen durchschnittlich 3oo Lera je Hektar. Hierbei wurde davon ausgegangen, daß die Bauern die ihnen einheitlich zugeteilten Düngermengen voll eingesetzt hatten. Auf einen Hektar Baumwolle wurden 4oo kg Stickstoffdünger und 15o kg Phosphatdünger gegeben. Ähnlich waren auch die Düngeraufwendungen für Gemüse, während sie beim Zwiebelanbau und bewässerten Weizenanbau geringer waren, hier lagen sie bei 25o Lera bzw. 15o Lera je Hektar. Der Anteil des Mineraldüngers an dem gesamten Sachaufwand betrug im Eigentumsbauernbetrieb 1o % und im Teilpachtbetrieb 12 %.

Zu den Maschinenkosten zählen die an die Genossenschaft oder an den Lohnunternehmer gezahlten Beträge für Schlepper und Mähdrescher oder Dreschmaschine. Beispielsweise wurde ein Hektar Weizen dreimal bearbeitet: zuerst mit einem Tiefpflug für 6o Lera, dann mit einem Scheibenpflug für 3o Lera und schließlich mit einem Kultivator für 15 Lera. Zusammen ergaben sich Traktorkosten von 1o5 Lera je Hektar Weizen. Die durchschnittlichen Mähdrescherkosten lagen bei 7o Lera je Hektar.

Den höchsten Anteil innerhalb des Sachaufwandes der Betriebe nahmen die Ausgaben für Bewässerung ein, im Eigentumsbetrieb 32 % und im Teilpachtbetrieb sogar 4o %. Die Bewässerungskosten ließen sich aus der Bewässerungsdauer und den im Untersuchungsgebiet verlangten Preisen für eine Bewässerungsstunde errechnen. In einem Tiesien benachbarten Ort kostete die Bewässerungsstunde 15 Lera. Im Preis sind die variablen Kosten, also die Aufwendungen für Dieselkraftstoff, Reparaturen und Wartung sowie die Abschreibungskosten der Bewässerungsanlage enthalten. Der Eigentumsbauer, der das Wasser aus dem staatlichen Kanalsystem bezog, zahlte für eine Bewässerungsstunde 12 Lera, deshalb lagen die Bewässerungskosten in seinem Betrieb etwas niedriger. Ein Hektar Baumwolle wurde im Jahr durchschnittlich 7o Stunden bewässert. Daraus ergab sich ein Bewässerungsaufwand für den Teilpachtbetrieb von 1 o5o Lera je Hektar und für den Eigentumsbetrieb von 84o Lera. Der Aufwand war beim Gemüseanbau gleich hoch, beim Zwiebelanbau dagegen kleiner, weil Zwiebelkulturen kürzer bewässert werden.

Fremdlöhne für Saisonarbeit fallen im allgemeinen nur beim Anbau von Baumwolle, Linsen, Zwiebeln und bewässertem Gemüse an. Die Landarbeiter erhalten je nach Vereinbarung und ortsüblicher Lohnhöhe zwischen 7-12 Lera am Tag. Eine Baumwollpflückerin bekam im Berichtsjahr pro Kilogramm Baumwolle 0,17 Lera, am Tag 8,5 Lera, da sie durchschnittlich 50 Kilogramm erntete. Ausgehend von einem Hektarertrag von 23 dz ergibt sich ein Fremdlohnaufwand von ungefähr 400 Lera je Hektar Baumwolle. Für die anderen Anbaukulturen wurde der Aufwand an Fremdlöhnen geschätzt.

Ein Vergleich der am Ende von Tabelle 34 enthaltenen Ergebnisse und Produktivitätskennziffern zeigt, daß der Bodenreformbauer das kleinste, der Teilpächter das höchste Betriebseinkommen erzielte, und ferner, daß der Reformbetrieb das niedrigste Produktivitätsniveau aller drei Betriebe aufwies. Das war zu erwarten, denn der Bodenreformbetrieb war flächenmäßig kleiner und ihm fehlte es an Wasser. Während das Betriebseinkommen des Reformbauern bei 6 644 Lera lag, erreichte dasjenige des Eigentumsbauern 10 377 Lera und des Teilpächters sogar 26 836 Lera. Diese Unterschiede wären noch größer, wenn der Bodenreformbauer keinen Traubenanbau gehabt hätte.

Bezogen auf die Betriebsfläche ergibt sich ein Betriebseinkommen von 764 Lera je Hektar LN aus dem Agrarreformbetrieb, 1 365 Lera je Hektar LN aus dem Eigentumsbetrieb und 1 342 Lera je Hektar LN aus dem Teilpachtbetrieb. Die flächenbezogene Produktivität ist also in den beiden letztgenannten Betrieben doppelt so groß wie im Reformbetrieb. Ebenso verhält es sich mit der arbeitskraftbezogenen Produktivität. Mit 8 132 Lera je Arbeitskraft liegt sie im Teilpachtbetrieb am höchsten.

Um die Einkommensverhältnisse der drei Bauernhaushalte genauer beurteilen zu können, wurde das Reineinkommen ausgerechnet. Der Teilpachtbetrieb mußte im Gegensatz zu den anderen beiden Betrieben von den Roherträgen zusätzlich den Grundherrenanteil abführen. Dieser belief sich auf 9 400 Lera, und so blieb der Teilpächterfamilie nach Abzug der Arbeitslöhne und des Eigentümeranteils ein Reineinkommen von insgesamt 13 500 Lera. Demgegenüber hatte der Eigentumsbauer 9 200 Lera und der Agrarreformbauer 6 500 Lera zur Verfügung. Berücksichtigt man ferner die Anzahl der Familienmitglieder in jedem Betrieb, so läßt sich ein Jahreseinkommen von 930 Lera pro Person im Agrarreformbetrieb,

1 15o Lera im Eigentumsbetrieb und 1 93o Lera im Teilpachtbetrieb berechnen [1]. In allen drei Fällen liegt das errechnete Pro-Kopf-Einkommen unter dem Durchschnittseinkommen der syrischen Bevölkerung, welches für das Jahr 1977 mit 2 986 Lera pro Kopf angegeben wird [2].

Zu diesem Abschnitt muß einschränkend noch erwähnt werden, daß viele Betriebe in den Untersuchungsdörfern noch weniger als die Beispielsbetriebe erwirtschaften, weshalb deren Inhaber gezwungen sind, einen außerlandwirtschaftlichen Zuverdienst zu suchen. Von den befragten Betriebsleitern ist etwa ein Drittel (32 %) noch in einem anderen Wirtschaftsbereich tätig. Bei den Bauern, die Bewässerungslandwirtschaft betreiben, liegt der Anteil der Zuverdiener bei 28 %, wogegen 34 % der Landwirte ohne Bewässerung einem zusätzlichen nichtlandwirtschaftlichen Verdienst nachgehen. Über die Hälfte aller Inhaber von Kleinbetrieben unter 5 ha (59 %) haben einen Zuverdienst. Wie aus Tabelle 36 sichtbar wird, besteht zwischen der Betriebsgröße und der nichtlandwirtschaftlichen Beschäftigung des Betriebsinhabers ein enger Zusammenhang. Die große Mehrheit der Teilpächter, die ja über größere Betriebe verfügen, ist aus diesem Grunde nur in ihren Betrieben tätig.

---

[1] *Dieses Jahreseinkommen ergibt sich aus der Division des gesamten Reineinkommens des Betriebes durch die Anzahl der Familienmitglieder. Die Familie des Teilpächters umfaßte sieben, die des Eigentumsbauerns acht und die des Agrarreformbauerns sieben Personen.*

[2] *Vgl. Statistical Abstract, 1978, S. 759.*
Bei WIRTH wird erwähnt, daß das Jahreseinkommen von einer Fellachenfamilie nach einer im Jahre 1959 durchgeführten Erhebung im ungünstigsten Fall 25o DM, im günstigsten Fall 7oo DM betrug. Das waren damals etwa 225 Lera bzw. 63o Lera. Der Vergleich dokumentiert, daß das Einkommen der landwirtschaftlichen Bevölkerung seit der Agrarreform erheblich gestiegen ist (vgl. WIRTH, 1971, S. 219).

Tabelle 36: <u>Nichtlandwirtschaftliche Beschäftigung des Betriebsinhabers in Abhängigkeit von der Betriebsgröße</u> (n = 188)

Betriebsgröße in ha	Anteil der Betriebsinhaber mit nichtlandwirtschaftlicher Beschäftigung		Anteil der Betriebsinhaber ohne nichtlandwirtschaftliche Beschäftigung		Insgesamt	
	abs.	rel.	abs.	rel.	abs.	rel.
unter 5	20	11	14	7	34	18
5 - 1o	28	15	57	3o	85	45
1o - 2o	11	6	34	18	45	24
2o und mehr	1	1	23	12	24	13
Insgesamt	6o	32	128	68	188	1oo

$\chi^2 = 21,03 > \chi^2_{tab.} = 7,81$; (FG = 3; α = 0,05)

<u>Quelle</u>: eigene Erhebung

6.3. Soziale Veränderungen

6.3.1. Abschaffung der feudalen Abhängigkeitsverhältnisse

Die Grundherren von Chiha und Tiesien sowie ihre Mittelsmänner verfügten vor der Bodenreform über uneingeschränkte Macht im Dorf. Von ihnen war nicht nur die bodenbewirtschaftende, sondern auch die übrige Dorfbevölkerung abhängig, und zwar in wirtschaftlicher, sozialer und politischer Hinsicht.

Die wirtschaftliche Abhängigkeit drückte sich darin aus, daß der Grundherr und sein Vertreter im Dorf allein darüber bestimmten, wer für welchen Zeitraum Land bekam. Die Auslese erfolgte nicht etwa nach Fleiß, Können oder Bedürftigkeit der Familien, sondern hing ausschließlich vom Ausmaß der Unterwürfigkeit ab, die ein Bauer gegenüber dem Eigentümer zeigen mußte. Die Teilpächter konnten ihre Betriebe nur behalten, wenn sie sich den Anordnungen des Verpächters nicht widersetzten. Für sie war in dieser Situation die strikte Befolgung aller Befehle des Eigentümers und die Annahme aller von ihm gestellten Bedingungen unumgänglich, wollten sie nicht riskieren, landlos zu werden. Um ihre eigene Existenz und die ihrer Familie nicht zu gefährden, lieferten sie widerspruchslos alle gewünschten Abgaben ab und verrichteten alle verlangten Sonderarbeiten und Dienste (vgl. Kapitel 5). Die Teilpächter waren nur bezüglich Planung und Anbau ihres Betriebes frei. Hier wurden ihre Entscheidungen seitens des Eigentümers nicht eingeengt. Die Landwirte in Chiha und Tiesien berichteten, daß zwischen ihnen und den Grundherren ein gespanntes Verhältnis herrschte und daß es früher infolge von Auseinandersetzungen oft zu Bauernvertreibungen kam. Dabei nahmen die Eigentümer einem Teilpächter nicht nur das Land weg, sondern zwangen ihn, mit seiner Familie das Dorf zu verlassen. Demgegenüber bestanden in Mecherfe zwischen dem Großgrundeigentümer und den Teilpächtern eine etwas bessere Beziehung. Hier wurden Bauern nur selten vertrieben und sie konnten davon ausgehen, daß sie ihren Betrieb lange Jahre auch ohne vertragliche Vereinbarungen behalten konnten. Die wirtschaftliche Abhängigkeit verstärkte sich, als 1951 dieses Dorf an einen Zwischenpächter überging. Da dieser die bis dahin bestehenden Eigentümerbetriebe auflöste, wurden viele Landarbeiter fristlos entlassen (vgl. Abschnitt 5.2.). Auch mußten mehrere Teilpächter, die sich gegen die überhöhten Zinsforderungen des neuen Verpächters auflehnten, ihre Betriebe abgeben.

Die soziale Abhängigkeit trat in verschiedenen Formen und unterschiedlichem Ausmaß auf. So mußten die Dorfbewohner von Tiesien und Chiha, gleichgültig ob sie in einem Pachtverhältnis mit dem Grundeigentümer standen oder nicht, ihn und alle seine Gäste, die während der Sommerzeit im Dorf verweilten, verpflegen und bedienen. In Mecherfe dagegen war dies nicht erforderlich, da der Grundeigentümer selten das Dorf besuchte und dabei seine Diener mitbrachte. Die Landwirte von Tiesien erzählten, daß der Grundherr von den heiratswilligen Bauern eine besondere Abgabe verlangte, ohne deren Entrichtung sie nicht heiraten durften. Außerdem mußten die Teilpächter ihre Arbeitskraft ohne jegliche Entlohnung zur Verfügung stellen, z.B. beim Transport des Ernteanteils des Grundeigentümers von dem Getreidelager im Dorf in die Stadt. Aber auch wenn der Feudalherr ein Haus bauen ließ, holte er aus seinen Dörfern die Arbeiter, die er hierzu brauchte, selbstverständlich ohne sie zu entlohnen. Ferner konnten die Bauern ihre Angelegenheiten bei den behördlichen Stellen in Hama nicht ohne die Einschaltung des Grundeigentümers erledigen. Die Dorfbewohner verfügten zum einen über keinerlei Erfahrung im Umgang mit Behörden, zum anderen besaß der Feudalherr großen Einfluß in den Ämtern.

Auf der politischen Ebene zeigte sich die totale Abhängigkeit der Bauern von den Großgrundeigentümern. Vor der Agrarreform waren die Feudalherren im syrischen Parlament stark vertreten und an der Gestaltung der Landespolitik maßgeblich mitbeteiligt. Bei jeder Wahl wurden die des Lesens und Schreibens unkundigen Bauern von den Grundherren dazu angehalten, die von ihnen geführten Wahllisten zu wählen. Die ländliche Bevölkerung konnte schon aus Angst vor Repressalien des Grundeigentümers keine freie politische Entscheidung treffen.

Die Bodenreform führte zu einer weitgehenden Entmachtung der ehemaligen Grundherren. Ihre Machtpositionen wurden durch die Enteignung und Umverteilung des Bodens beseitigt und dort, wo noch Pachtverhältnisse bestehen, durch gesetzlichen Pächterschutz entscheidend geschwächt. In den Dörfern verschwanden die früheren feudalen Abhängigkeiten. Aus den ehemals landlosen Landarbeitern und abhängigen Teilpächtern wurden allmählich selbstwirtschaftende und selbständige Bauern. Heute stehen die Agrarreformbauern - das sind 91 % aller Bodenbewirtschafter in Chiha, Mecherfe und Tiesien - in keiner Beziehung mehr zum damaligen Grundeigentümer, d.h. sie sind von ihm in keiner Hinsicht abhängig. Nur die Teilpächter von Tiesien unterhalten noch eine Verbindung zum Grundherrn, die sich allerdings in ihrer Art erheblich gewandelt hat. Sie ist nicht mehr so persönlich und unterwürfig wie in der Vergangenheit. Durch die abgeschlossenen Pachtverträge erhielt die Beziehung zwischen Pächtern und Verpächtern mehr eine geschäftliche Natur und hat sich dadurch weitgehend versachlicht. Sonderarbeiten bei den Grundherren werden von allen befragten Teilpächtern nicht mehr geleistet und nur einige schenken gelegentlich dem Verpächter Erzeugnisse aus ihren Betrieben. Sehr entscheidend für die Teilpächter ist die Sicherung ihrer Besitzrechte, die sie von der Willkür des Grundherrn unabhängig machte. In Tiesien besitzen alle Teilpächter seit der Agrarreform einen Pachtvertrag, und bis zum Erhebungsjahr kam es in diesem Dorf zu keiner einzigen Vertragskündigung.

Zusammenfassend kann festgestellt werden, daß die Bodenreform durch die Beseitigung früherer feudaler Abhängigkeiten die Bauern der untersuchten Dörfer in die Lage versetzte, frei und selbständig zu handeln. Ihre Entscheidungsfreiheit, die im sozialen und politischen Bereich groß ist, wird im wirtschaftlichen durch die Genossenschaft und verschiedene staatliche Maßnahmen eingeengt. So sind die Bauern z.B. hinsichtlich des Betriebsmittelbezugs und der Kreditgewährung größtenteils von der örtlichen Genossenschaft und der Landwirtschaftsbank abhängig. Auch können sie ihre Hauptanbauprodukte nicht frei, sondern nur über die hierfür vorgesehenen Vermarktungsstellen verkaufen. In diesen Einschränkungen liegen zwar neue Abhängigkeiten, die sich von den feudalen jedoch wesentlich unterscheiden. Von den Bodenbewirtschaftern werden sie nicht als bedrückend empfunden, vor allem, weil sie ihre soziale und wirtschaftliche Existenz nicht gefährden.

6.3.2. Veränderungen der Sozialstruktur

Die nachfolgenden Ausführungen befassen sich mit dem Wandel der Sozialstruktur in den Untersuchungsdörfern unter dem Einfluß der Agrarreform.

Im Untersuchungsgebiet, wie auch in der übrigen syrischen agrarischen Gesellschaft, gab es früher zwei deutlich voneinander abgegrenzte soziale Schichten: die Eigentümer von Grund und Boden (Mullak) sowie die Nichteigentümer (Fellachen) [1]. Jede dieser beiden Hauptgruppen zerfiel in eine Anzahl von Untergruppen: Die Bodeneigentümer in Großgrundeigentümer (Mullak Kibar), Mittelgrundeigentümer (Mullak Wasat) und Kleingrundeigentümer (Mullak Sighar), die Nichteigentümer in Besitzer von landwirtschaftlichen Grundstücken (Muzariien) und Nichtbesitzer (Bauatil), d.h. Landlose. Die Größe des Bodeneigentums bzw. des Bodenbesitzes bestimmte den Status innerhalb der einzelnen Gruppen. Andere Faktoren, wie Familienherkunft, Vermögen, Bildung und Beruf spielten nur eine zweitrangige Rolle.

Da die Dörfer Chiha, Mecherfe und Tiesien vor der Agrarreform Eigentum von "absenten landlords" waren, bestanden zwischen deren Einwohnern keine Bodeneigentumsunterschiede. Es waren auch nur geringe Einkommens-, Bildungs- und Berufsunterschiede innerhalb der Dorfgemeinschaft vorhanden [2]. Allein der Besitz von landwirtschaftlicher Nutzfläche wirkte differenzierend und teilte die Dorfbevölkerung in zwei soziale Kategorien. Auf der einen Seite gab es die Teilpächter (Schurakaā), welche das Land vom Grundeigentümer pachteten und es in eigener Regie bewirtschafteten, und auf der anderen Seite die Landlosen (Bauatil), welche entweder als ständige Landarbeiter (Ojaraā) oder als

---

[1] *Das Bodeneigentum eignet sich als Maßstab für die soziale Differenzierung, da die Teilung der ländlichen Gesellschaft in Reiche und Arme, in Begüterte und Unbegüterte, in erster Linie darauf zurückzuführen ist.*

[2] *Die Bewohner von Chiha berichteten, daß aus ihrem Dorf bis zur Agrarreform nur zwei Angestellte hervorgegangen waren, von denen nur einer eine Volksschulbildung besaß.*

Tagelöhner (Moyauimin) tätig waren. Die Unterschiede zwischen den Teilpächtern und den Landlosen lagen fast ausschließlich im wirtschaftlichen Status, waren jedoch nicht sehr groß, wie die Bauern berichteten. Durch die Bodenbewirtschaftung waren die Teilpächter die Bessergestellten im Dorf, denn sie hatten mehr Hab und Gut als die Landlosen; trotzdem waren ihre Ernährung, ihre Kleidung, ihre Wohnungen, kurz ihre gesamten Lebensumstände, unter den damaligen Feudalverhältnissen denen der Landlosen ähnlich [1].

Die Grenze zwischen den beiden sozialen Kategorien war nur in abwärtsfallender Richtung durchlässig. So war ein Statuswechsel etwa vom Landarbeiter oder Tagelöhner zum Teilpächter fast unmöglich, wogegen ein sozialer Abstieg keine Seltenheit war, wie die Bauern in Chiha und Tiesien bestätigten. Hier wurden in der Vergangenheit Pächter verhältnismäßig oft aus ihren Betrieben, ja ganz aus ihren Dörfern vertrieben. Sie verließen, meist infolge einer Auseinandersetzung mit dem Grundeigentümer oder seines Vertreters, den Ort und betätigten sich danach in anderen Dörfern als Landarbeiter.

Mit der Ablösung der Feudalordnung löste sich die alte Sozialstruktur auf. In den beiden Dörfern Chiha und Mecherfe wurden Eigentums- und Besitzstrukturen geschaffen, welche identisch sind und eine weitgehende Homogenität aufweisen. Alle hier zur Zeit der Landverteilung lebenden Bauern erhielten Land und wurden dadurch zu Neubauern. Die sozialen Spannungen innerhalb der Dorfgemeinschaft, deren Ursachen in der früheren Zweiteilung der Dorfbevölkerung in Teilpächter und Landlose zu suchen sind, konnten somit abgebaut werden. Aber auch in Tiesien, wo nur ein Teil der Bauernschaft zu Neubauern wurde, während der Rest den Status des Teilpächters beibehielt, hat sich der Spannungszustand erheblich verringert. Beide waren zufrieden: die Neubauern, weil sie Eigentümer mit einer gesicherten Existenzgrundlage wurden, und die Teilpächter, weil sie ihre relativ größeren Betriebe behalten konnten.

Erst die Veränderung der Sozialstruktur durch die Bodenreform öffnete den Weg für eine stärkere soziale Differenzierung. Die Teilpächter und viele Reformbauern entwickelten im Anschluß daran mehr Eigeninitiative und führten wichtige betriebliche Verbesserungen ein (vgl. Abschnitt 6.2.1.), die dann zur Erhöhung ihres Einkommens beitrugen. Vor der Durchführung der Intensivierung waren die Einkommensunterschiede und die Unterschiede im Lebenszuschnitt gering, heute sind sie zwischen den Teilpächtern und den Neubauern größer ge-

---
[1] *Vgl. Abschnitt 6.2.4.*

worden. Aber auch innerhalb der letztgenannten Sozialkategorie bestehen zwischen Landwirten mit und ohne Bewässerung nicht unerhebliche Unterschiede.

Die Bodenreform ermöglichte 631 ehemaligen Teilpächtern, Landarbeitern und Tagelöhnern in Chiha, Mecherfe und Tiesien, ihren sozialen Status zu wechseln. Der Statuswechsel zum Neueigentümer wird als sozialer Aufstieg angesehen, da die Bewirtschaftung auf eigenem Grund und Boden das Ziel jedes Bauern ist. In diesem Zusammenhang erscheint es wichtig festzustellen, daß im Vollzug der Agrarreform keiner der Bauern der untersuchten Reformdörfer in eine niedrigere soziale Schicht abgesunken ist. Die Teilpächter von Tiesien waren die einzigen, die ihren Status und damit auch ihre Stellung innerhalb der Sozialstruktur nicht verändert haben.

Die Mehrzahl der befragten Landwirte (95 %) ist mit ihrem sozialen Status und der eigenen Situation zufrieden. Als Gründe wurden angeführt:
- eigene Verfügung über Land und Arbeitskraft,
- mehr Freiheit als zur Zeit der Grundherrschaft,
- gestiegenes Einkommen und höherer Lebensstandard und
- erhöhte Besitzsicherheit bei den Teilpächtern.

In beruflicher Hinsicht zeigt sich in vielen syrischen Dörfern zunehmend eine stärkere Differenzierung. Früher arbeiteten fast alle Dorfbewohner in der Landwirtschaft und lebten von ihr. Außerlandwirtschaftliche Beschäftigungsmöglichkeiten waren damals sehr knapp und der ländlichen Bevölkerung kaum zugänglich. In den Untersuchungsdörfern, von Mecherfe abgesehen, wurden keine gewerblichen und handwerklichen Berufe ausgeübt, was mit der geringen Größe der Dörfer und ihrer Nähe zur Stadt zusammenhing. In dem mittelgroßen Dorf Mecherfe, das etwas weiter entfernt von Homs liegt, konnten sich einige nichtlandwirtschaftliche Berufe wie Zimmermann, Maurer und Klempner etablieren. Dennoch war dieses Dorf, ebenso wie die drei anderen untersuchten Dörfer, vor der Agrarreform ein reines Bauerndorf mit einer undifferenzierten Sozialstruktur.

Etwa zu Beginn der 60er Jahre, d.h. einige Jahre nach der Durchführung der Agrarreform, setzte in allen Untersuchungsdörfern ein Prozeß der beruflichen Differenzierung ein, der sich bis zum heutigen Tage fortsetzt. Ausgelöst wurde er durch eine steigende vertikale Mobilität, die den allgemeinen wirtschaftlichen Aufschwung im Land begleitet hat. Die Dorfbevölkerung, bis dahin mehr oder minder mit der Landwirtschaft verbunden, begann sich in zwei Hauptkategorien aufzuspalten: in den landwirtschaftlichen sowie in den nichtlandwirtschaftlichen Bevölkerungsteil, wobei beim letzteren mehrere Berufe zu unterscheiden sind. Arbeiter, Arbeiterbauern, Lehrer, Angestellte, Fahrer usw. sind Berufe, die sich bei den Dorfbewohnern ständig verbreiten und dadurch die früher allein vorherrschende bäuerliche Struktur verändern. Die ehemalige Uniformität der Bauerngemeinde, bei der Arbeitsbevölkerung und Wohnbevölkerung identisch waren, besteht heute nicht mehr. Wie heterogen die dörfliche Sozialstruktur geworden ist, zeigt Tabelle 37. Nur in Tiesien bilden die Bauern noch die Mehrheit (55 %) der im Dorf wohnenden arbeitsfähigen Personen. In Chiha beträgt der Anteil der in der Landwirtschaft Beschäftigten insgesamt 34 % und in Bserin nur noch 33 %. Die übrigen Erwerbspersonen in diesen drei Dörfern haben verschiedene Tätigkeiten in anderen Wirtschaftsbereichen ergriffen (Tab. 37). Im Durchschnitt aller drei Dörfer sind 49 % der Erwerbspersonen nicht mehr mit der Landwirtschaft verbunden, 43 % sind reine Bauernhaushaltungen und die restlichen 8 % ergreifen neben ihrem Hauptberuf in der Landwirtschaft einen Nebenberuf in anderen Wirtschaftszweigen. Vergleicht man die beiden Agrarreformdörfer Chiha und Tiesien miteinander, so läßt sich die Schlußfolgerung ziehen: je kleiner ein Dorf ist, je verkehrsgünstiger es zur

Tabelle 37: Berufsstruktur der Wohnbevölkerung in drei Untersuchungsdörfern 1977

Beschäftigung	Anzahl der Beschäftigten in					
	Bserin		Chiha		Tiesien	
	abs.	%	abs.	%	abs.	%
Landwirtschaft	58	33	87	34	199	55
Landwirtschaft und andere Beschäftigung	8	4	14	5	38	1o
Angestellte und Beamte	3o	17	51	2o	35	1o
Arbeiter	42	24	45	18	75	21
Lehrer	23	13	32	13	3	1
Fahrer	7	4	21	8	8	2
Händler und Verkäufer	8	4	6	2	-	-
sonstige Beschäftigung	2	1	1	-	3	1
Insgesamt	178	1oo	257	1oo	361	1oo

Quelle: eigene Erhebung

Stadt liegt und je früher die Bodenreform durchgeführt wurde, um so größer ist der Bevölkerungsteil, der sein Einkommen aus nichtlandwirtschaftlichen Beschäftigungen bezieht.

Ein Fünftel der Erwerbstätigen Chihas sind Angestellte und Beamte; ihr Anteil beläuft sich in Bserin auf 17 % und in Tiesien auf lo %. Die meisten Angestellten sind auf den Ämtern in Hama und Homs beschäftigt. Am Anfang fanden sie dort nur zu den untersten Verwaltungsebenen Zugang. Mit der Zeit konnten jedoch einige von ihnen in die höheren Ebenen aufsteigen; sie bekleiden heute relativ hohe Posten. Aus Chiha stammen u.a. der Direktor des städtischen Krankenhauses in Hama, der Staatsanwalt in Khane Cheikhoun, einer benachbarten Stadt, und der Leiter des Amts für öffentlichen Transport und Verkehr in der Stadt Reqqa.

Die Arbeiter stellen in Bserin mit 24 % und in Tiesien mit 21 % die zweitgrößte Berufsgruppe unter den nichtlandwirtschaftlichen Beschäftigten in diesen Dörfern. In Chiha beträgt ihr Anteil 18 %. Diese vom Lande stammenden Arbeiter verrichten vorwiegend Hilfs- oder Gelegenheitsarbeiten. Als Gepäckträger sowie als Bau-, Werkstatt- und Industriearbeiter sind sie fast immer nur ungelernte Arbeiter. Da es ihnen an Bildung und Ausbildung fehlt, bleibt ihnen der soziale Aufstieg, etwa zum Facharbeiter, verwehrt. Die überwiegende Mehrheit der Arbeiter ist in der Bauwirtschaft tätig, also dort, wo die meisten Hilfsarbeiter gebraucht werden.

Die Lehrer sind in der Berufsstruktur der beiden Dörfer Bserin und Chiha mit einem Anteil von 13 % stark vertreten. Dies hängt u.a. damit zusammen, daß der Staat Anfang der 60er Jahre die Ausbildung von Lehrern stark gefördert hat, um die Alphabetisierung auf dem Lande voranzutreiben. Die Bauernsöhne wurden damals durch materielle Anreize ermuntert, die Lehrerlaufbahn zu ergreifen. Die Tätigkeit des Lehrers war und ist heute noch in vieler Hinsicht attraktiv. Zunächst genießt er bei der Dorfbevölkerung ein sehr hohes Ansehen. Der Lehrer ist nach dem Geistlichen die am meisten anerkannte Persönlichkeit im Dorf. Er wird von den Bewohnern fast bei jeder Angelegenheit zu Rate gezogen, da man von ihm erwartet, daß er auf jede Frage eine Antwort weiß. Außerdem ist die Möglichkeit des sozialen Aufstieges bei diesem Beruf außerordentlich groß. So kann es ein Volksschullehrer durch Fleiß, Einsatz und Weiterbildung zum Mittel- und Oberschullehrer bringen. Es steht ihm auch offen, nach

Absolvierung eines Hochschulstudiums an höheren Schulen zu unterrichten. Beispielsweise lehrt ein aus Bserin stammender Hochschullehrer an der Universität von Aleppo. Schließlich bietet der Lehrerberuf mit seinen dreimonatigen Sommerferien eine besonders lukrative Tätigkeit für die vom Lande stammenden Personen; denn zum einen sichert sie ihnen ein festes Einkommen und zum anderen erlaubt sie ihnen, in der Erntezeit im elterlichen Betrieb mitzuhelfen.

In Tabelle 38 wird am Beispiel des Dorfes Chiha der Zusammenhang zwischen Alter und Abwanderung aus der Landwirtschaft gezeigt. Während das Alter der Mehrzahl der Inhaber von Betrieben (71 %) über 5o Jahre liegt, sind 75 % der Lehrer, 59 % der Angestellten und Beamten sowie 51 % der Arbeiter unter 3o Jahre alt. Daraus wird die Tendenz erkennbar, daß überwiegend jüngere Menschen den landwirtschaftlichen Beruf verlassen. In der Landwirtschaft selbst tritt dadurch ein Überalterungsprozeß ein.

Tabelle 38: <u>Berufsstruktur und Altersklassenzugehörigkeit der Wohnbevölkerung von Chiha 1977 in v.H.</u>

Altersklasse in Jahren	Landwirte	Angestellte und Beamte	Arbeiter	Lehrer	sonstige Berufe	insgesamt
bis 2o	-	-	7	6	4	2
21 - 3o	2	59	44	69	29	32
31 - 4o	lo	31	27	22	32	21
41 - 5o	17	lo	2o	3	32	16
über 5o	71	-	2	-	3	29
Insgesamt rel.	loo	loo	loo	loo	loo	loo
Insgesamt abs.	lol	51	45	32	28	257

<u>Quelle</u>: eigene Erhebung

Die Überalterung der Landwirte führt zur Frage nach den veränderten Einstellungen der Bauern zu ihrem eigenen Beruf und zu den Tätigkeiten in anderen Wirtschaftsbereichen. Früher genoß der Bauernstand das höchste Prestige im Dorf. Das Ausscheiden aus der Landwirtschaft wurde als Deklassierung empfunden. Heute dagegen ist damit fast immer die Einschätzung eines sozialen Aufstiegs verbunden, es sei denn, es handelt sich um einen Arbeiterberuf. Die

Mehrheit der befragten Bauern wünscht für ihre Söhne nichtlandwirtschaftliche Berufe. An erster Stelle rangiert der Beruf des Lehrers, gefolgt von dem des Beamten, Angestellten, Arztes, Offiziers usw. Die Wahl dieser Berufe zeigt den Prestigewandel im Bewußtsein der Dorfbevölkerung. Sie wird damit begründet, daß hier ein sicheres und höheres Einkommen mit einem geringen physischen Arbeitsaufwand erzielt wird.

6.3.3. Öffnung des dörflichen Sozialsystems

Auch wenn die Untersuchungsdörfer vor der Bodenreform nicht völlig unberührt von äußeren Einflüssen blieben, so waren ihre Sozialsysteme im Vergleich zur Gegenwart relativ abgeschlossen. Grundherren, städtische Händler und Geldverleiher sowie Lohnunternehmer und Lehrer kamen immer wieder in das Dorf, bestimmten mehr oder minder über seine Bewohner und vermittelten ihnen Eindrücke von der Außenwelt. Die Bauern selbst überschritten nur selten die Gemarkungsgrenze, innerhalb derer sich auch ihre gesamten sozialen Beziehungen, die vorwiegend Verwandtschaftsbeziehungen waren, abspielten. Seit der Agrarreform zeichnet sich zunehmend eine Öffnung des dörflichen Sozialsystems zur Umwelt ab. Diese Entwicklung läßt sich in allen vier untersuchten Dörfern beobachten und hat ihre Hauptgründe in den steigenden Ansprüchen der Bauern an Versorgung, Unterhaltung und Gelderwerb, die innerhalb des Dorfes nicht oder nur unzureichend befriedigt werden können.

Die Verbreitung von Innovationen, die häufigere Benutzung der Massenmedien, die Vervielfachung der Außenbeziehungen, die Zunahme der Fremdversorgung, die Verstärkung des Pendlerwesens sowie die Veränderung der Fremdbestimmung sind u.a. einige wichtige Indikatoren für die stattfindende Öffnung der dörflichen Sozialsysteme. Sie werden nacheinander in den folgenden Abschnitten behandelt.

6.3.3.1. Verbreitung von Innovationen [1]

Zwei Arten von Innovationen fanden nach der Bodenreform in den untersuchten Dörfern Verbreitung: technische (landwirtschaftliche Maschinen und Geräte, Fortbewegungsmittel und Einrichtungsgegenstände) und kulturelle Innovationen (Einstellungen und Verhaltensnormen).

---
[1] *Unter Innovationen werden in diesem Abschnitt nicht nur Maschinen, Geräte und andere materielle Güter verstanden, sondern im weitesten Sinne auch neue Ideen und Verhaltensweisen, die zur Modernisierung der Lebensweise führen.*

Zu den landwirtschaftlichen Neuerungen zählen Traktoren, Mähdrescher, Dreschmaschinen, Motorpumpen, Mineraldünger sowie verbessertes Saatgut. Die Anzahl der Übernehmer ist in allen Dörfern gestiegen, was Tabelle 39 ausweist. Das zeigt, daß die Landwirte trotz starker Traditionsgebundenheit grundsätzlich bereit sind, technische Neuerungen zu übernehmen. Mit Ausnahme des Einsatzes von Schlepperpflügen und Mähdreschern setzte die Verbreitung von technischen Neuerungen erst nach der Bodenreform ein. Besonders am Beispiel der Verbreitung von Tiefbrunnen läßt sich erkennen, wie förderlich sich die Bodenreform auf die Modernisierung der Agrartechnik auswirkte. Die Beseitigung der entwicklungshemmenden Feudalverhältnisse war erforderlich, um die Bauern für landwirtschaftliche Innovationen zu interessieren. In diesem Zusammenhang ist zu erwähnen, daß nur Mineraldünger und verbessertes Saatgut für Zuckerrüben und Baumwolle unter Zwang eingeführt worden sind; alle sonstigen Neuerungen haben die Landwirte freiwillig übernommen.

Tabelle 39: Verbreitung von landwirtschaftlichen Innovationen in den Untersuchungsbetrieben 1957 und 1977 (n = 188)

Gegenstand	Anzahl der Innovationsübernehmer									
	vor der Bodenreform (1957)					nach der Bodenreform (1977)				
	Bserin	Chiha	Mecherfe	Tiesien	alle Dörfer	Bserin	Chiha	Mecherfe	Tiesien	alle Dörfer
Traktor	8	4	11	17	4o	35	35	44	74	188
Mähdrescher	1	2	1	21	25	34	33	44	71	182
Dreschmaschine	o	o	o	o	o	25	1	1	52	79
Motorpumpe	1	o	1	o	2	1	1o	17	63	91
Mineraldünger	3	o	3	o	6	26	18	21	64	129
Verbessertes Saatgut	3	o	2	o	5	25	18	14	63	12o

Quelle: eigene Erhebung

Darüber hinaus verbreiteten sich in den bäuerlichen Haushalten technische Innovationen, die zur Veränderung und Modernisierung der Lebensweise führten. Viele Bauern haben in ihren Häusern zahlreiche Gegenstände, die zur Verbesserung der Wohnverhältnisse beitragen, wie Bettgestell, Schrank, Tisch, Stuhl, Ventilator, Kühlschrank, Radio und Fernseher. Einige von ihnen besitzen ein Auto und es gibt viele, die ein Fahrrad oder ein Motorrad haben. Diese und andere Bedarfsgegenstände, die in vielen städtischen Haushaltungen schon längst vorhanden waren, fehlten vor der Bodenreform in der Mehrzahl der ländlichen Haushalte. Von den in die Untersuchung einbezogenen Haushalte besaßen in der Vorreformzeit zwei ein Fahrrad, drei ein Bettgestell, einen Schrank oder einige Stühle und 26 einen Radioapparat. Diese Situation hat sich seit der Reformdurchführung grundlegend verändert. Ausschlaggebend hierfür war die Verbesserung der Einkommensverhältnisse der Bauernfamilien. Im Untersuchungsjahr verfügten 92 % aller befragten Bauern über ein Radio, über die Hälfte besaß ein Bettgestell, einen Schrank oder einen Gasherd und 45 % hatten Tische und Stühle im Haus (Tab. 4o).

Tabelle 4o: Die Ausstattung der untersuchten Haushalte 1957 und 1977
(n = 188)

Gegenstand	Anteil der Besitzer von...in den Dörfern...									
	vor der Bodenreform (1957)					nach der Bodenreform (1977)				
	Bserin	Chiha	Mecherfe	Tiesien	alle Dörfer	Bserin	Chiha	Mecherfe	Tiesien	alle Dörfer
Bettgestell	o	o	o	1	1	57	46	55	53	53
Schrank	o	3	o	o	1	49	49	68	47	53
Tische und Stühle	o	o	2	o	1	34	49	8o	27	45
Gasherd	o	o	o	o	o	57	8o	84	15	51
Kühlschrank	o	o	o	o	o	6	17	2	o	5
Ventilator	o	o	o	o	o	6	14	5	1	5
Radio	17	2o	18	7	15	89	97	95	89	92
Kassettentonband	o	o	o	o	o	49	54	16	5o	43
Fernseher	o	o	o	o	o	9	2o	2o	o	lo
Fahrrad	o	o	o	3	1	2o	6	43	23	24
Motorrad	o	o	o	o	o	17	31	16	28	24
Auto	o	o	o	o	o	3	6	7	7	6

Quelle: eigene Erhebung

Die Menschen auf dem Lande bekommen heute dank der Verbreitung von Massenmedien mehr als früher Kontakt mit neuen kulturellen Verhaltensmustern. Wollen sie am modernen Leben partizipieren, so müssen sie sich damit abfinden, alte, wie es schien für die Ewigkeit gefügte Verhaltensmuster, aufzugeben und neue Verhaltensweisen zu übernehmen. Um festzustellen, ob die Landwirte an ihren traditionellen Wertvorstellungen festhalten oder ob sie nach der Bodenreform fortschrittlichen Ideen zugänglicher geworden sind, wurden den Befragten sechs Statements vorgelegt, von denen angenommen wurde, daß sie auf der Merkmalsdimension Traditionalismus-Modernismus messen. Es gab drei Antwortalternativen: stimme zu, unentschieden oder lehne ab. Die Befragten wurden aufgefordert, die für sie zutreffende Alternative auszuwählen. Da es hierbei um den Nachweis einer Veränderung in der Einstellung, und nicht um die Bestimmung des Veränderungsgrades geht, wurde von einer Differenzierung in weitere Antwortkategorien abgesehen. Die einzelnen Statements lauteten:

1. Der Vater entscheidet allein über sämtliche Familienangelegenheiten.
2. Die Eltern sollen die Ehefrau für ihren Sohn aussuchen.
3. Der Schulbesuch ist für Bauernsöhne überflüssig, da sie später in jedem Fall in der Landwirtschaft arbeiten werden.
4. Die Frau darf, wie der Mann, einer Tätigkeit außerhalb ihres Dorfes nachgehen.
5. Die Mädchen brauchen keine Schule zu besuchen und sollen sich stattdessen lieber mit den Haushaltsaufgaben beschäftigen, da sie sobald wie möglich heiraten.
6. Zwei Bauern führen über die Anzahl der Kinder in einer Familie folgendes Gespräch:

   Bauer 1 sagt: Wir Bauern brauchen viele Kinder, denn sie sind unsere Stütze bei der Arbeit. Daher darf ihre Zahl nicht begrenzt werden.
   Bauer 2 sagt: Wir wollen einen besseren Lebensstandard haben. Je weniger Kinder eine Familie hat, desto besser kann sie leben; deshalb sollte die Kinderzahl in einer Familie begrenzt werden.
   Welchem der beiden Bauern stimmen Sie zu?

Die Auswertung der abgegebenen Stellungnahmen ergab, daß sich an der traditionellen Einstellung bei der Mehrzahl der Landwirte wenig geändert hat. Wie aus Tabelle 41 hervorgeht, räumen 87 % dem Vater die absolute Autorität in der Familie ein, während nur 8 % der Konzentration der Verfügungsgewalt in seiner Hand ablehnend gegenüberstehen. 63 % wollen sich nach wie vor an der Brautwahl für ihren Sohn weiterhin beteiligen und nur 3o % billigen diesem

Tabelle 41: Vergleich der Einstellungen in den Untersuchungsdörfern anhand der aufgestellten Statements in v.H. (n = 188)

Dorf	1. Statement			2. Statement			3. Statement			4. Statement			5. Statement			6. Statement		
	1	2	3	1	2	3	1	2	3	1	2	3	1	2	3	1	2	3
Bserin	86	8	6	54	14	32	o	11	89	97	3	o	23	2o	57	89	3	8
Chiha	8o	9	11	46	8	46	o	9	91	74	6	2o	29	14	57	83	6	11
Mecherfe	86	5	9	73	9	18	2	11	87	87	11	2	3o	18	52	91	2	7
Tiesien	92	1	7	69	3	28	4	5	91	96	o	4	15	8	77	89	3	8
alle Dörfer	87	5	8	63	7	3o	2	9	89	6	4	9o	22	14	64	88	3	9

1) Stimme zu 2) Unentschieden 3) Lehne ab
Quelle: eigene Erhebung

das Recht zu, seine zukünftige Frau allein zu suchen. Immerhin ein Drittel der befragten Landwirte änderte diesbezüglich seine herkömmliche Einstellung. Sehr gering war der Anteil derjenigen, die die Tätigkeit der Frau außerhalb des Dorfes befürworteten. 9o % waren der Meinung, daß eine Landfrau nicht außerhalb ihres Wohnortes arbeiten darf. Damit ist immer noch die Vorstellung verbunden, daß Frauen nicht in das Berufsleben gehören; ihre Aufgaben sollen weiterhin in der Kindererziehung und der Versorgung der Familienmitglieder liegen. Die starke Traditionsgebundenheit zeigte sich auch beim Statement der Begrenzung der Kinderzahl in einer Familie. 88 % der Befragten waren gegen eine Familienplanung und nur 9 % stimmten zu. Es waren hauptsächlich jüngere Landwirte, die sich zu fortschrittlichen Auffassungen bekannten, und auch solche, die eine Volksschulbildung absolvierten [1].

Bemerkenswert ist die moderne Einstellung der Landwirte zur Schulbildung: fast alle (89 %) hielten den Schulbesuch der Söhne für notwendig. Zum einen sind die Betriebe relativ klein und unteilbar, so daß nicht alle Söhne den landwirtschaftlichen Beruf ausüben können, und zum anderen wird die Notwendigkeit der Schulbildung immer dringlicher, da sie eine Voraussetzung jedes sozialen Aufstieges darstellt. Die Bauern erkennen zunehmend, daß ihre Kinder ohne Bildung und Ausbildung nicht die ersehnte bessere Zukunft erlangen können. Auch dem Schulbesuch von Mädchen stehen auffallend viele Landwirte positiv gegenüber. 64 % aller Befragten waren dafür und nur 22 % dagegen. Allerdings sollen die Mädchen nur die Volksschule besuchen; es genügt nach Meinung der Mehrheit der Befürworter, wenn Frauen lesen und schreiben lernen. Ein Besuch der Mittelschule oder der höheren Schule ist nicht erwünscht, wahrscheinlich weil die Mädchen in diesem Fall das Dorf verlassen müssen. Mittelschulen für Mädchen gibt es in keinem der Untersuchungsdörfer.

Um die Landwirte in den einzelnen Dörfern hinsichtlich ihrer modernen bzw. traditionellen Einstellung miteinander vergleichen zu können, wurde nach dem Likert-Skalierungsverfahren eine Intervall-Skala gebildet [2]. Alle erhobenen Statements konnten nach ihrer Überprüfung durch den t-Test in diese Skala auf-

---

[1] Der Konservatismus hängt u.a. mit Merkmalen des Alters und der Bildung zusammen (vgl. PLANCK und ZICHE, 1979, S. 55).

[2] Vgl. MAYNTZ, HOLM und HÜBNER, 1974, S. 55 ff.

genommen werden [1]. Die Skala hat vier Ausprügungen, die jeweils einer der folgenden Modernitätsgrade zugeordnet wurden:

- sehr traditionell,
- traditionell,
- modern und
- sehr modern.

Gemäß der entwickelten Skala tendiert, wie auch aus Tabelle 42 hervorgeht, die Mehrzahl der befragten Landwirte zum Traditionalismus. 72 % haben eine traditionale bis sehr traditionale Einstellung, 24 % sind schon ziemlich modern, aber nur 4 % vertreten fortschrittliche Auffassungen. Bserin und Chiha weisen von den untersuchten Dörfern den größeren Anteil an Landwirten mit progressiver, den kleinsten mit traditionaler Einstellung auf, in Mecherfe und Tiesien ist es umgekehrt. Im Hinblick auf die Feststellung von Einstellungsunterschieden zwischen den Befragten läßt sich die in Tabelle 42 angegebene

Tabelle 42: Grad der Modernität in den Untersuchungsdörfern in v.H.
(n = 188)

Modernitätsgrad	Bserin	Chiha	Mecherfe	Tiesien	alle Dörfer
Sehr traditional	2o	3	16	11	12
Traditional	43	63	73	6o	6o
Modern	34	26	7	28	24
Sehr modern	3	8	4	1	4
Insgesamt	1oo (n = 35)	1oo (n = 35)	1oo (n = 44)	1oo (n = 74)	1oo (n = 188)

Quelle: eigene Erhebung

---

[1] *Die Überprüfung ergab folgende t-Werte:*

1. Statement   t = 3,73
2. Statement   t = 9,5o
3. Statement   t = 4,12
4. Statement   t = 3,78
5. Statement   t = 18,39
6. Statement   t = 3,39

Alle errechneten t-Werte sind größer als der tabellarische t-Wert von 1,98 (FG = 1o2; α = o,o5); somit konnten alle sechs Statements bei der Skalenbildung berücksichtigt werden.

Verteilung nicht hinreichend deuten, wegen der geringen Anzahl der befragten Personen und der Statements. Abgesehen von der Besetzung dieser Tabelle machte die Bevölkerung von Tiesien insgesamt den traditionellsten Eindruck. Dies zeigt sich u.a. an der stärkeren Religiosität, dem geringen Anteil der Schulabsolventen sowie der geringeren Häufigkeit und Intensität der außerdörflichen Kontakte. Damit kann zusammenhängen, daß sich in diesem Dorf sozio-kulturelle Wandlungen langsamer vollziehen.

6.3.3.2. Verbreitung der Massenmedien

Bis Anfang der siebziger Jahre war das Radio das einzige Massenmedium, das die ländliche Bevölkerung erreichte. Seine überragende Bedeutung für die Informierung der Landbevölkerung über außerdörfliche, regionale, nationale und internationale Geschehnisse ergab sich aus der Tatsache, daß die Mehrzahl der Landbewohner des Lesens unkundig war und in manchen Landesteilen heute noch ist. Vor der Bodenreform besaßen allerdings erst wenige Landwirte einen Rundfunkempfänger. Im Berichtsjahr gehörte das Radio zur Standardausstattung der untersuchten Haushalte, 92 % aller Befragten hatten ein solches Gerät (Tab. 4o). Durch die Untersuchung hat sich gezeigt, daß die Mehrzahl der Landwirte (8o %) Radio hört. Allerdings schaltet nur etwa ein Drittel der Radiohörer oft oder regelmäßig den Rundfunk ein, die übrigen zwei Drittel angeblich nur gelegentlich. Auffallend gering ist der Anteil der Landwirte, die den Landfunk oft oder regelmäßig hören (19 %). Das mangelnde Interesse an den Landfunksendungen rührt von der offenbar als langweilig empfundenen Gestaltung dieser Programme und von der zu wenig praxis- und problemorientierten Auswahl des dargebotenen Stoffes her.

Das Fernsehen stellt für die überwiegend noch analphabetische Landbevölkerung die zweite wichtige Informationsquelle dar. Seine Verbreitung, die in erster Linie von der Versorgung der Dörfer mit Eleketrizität abhängig ist, machte etwa zu Beginn der 7oer Jahre im Untersuchungsgebiet ihren Anfang. Der Anteil der Besitzer von Fernsehern steigt mit höherem Einkommen und wachsenden Lebensansprüchen. Tiesien war im Erhebungsjahr das einzige Untersuchungsdorf ohne Fernsehen, weil es noch nicht an ein eleketrisches Stromnetz angeschlossen war. In Bserin besitzen drei Haushalte jeweils einen Fernsehapparat, in Chiha sieben und in Mecherfe acht, obwohl es in diesem letzten Dorf keine öffentliche Stromversorgung gibt [1]. Das Fernsehen erfreut sich großer Beliebtheit in den untersuchten Dörfern, da die Bevölkerung nur selten Gelegenheit hat, ins Kino zu gehen, um dort Unterhaltungsfilme zu sehen. Oft versammeln sich in einem Haus, in dem ein Fernsehgerät eingeschaltet ist, zahlreiche Nachbarn und Verwandte. Dort bietet sich dann die Möglichkeit zu vermehrten Kontakten zwischen den Dorfbewohnern.

Zeitungen und Zeitschriften sind in den Untersuchungsdörfern nicht erhältlich; wenn sie es wären, könnten sie von der überwiegenden Mehrheit der Älteren im Dorf nicht gelesen werden, da diese Analphabeten sind. Nur 18 % aller befragten Landwirte lesen Zeitungen, die meisten von ihnen nur gelegentlich, d.h. ein- bis zweimal im Monat. Der Anteil der regelmäßigen Zeitungsleser ist verschwindend klein: bezogen auf die Zeitungsleser beträgt er nur 6 %, bezogen auf alle befragten Landwirte 1 %. Mit Ausnahme des Bürgermeisters von Mecherfe arbeiten alle Zeitung lesenden Befragten in Hama oder Homs, wo sie die Möglichkeit haben, an Zeitungen leicht heranzukommen.

Zusammenfassend kann festgestellt werden, daß die Verbreitung von Radios in den Untersuchungsdörfern in der jüngsten Zeit erheblich zugenommen hat, während sich das Fernsehen nur teilweise und Zeitungen noch nicht verbreiten konnten. Kinos gibt es in keiner der untersuchten Gemeinden und nur jüngere Leute aus dem Dorf besuchen gelegentlich die Kinos in Hama bzw. Homs.

6.3.3.3. Veränderungen der sozialen Beziehungen

Soziale Beziehungen bestehen im Dorf hauptsächlich zu Verwandten und Nachbarn. Hier sind sie, wie in jeder anderen sozialen Primärgruppe, "eng, persönlich, intim und häufig" [2]. Außerdem sind sie überwiegend lokal, d.h. sie spielen sich fast immer innerhalb des eigenen Dorfes ab. Zwischen seinen Bewohnern und den Einwohnern anderer Gemeinden sind die Sozialbeziehungen, wenn vorhanden, schwach und flüchtig.

An Art und Intensität der Interaktionen zwischen den Dorfbewohnern hat sich durch die Bodenreform nichts geändert. Nach wie vor sind in jedem Unter-

---
[1] *Hier wurden nach der Stillegung von Wasserbrunnen viele der darauf installierten Motoren zu Stromerzeugungsmotoren umfunktioniert. Deshalb haben in diesem Dorf einige Haushalte einen Fernsehapparat.*
[2] PLANCK und ZICHE, 1979, S. 103.

suchungsdorf starke Verwandtschaftsbande und intensive Nachbarschaftsbeziehungen festzustellen. Der Freundeskreis eines Bauern formiert sich fast ausschließlich aus seinen Nachbarn. Sie sind diejenigen, die er öfter besucht und die er - neben Verwandten - als erste in einer Notlage aufsucht. So haben 67 % aller befragten Bauern angegeben, daß sie sich bei kleinen Geldnöten zuerst an Freunde und Verwandte wenden. Die gewährten Kredite, meistens handelt es sich hierbei um kleine Geldbeträge, sind zinslos und werden im Anschluß an den nächsten Ernteverkauf zurückgezahlt. Sie werden im Vergleich zu anderen Kreditarten bevorzugt, auch wenn daraus zum Teil soziale Verpflichtungen zulasten des Kreditnehmers entstehen [1]. Ebenso ist die Nachbarschaftshilfe in allen untersuchten Dörfern nach wie vor groß. Die Nachbarn helfen sich bei bestimmten landwirtschaftlichen Arbeiten, z.B. bei der Linsenernte und bei der Feldbewässerung. Die gegenseitige Hilfeleistung wird erwartet und gehört zu den Pflichten jedes Nachbarn.

Die zwischenmenschlichen Kontakte finden hauptsächlich in den Wohnhäusern statt, da es in allen untersuchten Gemeinden an öffentlichen Kaffeehäusern, Teestuben und Vereinsheimen fehlt. Verwandte und Nachbarn versammeln sich oft, außerhalb der arbeitsreichen Zeit fast täglich, zur Unterhaltung im Haus eines Dorfbewohners. In moslemischen Häusern nehmen Frauen an diesen Gesprächen nicht teil, wogegen sich die christlichen Frauen in Mecherfe z.B. durchaus daran beteiligen. Nicht selten sieht man die Bauern vor einem Haus hockend Tee trinken und miteinander reden.

Ein weiteres wichtiges Kommunikationszentrum ist das Gebetshaus im Dorf: in Bserin, Chiha und Tiesien die Moschee und in Mecherfe die Kirche [2]. Dem Gebetshaus als Kommunikationsort kommt eine hohe Bedeutung zu, weil sich hier nicht nur die nächsten Nachbarn, sondern die gesamte Gemeinde wöchentlich und an religiösen Feiertagen versammelt. Normalerweise verlassen die Bauern die Moschee oder Kirche nicht gleich nach Beendigung des Freitags- bzw. Sonntagsgebets, und so ergibt sich die Gelegenheit für ausgedehnte Kontakte und Informationsaustausch. Welche Rolle die Religionszugehörigkeit für die Intensität der sozialen Beziehungen spielt, wird am Beispiel des Dorfes Mecherfe ganz deutlich, in dem zwei verschiedene religiöse Gemeinschaften nebeneinan-

---

[1] Vgl. PLANCK und ZICHE, 1979, S. 454.
[2] *Das Gebetshaus der Nuseiriyeh heißt Mazar; allerdings haben die Nuseiriyeh von Mecherfe kein solches Haus und verrichten ihre Gebete daheim.*

der leben. Innerhalb der christlichen Religionsgemeinschaft und der Gemeinschaft der Nuseiriyeh bestehen sehr intensive Kontakte. Zwischen den beiden Glaubensgemeinschaften sind sie gering und beschränken sich lediglich auf gegenseitige Besuche an Feiertagen.

Nach der Agrarreform verstärkten sich die Kontakte zwischen den Dörflern und Städtern, blieben jedoch in ihrer Qualität flüchtig. Durch die Veränderung ihrer sozialökonomischen Situation waren die Reformbauern und die Teilpächter gezwungen, zu ihren Betriebsmittellieferanten und zu ihren Produktabnehmern Handelsbeziehungen anzuknüpfen. Ferner bestand bei ihnen durch das gesteigerte Einkommen ein Bedarf an Gütern, die sie aber nur bei städtischen Händlern kaufen konnten. Außerdem arbeiten und wohnen viele Bauernsöhne in der Stadt und werden öfter von ihren Verwandten im Dorf besucht. So gaben 35 % der Befragten an, daß sie regelmäßig, d.h. zwei- bis dreimal im Monat, einen Verwandtenbesuch in der nächsten Stadt machen, 29 % unternehmen oft einen solchen Besuch und weitere 29 % nur gelegentlich. All die genannten Faktoren haben zur Verstärkung der Außenkontakte und damit zur Öffnung des dörflichen Sozialsystems beigetragen.

Abschließend soll hier auf die Wandlungen in den Beziehungen zwischen den Dorfbewohnern und den Grundherren eingegangen werden. Die Bauern unterhielten in der Vergangenheit keine intensiven Kontakte zu den Feudalherren, da diese nicht am Ort wohnten. Dennoch war die Beziehung zwischen beiden Seiten spannungsgeladen. Sowohl die Kontakte zu den Grundherren als auch zu den Verwaltern waren erzwungene Kontakte und durch Fremdbestimmung gekennzeichnet. Daher konnten sich zwischen Bauern und Grundherren keine freundschaftlichen Beziehungen entwickeln. Heute haben nur noch die Teilpächter von Tiesien mit dem Grundeigentümer zu tun. Ihre Beziehungen zu ihm haben sich jedoch weitgehend versachlicht.

6.3.3.4. Zunahme der Fremdversorgung

Die Ansprüche an Güter und Dienstleistungen sind in ihrer Höhe und Qualität u.a. eine Funktion des vorhandenen Lebensstandards, der seinerseits von der materiellen Lage abhängt. Die ländliche Bevölkerung, die vor der Agrarreform nur über ein geringes Einkommen verfügte, konnte damit nur die Elementarbedürfnisse, d.h. Ernährung, Bekleidung und Behausung, befriedigen. Insbesondere bei der Ernährung stand die Selbstversorgung im Vordergrund. So wurde der überwiegende Teil der Nahrung einer Bauernfamilie im eigenen Betrieb erzeugt. Der Fremdversorgungsanteil war sehr klein. Da Weizen und Linsen die Grundnahrung für die ländlichen Familien bilden, waren sie Jahr für Jahr Hauptbestandteil des Haushaltsvorrates. Außerdem gab es Vorratshaltung bei Gerste, Mais, Kichererbsen sowie getrocknetem Gemüse.

Eine durchschnittliche Familie bestehend aus zehn Personen verbrauchte in einem Jahr etwa folgende Mengen an Nahrungs- sowie Genußmitteln:

2 5oo kg Weizen (Brot und Burghul) [1],
 8oo kg Linsen,
 loo kg Kichererbsen,
 5o kg Zucker,
 7 kg Pflanzenöl,
 3 kg Salz und
 2 kg Tee.

Hinzu kommt auch einiges an Fleisch, Milch, Eiern, Gemüse und Obst.

Außer Zucker, Öl, Salz und Tee wurden im Dorfladen auch noch 2o-3o Liter Petroleum im Jahr für die Petroleumlampen gekauft. Gekocht und geheizt wurde mit Holz und getrocknetem Dung. Aus dieser nur groben Aufstellung wird deutlich, wie einfach die Bedarfsstruktur der Bauernfamilie und wie hoch gleichzeitig der Grad der Selbstversorgung war.

Diese Verhältnisse bestehen heute größtenteils nicht mehr. Es wird sowohl quantitativ als auch qualitativ mehr an Nahrungsmitteln gekauft. Reis, Fleisch, Gemüse, Obst und Käse werden, in Relation zu früher, in größeren Mengen verzehrt. Vieles davon wird nicht im eigenen Betrieb erzeugt, ist im Dorfladen nicht erhältlich und muß deshalb in der Stadt gekauft werden. Sogar Brot wird heute in mehreren Bauernhaushalten nicht mehr gebacken. Die Mehrzahl der Fellachen konnte sich früher kaum Fleisch leisten und wenn, dann nur an Festtagen. Wie die Untersuchung ergab, ist der Fleischverbrauch seit der Bodenreform gestiegen. Dies ist zumindest die Einschätzung von 8o % aller befragten Landwirte. Nur 4 % meinten, daß sie heute weniger Fleisch essen als früher. Aus Tabelle 43 wird ersichtlich, daß 42 % der Befragten ein- bis zweimal Fleisch im Monat essen, 15 % drei- bis fünfmal und 4 % mehr als sechsmal; 39 % verzeh-

---

[1] *Burghul ist Weizengrütze.*

ren überhaupt kein Fleisch. Im Gegensatz zu früher wird Fleisch vermehrt in den städtischen Metzgereien gekauft.

Tabelle 43: <u>Häufigkeit des Fleischverzehrs im Monat in v.H.</u> (n = 188)

Häufigkeit des Fleischverzehrs	Bserin abs.	Bserin rel.	Chiha abs.	Chiha rel.	Mecherfe abs.	Mecherfe rel.	Tiesien abs.	Tiesien rel.	alle Dörfer abs.	alle Dörfer rel.
keinmal	14	4o	12	34	11	25	37	5o	74	39
ein- bis zweimal	15	43	14	4o	2o	45	29	39	78	42
drei- bis fünfmal	4	11	7	2o	1o	23	7	1o	28	15
sechsmal und mehr	2	6	2	6	3	7	1	1	8	4
insgesamt	35	1oo	35	1oo	44	1oo	74	1oo	188	1oo

<u>Quelle:</u> eigene Erhebung

Ebenso verbesserte sich nach der Agrarreform der Kauf von Bekleidung. Das wurde von 94 % aller befragten Landwirte bestätigt. Etwa 41 % von ihnen kaufen jedes Jahr zwei Anzüge, während sie sich zuvor nur alle drei bis vier Jahre einen einzigen leisten konnten. Die Bauern fahren nicht mehr, wie früher, nur einmal im Jahr nach der Ernte in den Basar, sondern mehrmals im Jahr, um dort Textilien zu kaufen.

Nach der Veränderung der gesamten Einkaufssituation befragt, haben 94 % aller in die Untersuchung einbezogenen Bauern angegeben, daß diese sich entschieden gebessert hat. Die Gründe für eine solche Verbesserung liegen in dem erzielten höheren Einkommen, in dem Vorhandensein einer größeren Auswahl an Gütern sowie in den besseren Verkehrsverbindungen zur Stadt. Steigendes Einkommen führte zur Steigerung der Ansprüche. Früher kamen die ländlichen Familien ohne Möbel aus, heute werden vor jeder Heirat zuerst ein Schrank, ein Bettgestell und einige Stühle gekauft.

Der überwiegende Teil dieser Ansprüche kann nur in der benachbarten Stadt befriedigt werden. Tatsächlich hat sich ergeben, daß die Bauern heute viel mehr als früher in die Stadt fahren, um sich zu versorgen. Nur die wenigsten (5 %) fahren nicht dorthin, sie lassen sich aber trotzdem durch ihre Verwandten Güter und Sachen aus der Stadt holen. Tabelle 44 zeigt, daß weitaus die meisten befragten Landwirte mehr als zweimal monatlich in die Stadt fahren, um einzukaufen. Der häufigere Einkauf ist nach der Bodenreform fast zur Regel

Tabelle 44: Häufigkeit des monatlichen Einkaufs in der Stadt in v.H.
(n = 188)

Häufigkeit städtischen Einkaufs	Bserin		Chiha		Mecherfe		Tiesien		alle Dörfer	
	abs.	rel.	abs.	rel.	abs.	rel.	abs.	rel.	abs.	rel.
keinmal	2	5	2	5	2	4	4	5	1o	5
einmal	2	6	3	9	3	7	6	8	14	8
zwei- bis viermal	17	49	12	34	29	66	31	42	89	47
fünfmal und mehr	14	4o	18	52	1o	23	33	45	75	4o
Insgesamt	35	1oo	35	1oo	44	1oo	74	1oo	188	1oo

Quelle: eigene Erhebung

bei allen untersuchten Landwirten geworden [1]. Er ist ein Indikator für die Zunahme der Fremdversorgung in den Untersuchungsdörfern.

Viele Landwirte erhalten von ihren Angehörigen, die in der Stadt leben und sie ab und zu besuchen, Geld oder andere Geschenke. Diese Zuwendungen sind ein Teil der Fremdversorgung, deren Umfang, wie die befragten Bauern berichteten, nach der Agrarreform zunahm. Über die Hälfte der befragten Landwirte (53 %) bejahte die Frage nach dem Erhalt von Zuwendungen. Diese stellen einen Beitrag zur Verbesserung der Lebensverhältnisse in den bäuerlichen Haushaltungen dar.

Die Verbesserung der Wohnverhältnisse sowie die Versorgung der Dörfer mit Strom, Wasser und Bildungseinrichtungen sind ein Teil der Fremdversorgung und sollten deshalb an dieser Stelle nicht unerwähnt bleiben. Auch hier haben sich die Verhältnisse verändert, was auf eine Zunahme der Fremdversorgung hinweist. Im nachfolgenden Kapitel bei der Behandlung der infrastrukturellen und institutionellen Veränderungen wird hierauf näher eingegangen.

---

[1] *Hinsichtlich der Häufigkeit städtischen Einkaufs ergaben sich keine Differenzen zwischen den verschiedenen Sozialkategorien. Die Überprüfung der Mittelwertunterschiede durch den t-Test bestätigte diese Feststellung: Agrarreformbauern (a), Eigentumsbauern (b), Teilpächter (c)*

$t_{a, b} = 0,25 < t_{tab.} = 1,97$ *(FG = 147; α = 0,05)*
$t_{a, c} = 1,22 < t_{tab.} = 1,97$ *(FG = 155; α = 0,05)*
$t_{b, c} = 0,81 < t_{tab.} = 1,99$ *(FG = 72; α = 0,05)*

6.3.3.5. Pendlerwesen und Wanderbewegung

Bei der Besprechung der sozialstrukturellen Veränderungen hat sich gezeigt, daß in keinem der Untersuchungsdörfer die frühere, rein bäuerliche Struktur mehr vorhanden ist. Viele Erwerbspersonen besitzen heute keine Bindung mehr zur Landwirtschaft. Sie sind entweder aus dem Dorf abgewandert oder zählen zu den vielen Berufspendlern, die ihren Arbeitstag außerhalb der Gemeinde verbringen und nur nachts, an Feiertagen und am Wochenende heimkehren. Die meisten landwirtschaftlichen Betriebe sind zu klein, um für mehrere Arbeitskräfte eine Beschäftigung zu bieten. Oft sind nicht einmal die Betriebsinhaber bei der gegebenen Anbaustruktur und Produktionstechnik ausgelastet und müssen daher eine zusätzliche, nichtlandwirtschaftliche Tätigkeit aufnehmen. Da in den Gemeinden selbst keine oder nur eine begrenzte Anzahl von Arbeitsplätzen vorhanden sind bzw. ist, ergibt sich hieraus die Notwendigkeit zur Ab- oder Pendelwanderung.

Die Anzahl der Berufspendler, die in Hama und Homs arbeiten, ist in allen Untersuchungsdörfern hoch. Gerade in diesen beiden städtischen Zentren konzentriert sich das Angebot an Arbeitsplätzen. Im Erhebungsjahr gab es in Bserin 1o3, in Chiha 137 und in Tiesien 121 Auspendler, die durchweg Berufspendler waren (Tab. 45). Bezogen auf die Gesamtzahl der in den jeweiligen Dörfern

Tabelle 45: Anzahl und Berufe der Pendler in Bserin, Chiha und Tiesien nach Altersklassen 1977

Altersklasse in Jahren	Bserin						Chiha						Tiesien					
	Arbeiter	Angestellte	Lehrer	Fahrer	Händler	Insgesamt	Arbeiter	Angestellte	Lehrer	Fahrer	Händler	Insgesamt	Arbeiter	Angestellte	Lehrer	Fahrer	Händler	Insgesamt
bis 2o	2	1	1	-	-	4	3	-	2	1	-	6	18	2	-	1	-	21
21 - 3o	11	14	1o	1	-	36	2o	29	17	5	1	72	39	28	3	6	-	76
31 - 4o	2o	9	7	3	1	4o	12	16	2	5	1	36	14	4	-	1	-	19
über 41	11	5	-	3	4	23	1o	5	-	6	2	23	4	1	-	-	-	5
insgesamt	44	29	18	7	5	1o3	45	5o	21	17	4	137	75	35	3	8	-	121

Quelle: eigene Erhebung

wohnenden Erwerbstätigen ergibt sich hieraus ein Pendleranteil von 58 % für Bserin, 53 % für Chiha und 34 % für Tiesien. Der verhältnismäßig kleinere Pendleranteil im letztgenannten Dorf ist auf die besseren Beschäftigungsverhältnisse in den Teilpachtbetrieben zurückzuführen. Dank der größeren Flächenausstattung und des höheren Intensitätsgrades können hier mehr Personen beschäftigt werden. Der Zwang zur Abwanderung aus der Landwirtschaft ist geringer. Nur 19 % aller arbeitsfähigen Personen der Teilpächterfamilien gehen einer nichtlandwirtschaftlichen Tätigkeit in Hama nach und gehören somit zu den Berufspendlern. Demgegenüber beläuft sich dieser Anteil auf 46 % bei den Agrarreformbauernfamilien in Tiesien.

Alters- und Berufsstruktur der Pendler zeigen, daß die meisten von ihnen jung sind und vorwiegend in Dienstleistungsbereichen arbeiten (Tab. 45). Nahezu 6o % aller Pendler in den drei Dörfern sind unter 31 Jahre und weitere 26 % zwischen 31 und 4o Jahre alt. Das bedeutet, daß vor allem jüngere Menschen ihre gewohnte Umgebung verlassen und in einer neuen Arbeitsumwelt und sozialen Einflußsphäre leben. Die Zunahme des Pendlertums führt zur Öffnung des dörflichen Sozialsystems nach außen, die dadurch beschleunigt wird, daß die überwiegende Mehrzahl der Pendler junge, allgemein Neuerungen aufgeschlossener gegenüberstehende Menschen sind.

Die Berufe der Pendler wurden der Anschaulichkeit halber in fünf Kategorien unterteilt: Arbeiter, Angestellte, Lehrer, Fahrer sowie Händler. Als Arbeiter einschließlich Gelegenheitsarbeiter zählen alle Personen, die in der Industrie, im Handwerk oder in der Bauwirtschaft tätig sind. Unter Angestellten werden hier sowohl alle im privatwirtschaftlichen Sektor und im Staatsdienst arbeitenden Personen (einschließlich der wenigen Beamten) zusammengefaßt. Fahrer bezeichnet Taxi- und Kleintransporterfahrer, und als Händler gelten sowohl diejenigen, die einen Verkaufsladen in der Stadt besitzen und darin arbeiten, als auch die mobilen Straßenverkäufer.

Etwa die Hälfte aller Pendler sind Arbeiter, meist Bauarbeiter, Straßenarbeiter, Gepäckträger sowie Hilfsarbeiter. Das hängt damit zusammen, daß ihnen eine Berufsausbildung fehlt und daher nur die Verrichtung ungelernter Arbeit übrig bleibt. Die zweitstärkste Berufsgruppe besteht aus Angestellten, gefolgt von Lehrern, Fahrern und sonstigen Berufen. Der Lehreranteil an der Gesamtzahl der Berufspendler ist in Chiha mit 15 % gegenüber nur 2 % in Tiesien auffallend hoch. Das hängt damit zusammen, daß der Schulbesuch in Chiha stärker ist und daß damit hier früher als in Tiesien begonnen wurde [1].

Auch die Anzahl der Abwanderer in den untersuchten Dörfern ist relativ hoch. In Bserin haben sich seit Beginn der 6oer Jahre 64 Personen, in Chiha 59 und in Tiesien 3o zu einem ständigen Wohn- und Arbeitsortswechsel entschieden. Durchschnittlich ist jede zweite Familie in Bserin, jede dritte in Chiha und jede sechste in Tiesien von der Abwanderung betroffen. Die Mehrzahl der Abwanderer (71 %) lebt heute in Damaskus, weitere 22 % leben in Hama oder Homs und die restlichen 7 % im Ausland [2].

Die besseren Verdienstmöglichkeiten und Wohnverhältnisse, die bessere Versorgung auf allen Gebieten sowie die besseren Bildungs- und Ausbildungschancen für die Kinder sind u.a. Faktoren, welche die Land-Stadt-Abwanderung begünstigen. In beruflicher Hinsicht besteht die Mehrheit der Abwanderer aus Beamten, Angestellten und Soldaten. Hierzu ist aus Chiha ein Arzt sowie aus Bserin ein weiterer Arzt und ein Hochschullehrer zu zählen. Es fällt auf, daß es unter den Abwanderern nur ganz wenige Arbeiter gibt. Durch die Abwanderung werden einerseits zwar die Beschäftigungsverhältnisse auf dem Lande verbessert - der Druck auf die begrenzten Arbeitsplätze wird geringer -, auf der anderen Seite aber führt sie langfristig zur Verarmung der ländlichen Gebiete und zur Hemmung ihrer Entwicklung, da in der Regel unternehmerische Personen die Dörfer verlassen (soziale Erosion).

Nach Angaben der Dorfbewohner gab es in Chiha vor der Agrarreform neben mehreren Gelegenheitsarbeitern nur zwei Angestellte, die in Hama tätig waren. Ähnlich gering dürfte auch die Anzahl der Berufspendler in den übrigen Untersuchungsdörfern gewesen sein. Ein Vergleich mit den im Erhebungsjahr ermittelten Zahlen zeigt eine erhebliche Ausweitung des Pendlerwesens und der Binnenwanderung. Diese steigende Tendenz wird in Zukunft mit hoher Sicherheit anhalten, und zwar solange es in den ländlichen Gebieten an Arbeitsplätzen mangelt. Die landwirtschaftlichen Betriebe sind bei ihren gegenwärtigen Produktionsverhältnissen nicht in der Lage, mehr Arbeitskräfte aufzunehmen. Dies ist nur möglich bei einer weiteren Ausdehnung des bewässerten Landes und einer

---

[1] *Vgl. hierzu die Ausführungen im Abschnitt 6.4.5.*
[2] *Die Abwanderer gehen in die benachbarten arabischen Länder wie Saudi-Arabien, Kuwait, die arabischen Emirate und früher Libanon.*

gleichzeitigen Anbauintensivierung, z.B. durch Anbau von Hackfrüchten und anderen arbeitsintensiveren Kulturen. Auch bei Durchführung derartiger Maßnahmen bleibt die Aufnahmefähigkeit der Betriebe für zusätzliche Arbeitskräfte begrenzt.

6.3.3.6. Veränderungen der Fremdbestimmung

Im Gegensatz zu den Eigentumsbauern, die in jeder Hinsicht eine weitgehende Eigenbestimmung besaßen, waren die ehemaligen Teilpächter vor der Bodenreform von den Grundherren und deren Vertretern abhängig. Die feudalistische Fremdbestimmung zeigte sich im betrieblichen Bereich in unterschiedlicher Stärke, beschränkte sich allerdings nicht nur darauf und reichte in die soziale und politische Abhängigkeit hinein (vgl. Abschnitt 6.3.1.). Der frühere Grundeigentümer von Mecherfe und seine Vertreter im Dorf räumten den Teilpächtern ein Höchstmaß an Eigenbestimmung ein. Sie mischten sich nicht in die Bewirtschaftung ein und so konnten die Bauern dieses Dorfes ihre Anbauvorhaben ohne jede Bevormundung durchführen. Als dann Mecherfe in die Hand eines sehr rückständigen feudalen Zwischenpächters überging, veränderten sich diese Verhältnisse grundlegend. Der neue Verpächter erhöhte den Pachtzins und zwang die Teilpächter, mehr Baumwolle in ihren Betrieben anzubauen. Die Einengung der früheren Entscheidungsfreiheit der Bauern bedeutete eine Zunahme der Fremdbestimmung, die erst durch die Agrarreform beseitigt wurde.

Aber auch in Chiha und Tiesien waren die Bauern frei hinsichtlich ihrer Anbauentscheidungen und doch war hier die Fremdbestimmung spürbarer als in Mecherfe. Die Vertreter der Großgrundeigentümer, unterstützt von einigen Feldhütern, beherrschten während der Erntezeit das ganze Dorf. Sie überwachten strikt die Erntearbeiten und beaufsichtigten die Aufteilung der Ernte und ihren Transport in die Getreidelager des Verpächters. In Tiesien durften die Teilpächter ihre Ertragsanteile vom Feld erst wegräumen, wenn die Anteile des Eigentümers abtransportiert waren. Ein Bauer, der dies davor tat, riskierte die Beschlagnahme seines Ernteanteiles und deshalb warteten alle, bis sie von dem Vertreter des Grundherren die Erlaubnis zum Ernstetransport erhielten. Ebenso wie in Mecherfe veränderten sich die Verhältnisse in Chiha vor der Bodenreform. Die Bauern verloren jede betriebliche Entscheidungsmöglichkeit und mußten, als das Dorf von Agrarunternehmern gepachtet wurde, deren Anordnungen ausführen (vgl. Abschnitt 5.1.). Die Unternehmer bestimmten das gesamte Betriebsgeschehen, also die Anbaukulturen, die Anbauflächen, Saat- und Düngermengen sowie Aussaat-, Bewässerungs- und Erntezeiten. Die Teilpächter konnten in keiner betrieblichen Frage mitbestimmen und hatten lediglich zu folgen.

Unmittelbar nach der Agrarreform verschwand aus den Dörfern jede Form von Fremdbestimmung im betrieblichen Bereich. Sowohl die Bodenreformbauern als auch die Teilpächter erlangten, wie zuvor die Eigentumsbauern, die volle Eigenbestimmung. Sie durften ihre Betriebe selbständig, ohne Einmischungen Dritter dulden zu müssen, führen und konnten die Produkte anbauen, die aus ihrer Sicht günstig waren. Seit Beginn der 7oer Jahre zeichnet sich eine Zunahme der Fremdbestimmung ab. Diesmal sind es jedoch keine Privatpersonen, die über die Bauern bestimmen. Der Staat schaltet sich zunehmend in die Versorgung mit Betriebsmitteln und in die Vermarktung ein, wodurch die Bezugs- und Absatzentscheidung der einzelnen Bauern beeinträchtigt wird. Im Jahre 1976 versuchte man, einen staatlichen Produktionsplan in den Betrieben und Dörfern durchzusetzen, allerdings ohne jeden Erfolg. Für viele Dörfer, darunter Chiha und Tiesien, wurde ausgehend von den angestrebten Planzielen auf Landesebene ein Anbau-Sollplan ausgearbeitet. Die dortigen Genossenschaften sollten seine Durchsetzung in den einzelnen Betrieben beaufsichtigen. Jeder Betriebsinhaber sollte bestimmte Kulturen auf bestimmten, vom Staat in ihrem Umfang festgelegten Flächen anbauen. Denjenigen Bauern, die sich dagegen auflehnten, drohte man mit Gefängnis- oder Geldstrafen [1]. Dieses Vorhaben des Staates zur Beeinflussung des Anbaues scheiterte schon in den ersten Anfängen, da alle Bauern es geschlossen ablehnten. Die Verwirklichung der Produktionspläne wäre vielleicht gelungen, wenn die Bauern bei der Ausarbeitung mitbestimmt und mitgewirkt hätten. Da sie aber davon ausgeschlossen wurden und da keinerlei Beratung stattfand, war ihre Ablehnung dieser neuen Fremdbestimmungsvariante verständlich. Parasoxerweise sollte die Genossenschaft von Tiesien den Produktionsplan nicht nur bei ihren Mitgliedern, sondern auch bei den Teilpächtern durchsetzen, auf die sie keinerlei Einfluß hatte und heute noch hat.

Im Vergleich zu der Zeit vor der Agrarreform zeigt sich eine Abnahme der feudalen Fremdbestimmung im betriebswirtschaftlichen Entscheidungsbereich zu-

---

[1] *Um die Verwirklichung des Produktionsplanes zu sichern, wurde ein spezielles Gesetz erlassen (Gesetz Nr. 14/1976). Seine Bestimmungen sahen Geldstrafen in Höhe von 3 000-5 000 Lera sowie Gefängnisstrafen für Bauern vor, die ihren Anbau nicht nach den staatlichen Anbauplänen richten.*

gunsten der Eigenbestimmung. Demgegenüber nimmt die staatliche Fremdbestimmung in diesem Bereich seit Jahren zu. Auch wenn der Bauer früher in der Gestaltung des Anbaues relativ frei war, so lebte er jedoch unter feudalen Verhältnissen, die eher der Fremdbestimmung förderlich waren. "Er konnte nicht fordern, er konnte nur annehmen, was ihm die Grundbesitzer und Kreditgeber gewährten" [1]. Eine echte Eigenbestimmung in allen Lebensbereichen konnte sich unter feudaler Herrschaft unmöglich entwickeln. Wollte z.B. der Grundherr ein Vorhaben im Dorf durchführen, so war keiner in der Lage, dies abzulehnen.

6.3.4. Änderungen des Lebensstandards

In den Untersuchungsdörfern war der Lebensstandard, der entscheidend von den Einkommensverhältnissen abhängt, vor der Agrarreform außerordentlich niedrig und von einer allgemeinen Nivellierung gekennzeichnet. Zwar gab es in jedem Dorf einige Bauern, die etwas begütert waren, in ihrem Lebenshaltungsniveau jedoch kaum höher lagen als die Ärmeren. Wie aus den Ausführungen der beiden Abschnitte 6.2.2. und 6.2.4. hervorgeht, wurde ein Teil der nach der Bodenreform erfolgten Einkommenserhöhung in die Betriebe investiert, ein nicht unerheblicher Teil wurde zur Verbesserung der Lebensverhältnisse verwendet, zumal hierzu ein großer Nachholbedarf bestand. Gleichzeitig mit dem Anstieg der Familieneinkommen nahmen die Ansprüche der Bauern auf allen Ebenen zu. So will man heute nicht mehr sein ganzes Leben in einer Lehmhütte verbringen und baut deshalb ein Haus mit neuem Baumaterial und moderner Wohneinrichtung. Außerdem wird eine bessere Ernährung und Bekleidung angestrebt. Die Bauern sind heute mehr dazu in der Lage und auch bereit, einen wichtigen Teil ihres Einkommens dafür auszugeben. Ferner wollen sie, wie die Städter, Besitzer von langlebigen Gebrauchsgütern, vor allem Fahrzeugen sein, die von ihnen vermehrt gekauft werden und die sich ganz besonders als Indikatoren für einen gestiegenen Lebensstandard eignen. Den Kauf von Autos können sich aber nur sehr wenige leisten.

Um die einzelnen Dörfer und die verschiedenen befragten Sozialkategorien hinsichtlich ihres Lebensstandards miteinander vergleichen zu können, mußte zunächst ein Index gebildet werden. In einem ersten Schritt wurden aus der Summe der untersuchten Variablen diejenigen ausgesucht, welche offensichtlich

---
[1] *SCHICKELE, 1957, S. 41.*

Indikatoren für die Höhe des Lebensstandards darstellen [1]. Da sich aber nicht alle diese Indikatoren für die Indexbildung eigneten, wurden in einem zweiten Schritt die folgenden sieben ausgewählt und herangezogen:

1. Typ des Wohnhauses (Lehmhaus, Lehm- und Zementhaus sowie Zementhaus),
2. Das Vorhandensein oder Nichtvorhandensein einer separaten Küche im Haus,
3. Zahl der jährlich gekauften Anzüge,
4. Häufigkeit des Fleischverzehrs pro Monat,
5. Besitz oder Nichtbesitz eines Kassettentonbands,
6. Besitz oder Nichtbesitz eines Motorrades und
7. Besitz oder Nichtbesitz eines Autos.

Der erste, vierte und siebte Indikator wurden wegen ihrer angenommenen größeren Bedeutung für den Lebensstandard mit einem Multiplikator gewichtet und mit den übrigen Indikatoren addiert [2]. Der auf diese Weise gewonnene Index hat insgesamt 12 Ausprägungen, von denen 2 unbesetzt waren. Die 1o Indexausprägungen oder Summenwerte wurden in 5 Klassen mit je 2 Ausprägungen, d.h. mit gleichgroßer Klassenbreite, unterteilt. Klasse 1 umfaßt die beiden niedrigsten Summenwerte 0 und 1 und entspricht dem niedrigsten Lebensstandard. Umgekehrt besteht Klasse 5 aus den beiden höchsten Summenwerten 8 und 9 und bildet den vergleichsweise höchsten Lebensstandard. Klasse 3 ist die mittlere Lebensstandardklasse, die gewissermaßen den durchschnittlichen Lebensstandard der untersuchten Stichprobe darstellt. Es muß darauf hingewiesen werden, daß der hier gebildete Lebensstandardindex lediglich als Vergleichsmaßstab zu verwenden ist. Die Verteilung der untersuchten Sozialkategorien auf die fünf Lebensstandardklassen ist in Tabelle 46 enthalten. 54 % der befragten Eigentumsbauern, 48 % der Bodenreformbauern und nur 11 % der Teilpächter haben demnach einen vergleichsweise unterdurchschnittlichen Lebensstandard. Umgekehrt weisen nur 3 % der Eigentumsbauern, 19 % der Bodenreformbauern und 3o % der

---

[1] *Einige Schlüsselpersonen in den Dörfern wurden danach befragt, worin sich reichere Bauern von ärmeren unterscheiden. Aus ihren Antworten ergaben sich Hinweise für 28 Lebensstandardindikatoren, die dann in der Hauptbefragung erhoben wurden. Von ihnen wurden sieben zur Bildung des angewandten Index herangezogen.*

[2] *Die Ausprägungen des Indikators Besitz eines Autos wurden mit der Zahl 3, die Ausprägungen der Indikatoren Typ des Wohnhauses und Häufigkeit des Fleischverzehrs mit 2 multipliziert.*

Tabelle 46: Verteilung der untersuchten Sozialkategorien auf die einzelnen Lebensstandardklassen (n = 188)

Lebensstandard-klasse	Agrarreform-bauern		Eigentums-gauern		Teilpächter		insgesamt	
	abs.	%	abs.	%	abs.	%	abs.	%
1	24	21	5	14	1	3	3o	16
2	31	27	14	4o	3	8	48	25
3	37	33	15	43	23	59	75	4o
4	21	18	1	3	8	2o	3o	16
5	1	1	-	-	4	1o	5	3
Insgesamt	114	1oo	35	1oo	39	1oo	188	1oo

Quelle: eigene Erhebung

Teilpächter einen überdurchschnittlichen Lebensstandard auf. Bei dieser letztgenannten Kategorie ist außerdem mit 59 % der Anteil derjenigen, die einen durchschnittlichen Lebensstandard haben, auffallend hoch. Insgesamt haben also die Teilpächter ein relativ höheres Lebensstandardniveau als die Eigentumsbauern oder die Bodenreformbauern, zwischen denen diesbezüglich nur geringe Unterschiede vorhanden sind [1].

Unter Berücksichtigung der Bewässerungslandwirtschaft läßt sich die untersuchte Stichprobe in fünf soziale Kategorien einteilen, die hinsichtlich der ausgewählten Lebensstandardindikatoren eine Rangfolge ergeben. Die Teilpächter stehen an erster, die Bodenreformbauern mit Bewässerung an zweiter, die Eigentumsbauern mit Bewässerung an dritter, die Bodenreformbauern ohne Bewässerung an vierter und die Eigentumsbauern ohne Bewässerung an fünfter Stelle (Tab. 47).

---

[1] *Die Überprüfung des Mittelwertunterschiedes durch den t-Test hat ergeben, daß zwischen den Teilpächtern (a) einerseits und den Eigentumsbauern (b) bzw. Agrarreformbauern (c) andererseits signifikante Unterschiede bestehen, die aber zwischen den letzten beiden Kategorien nicht vorhanden sind.*

$t_{a,b} = 3,97 > t_{tab.} = 1,99$ $(FG = 72; \alpha = 0,05)$
$t_{a,c} = 3,99 > t_{tab.} = 1,97$ $(FG = 151; \alpha = 0,05)$
$t_{b,c} = 1,23 < t_{tab.} = 1,97$ $(FG = 147; \alpha = 0,05)$

Tabelle 47: Rangfolge der untersuchten Sozialkategorien hinsichtlich der ausgewählten Lebensstandardindikatoren

Indikator	Sozialkategorie				
	Agrarreformbauern		Eigentumsbauern		Teilpächter
	mit Bewässerung	ohne Bewässerung	mit Bewässerung	ohne Bewässerung	mit Bewässerung
Auto	3	2	4	5	1
Motorrad	1	5	4	3	2
Kassettentonband	3	5	1	4	2
Anzüge	3	4	2	5	1
Häufigkeit des Fleischessens	2	4	1	5	3
Haustyp	2	4	3	5	1
Separate Küche	2	3	4	5	1

Quelle: eigene Erhebung

Die Unterschiede im Lebensstandardniveau lassen sich im wesentlichen auf drei Faktoren zurückführen: Betriebsgröße, Grad der Anbauintensivierung sowie Ausmaß der Nebeneinkünfte. Von der Größe des landwirtschaftlichen Betriebes hängen seine Einnahmen ab. In Tabelle 48 wird der Zusammenhang zwischen der Betriebsgröße und dem Lebensstandard ganz deutlich. Während nur 18 % der Inhaber von Betrieben unter 1o ha und 13 % von Betrieben mit 1o-2o ha einen überdurchschnittlichen Lebensstandard haben, beträgt der Anteil bei Betrieben

Tabelle 48: Lebensstandard in Abhängigkeit von der Betriebsgröße in v.H. (n = 188)

Betriebsgröße in ha	Lebensstandard			insgesamt
	unterdurchschnittlich	durchschnittlich	überdurchschnittlich	
unter 1o	45 (n=54)	37 (n=44)	18 (n=21)	1oo (n=119)
1o bis unter 2o	47 (n=21)	4o (n=18)	13 (n= 6)	1oo (n= 45)
2o und mehr	13 (n= 3)	54 (n=13)	33 (n= 8)	1oo (n= 24)
insgesamt	41 (n=78)	4o (n=75)	19 (n=35)	1oo (n=188)

Quelle: eigene Erhebung

von mehr als 2o ha 33 %. Wenn die Lebensverhältnisse in den Betrieben unter
1o ha insgesamt gesehen etwas besser sind als in den Betrieben von 1o bis 2o
ha, so hängt dies mit dem in den Kleinbetrieben verbreiteten außerbetrieblichen Zuerwerb zusammen.

Die Anbauintensität ist der zweite Bestimmungsfaktor. Im Abschnitt 6.2.4.
wurde bereits gezeigt, daß die Inhaber von Teilbewässerungsbetrieben im allgemeinen größere Einnahmen erzielen als diejenigen von Regenfeldbaubetrieben.
Die Teilpächter mit ihren größeren Betrieben und größeren Bewässerungsanteilen haben deshalb auch einen höheren Lebensstandard.

Ferner beeinflussen die Nebeneinkünfte den Lebensstandard der bäuerlichen
Haushalte. Sieht man von den Teilpächtern ab, so bezieht die Mehrheit der
übrigen befragten Bauern nichtlandwirtschaftliche Einkünfte. Nicht selten hat
eine Bauernfamilie mehr als ein Einkommen. In Chiha beispielsweise gibt es
einige Haushalte, die drei, vier oder fünf verschiedene Einkommen beziehen.
Solange die Söhne, die in nichtlandwirtschaftlichen Berufen tätig sind, keine
eigene Familie gegründet haben, fließen ihre Gehälter fast in vollem Umfang
dem elterlichen Haushalt zu. Das schlägt sich natürlich im Lebensstandard der
ganzen Familie nieder.

Zusammenfassend läßt sich feststellen, daß die Agrarreform Voraussetzungen
für eine Teilnahme der Reformbegünstigten am Prozeß der allgemeinen Verbesserung der Lebensverhältnisse geschaffen hat. In den untersuchten ehemaligen
Grundherrendörfern ist der Lebensstandard heutzutage im Vergleich zu früher
höher und uneinheitlicher. Die wenigen Möglichkeiten zu seiner Differenzierung, die vor der Bodenreform gegeben waren, wirkten sich nicht merklich aus.
Heute dagegen erzielen die Bauern unterschiedliche Einkommen und stellen an
die Lebenshaltung ungleiche Ansprüche. Die Chancen für eine Differenzierung
sind also größer geworden. Dennoch darf die ermittelte Verbesserung des Lebensstandards auf dem Lande nicht darüber hinwegtäuschen, daß das städtische
Niveau höher ist [1]. Die diesbezüglichen Unterschiede lassen sich aber mangels aufschlußreichem Material nicht quantifizieren.

---

[1] *In den Städten Syriens liegt das Durchschnittseinkommen höher als in den
ländlichen Gebieten. Außerdem ist hier die Ausstattung mit Einrichtungsgegenständen und dauerhaften Konsumgütern sowie die Versorgung mit Bildungs-,
Gesundheits- und Freizeiteinrichtungen weitaus besser; diese Faktoren beeinflussen entscheidend den Lebensstandard und tragen zur Verbesserung seines Niveaus bei der städtischen Bevölkerung bei.*

6.4. Infrastrukturelle und institutionelle Veränderungen

6.4.1. Siedlungs- und Wohnungswesen

Bei den untersuchten vier Dörfern handelt es sich, ähnlich wie bei den meisten ländlichen Siedlungen Syriens, um geschlossene Haufendörfer. Diese Siedlungsform ist sehr stark verbreitet, vor allem in den altbesiedelten Gebieten, zu denen auch das Untersuchungsgebiet gehört. Die Dörfer zeigen einen unregelmäßigen Grundriß, auf dem die Wohnhäuser wahllos dicht aneinander stehen. Es gibt keine Straßen, welche die Wohnstätten in klar voneinander abgegrenzte Bezirke teilen, sondern lediglich einige etwas breitere Durchgangswege, die zum Dorfzentrum führen und die die sehr engen Neben- und Sackgassen miteinander verbinden [1]. Im Zentrum befindet sich meist das Gebetshaus, eine Moschee oder eine Kirche sowie, je nach Siedlungsgröße, ein oder mehrere Verkaufsläden. Ringsherum liegen die Wohnhäuser, die in ihrer Mehrzahl einstöckig und aus mit Stroh vermengtem Lehm gebaut sind. Viele Häuser bestehen aus einem einzigen Wohnraum, andere wiederum haben mehrere Räume und einen Hof, in dem auch die Tiere untergebracht werden.

Im Zuge der Agrarreform sollte das Siedlungsbild der Dörfer verändert werden. Geplant war die Verlegung der alten Dorfanlagen von Chiha und Tiesien und die Errichtung eines modernen Wohnbereichs mit asphaltierten Straßen und neuen Wohnhäusern für alle Familien, gleichgültig, ob sie in der Landwirtschaft arbeiten oder nur im Dorf wohnen. Ein Teil der Enteignungsfläche, in Chiha 21 ha und in Tiesien etwa 32 ha, wurde deshalb aus dem Verteilungsprogramm herausgenommen und für den Bau von Wohnungen, Schulen, Straßen, Genossenschaftshaus sowie anderen gemeinnützigen Einrichtungen bestimmt. Im dritten Reformdorf Mecherfe durfte demgegenüber das alte Siedlungsbild nicht verändert werden, da dieser Ort zu den geschichtsträchtigen Ortschaften im Untersuchungsgebiet gehört und hier zu einem späteren Zeitpunkt Ausgrabungen vorgenommen werden sollten.

Sowohl in Chiha als auch in Tiesien haben sich seit der Durchführung der Agrarreform die Wohnverhältnisse vieler Bauern gebessert. In beiden Dörfern entstand ein Viertel mit neuen Wohnhäusern. 73 % aller befragten Landwirte

---

[1] *Das ist das allgemeine Siedlungsbild sehr vieler orientalischer Haufendörfer (vgl. UHLIG, 1972, S. 81).*

in Tiesien und 43 % in Chiha bewohnen seit Jahren eine Neubauwohnung in diesem neuen Wohnviertel, während die übrigen im alten Dorfkern geblieben sind. Obwohl jede am Ort ansässige Familie Anspruch auf ein kostenloses Baugrundstück hat, konnten nicht alle Bauern von diesem Angebot Gebrauch machen, da die Baukosten zu hoch sind. Der Staat stellt lediglich den Bauplatz zur Verfügung und die Bauern müssen selbst für den erforderlichen Baukredit sorgen. Aber viele von ihnen erhalten keinen, weil sie dafür keine ausreichenden Sicherheiten bieten können.

Von den alten Wohnhäusern unterscheiden sich die neuen in Chiha und Tiesien dadurch, daß sie geräumiger sind und aus modernem Baumaterial bestehen. Sie sind an die städtische Bauweise angepaßt und enthalten im Gegensatz zu den Altwohnungen weder Hof noch Stall. Die Neubauwohnungen werden alle nach einem einheitlichen Muster gebaut. So umfaßt die Wohnung einer sechsköpfigen Familie 8o qm und enthält ein Wohn-, ein Schlafzimmer, eine Küche und ein Bad. Das Wohnzimmer ist der größere Raum, der außerdem als Gäste- und Eßzimmer dient. Darin steht in einer Ecke meist ein Tisch mit einigen einfachen Stühlen. Das Schlafzimmer ist etwas kleiner und bildet den Schlafraum für die ganze Familie. Hier hat der Hausherr eventuell ein Bettgestell, ansonsten schläft er, wie alle anderen Familienmitglieder auch, nach wie vor auf dem Boden. Normalerweise sind im selben Zimmer ein Kleiderschrank und ein Kinderbett vorhanden. Die Küche ist relativ klein und enthält außer einem Gasherd auch einen Schrank für das Geschirr. Daneben liegt gewöhnlich das Badezimmer, das vollkommen leer steht, da bis heute noch keine Wasserleitungen in die Wohnhäuser verlegt wurden.

Im Gegensatz zu Chiha und Tiesien hat sich der alte Baubestand in Bserin und Mecherfe nur unwesentlich verändert. Neubauwohnungen entstanden hier nicht, lediglich haben da und dort mehrere Bauern ihre alten Häuser renoviert. Manche bauten im alten Lehmhaus ein oder mehrere Zimmer aus Zementblöcken. Das geschah oft, wenn einer der Söhne heiratete oder wenn die Familie mit den vorhandenen Wohnräumen nicht mehr auskam. In diesen beiden Dörfern sieht man viele Mischhäuser aus Lehm und Zementblöcken.

Die staatlichen Anstrengungen um eine Dorferneuerung lassen viel zu wünschen übrig. Darauf hin deutet die geringe Ausstattung der Dörfer mit öffentlichen Einrichtungen. Im neuen Dorf von Chiha existiert zwar eine neue Schule sowie ein Genossenschaftshaus, bestehend aus zwei kleinen Büroräumen. Bis zum Untersuchungsjahr waren aber dort noch keine neuen Straßen angelegt worden. Ähnlich ist es auch in den anderen Dörfern. Tiesien und Bserin verfügen über kein Genossenschaftsgebäude und in Mecherfe ist die Genossenschaft heute, zwanzig Jahre nach der Agrarreform, in dem vom ehemaligen Feudalherren errichteten Gebäude untergebracht. Die Schulen in diesen Dörfern wurden zwar neu gebaut, liegen aber nach wie vor im alten Ortskern.

6.4.2. Verkehrsverhältnisse

Aus den Ausführungen des Abschnitts 4.4.2. dieser Arbeit geht hervor, daß Chiha, Tiesien und Mecherfe direkt an sowie Bserin in unmittelbarer Nähe einer Fernstraße liegen. Alle vier Dörfer sind somit an das allgemeine Verkehrsnetz im Lande angeschlossen. Auf diesen Fernstraßen wickelt sich der ganze Personen- und Güterverkehr ab. Von Hama fahren täglich mehrere Omnibusse in Richtung Homs über Bserin, in Richtung Misyaf über Tiesien und in Richtung Maharde über Chiha, ebenso von Homs nach Salamiyeh über Mecherfe. Die vier Untersuchungsdörfer sind zwar mit dem Bus erreichbar, eine fahrplanmäßige Busverbindung zwischen ihnen und den genannten Städten existiert jedoch nicht. Außerdem sind die vorbeifahrenden Busse meist überfüllt und halten deshalb nicht in diesen Ortschaften. Ihre Bewohner bekommen also nur gelegentlich eine Mitfahrmöglichkeit, und nicht selten müssen Schüler, die in Hama eine Oberschule besuchen, den Weg dorthin (rund lo km) zu Fuß zurücklegen. Aus diesem Grund haben sich viele Bauern ein Motorrad oder ein Fahrrad angeschafft. Die schlechte Busverbindung erklärt auch die Zunahme der Motorisierung der Dorfbewohner in den letzten zehn Jahren.

An den innerörtlichen Straßenverhältnissen hat sich seit der Agrarreform nichts geändert. Neue Straßen wurden in keinem der vier Dörfer angelegt, die alten sind bis zum heutigen Tage ohne eine Asphaltdecke. Mit einem normalen Fahrzeug sind sie in den Wintermonaten kaum zu befahren. Da der Staat nichts unternimmt, um die Straßen befahrbar zu machen, ergreift die Dorfbevölkerung selbst die Initiative hierzu. Mindestens einmal im Jahr werden von ihr die Haupt- und Durchgangswege eingeebnet und mit Sand bestreut. Die Notwendigkeit zur Verbesserung des bestehenden Straßen- und Wegenetzes besteht nach wie vor in sämtlichen Dörfern des Untersuchungsgebietes. Der Staat schenkt jedoch diesem Problem kaum Beachtung und es ist schwer vorstellbar, wie sich das Leben im Dorf mit der veralteten Infrastruktur modernisieren soll.

6.4.3. Versorgung und Entsorgung

Zu dem Komplex Versorgung zählt die Versorgung mit Energie, d.h. Elektrizität, Gas und Dieselkraftstoff, und mit Wasser, während die Entsorgung die Abwasserbeseitigung und Müllvernichtung umfaßt.

Die Versorgung der ländlichen Gebiete mit Elektrizität stellt eine unverzichtbare Voraussetzung für die Modernisierung der Lebensverhältnisse dar. In Erkenntnis dieser Tatsache unternimmt der syrische Staat seit etwa zehn Jahren große Anstrengungen, um die Dörfer an das allgemeine Stromnetz anzuschließen. Diese Arbeiten gehen allerdings langsam voran. Mecherfe und Tiesien hatten im Untersuchungsjahr noch keinen Anschluß an das öffentliche Stromnetz. Dennoch gab es im erstgenannten Dorf einige Haushalte, die seit Jahren über Stromerzeugungsmotoren verfügen [1]. Dortige Bauern wollten nicht solange warten, bis ihre Gemeinde an das Versorgungsnetz angeschlossen ist, und ergriffen deshalb die Initiative, um ihren eigenen Bedarf an elektrischem Strom selbst zu erzeugen. Daran kann man erkennen, für wie wichtig die Elektrizität mindestens von einigen Dorfbewohnern angesehen wird. Zu den verbreiteten Elektrogeräten in den Dörfern gehören Radio, Ventilator, Fernseher und Kühlschrank (Tab. 4o). Demgegenüber kennt man hier, im Gegensatz zu den Städten, keine Elektroherde. Gekocht wird oft entweder mit Gas oder, wie in der Vergangenheit, mit Holz und getrocknetem Dung, Brennstoffen, die ebenfalls zum Heizen benutzt werden. Seit etwa zehn Jahren jedoch verwenden die Bauern vermehrt Propangas für ihre Herde. Auch die früheren Holzöfen verschwinden zunehmend aus den Bauernhaushalten und werden durch Ölöfen ersetzt. In Mecherfe gibt es seit neuester Zeit zwei Läden, in den anderen Dörfern jeweils einen, die Propangasflaschen verkaufen. Diesbezüglich bestehen nur dann Versorgungsschwierigkeiten, wenn es in ganz Syrien einen Engpaß gibt. Anders ist es bei der Versorgung mit Dieselkraftstoff, der nicht nur für die Ölöfen, sondern auch für die Motorpumpen, Traktoren und andere Fahrzeuge benötigt wird. Mecherfe ist von den untersuchten Dörfern das einzige, in dem sich eine Tankstelle befindet. Zum einen handelt es sich hier um eine größere Gemeinde und zum anderen liegt sie in der Mitte der Fernstraße, die Salamiyeh mit Homs verbindet. Bserin, Chiha und Tiesien werden durch mobile Tanks mit Kraftstoff versorgt. Oft treten hierbei Verzögerungen auf, die sich insbesondere auf die Landbe-

---
[1] *Vgl. S. 17o, Absatz 1.*

wirtschaftung negativ auswirken; so, wenn ein Bauer infolge einer verspäteten Lieferung gezwungen ist, die Motorpumpe abzustellen und die Bewässerung zu unterbrechen.

Besser als die Energieversorgung, aber dennoch nicht ganz zufriedenstellend, verläuft die Versorgung der Untersuchungsdörfer mit Trinkwasser. So gibt es in Chiha seit 1959 einen Tiefbrunnen, der dieses Dorf und drei weitere benachbarten Gemeinden versorgt. In Tiesien besteht ein solcher Brunnen seit 1960 und in Mecherfe seit 1970. Inzwischen dürfte auch das Eigentumsbauerndorf Bserin über einen eigenen Wasserbrunnen verfügen, da die Bohrungsarbeiten im Untersuchungsjahr im Gange waren.

Die Probleme bei der gegenwärtigen Trinkwasserversorgung konzentrieren sich in den Untersuchungsdörfern auf zwei Punkte:

1. Es sind keine Wasserleitungen in die Häuser verlegt. Die Dorfbewohner holen das Trinkwasser aus den wenigen Wasserstellen, die in jedem Dorf vorhanden sind. So gibt es in Chiha 7, in Tiesien 3 und in Mecherfe 12 Zapfstellen. Wasserholen ist eine Aufgabe, die den Frauen zufällt.

2. Trinkwasser ist nicht den ganzen Tag verfügbar, sondern nur von 8.00-14.00 Uhr. Nach dieser Zeit wird die Motorpumpe des Wasserbrunnens in jedem der untersuchten Dörfer außer Betrieb gesetzt, weil der zuständige Angestellte nur 6 Stunden am Tag arbeitet. Eine knappe Versorgung mit Trinkwasser macht aber die Verbesserung der hygienischen Verhältnisse schwierig. Deshalb sollte sie, solange keine Wasserleitungen bestehen, mindestens 12 Stunden andauern.

Im Zusammenhang mit der Versorgung ist noch zu erwähnen, daß nur Chiha über eine Telefonverbindung verfügt. Eine Poststelle oder andere Versorgungseinrichtungen, wie Polizeiwache oder Feuerwehrstelle, gibt es in keinem Untersuchungsdorf. Die Post wird entweder von einem der dorfansässigen Pendler aus Hama oder Homs geholt oder beim Dorfvorsteher alle zwei Wochen abgegeben.

An der Entsorgung in den untersuchten Dörfern hat sich seit der Bodenreform überhaupt nichts geändert. Es gibt keine Kanalisation für die Beseitigung des Abwassers. Sowohl diese als auch die Müllvernichtung erfolgen auf die traditionelle Art und Weise. Durch die Vernachlässigung der Entsorgung werden die hygienischen Verhältnisse erheblich beeinträchtigt. Die ländliche Bevölkerung wird dadurch anfälliger für bestimmte Krankheiten, deren Ursachen mit der mangelhaften Hygiene zusammenhängen, als die städtische.

6.4.4. Gesundheitswesen

Die Untersuchungsdörfer bilden in bezug auf die Ausstattung mit Einrichtungen der Gesundheitspflege keine Ausnahme unter den syrischen Dörfern. In keinem von ihnen gibt es einen Arzt, eine Apotheke, eine Klinik oder ein Gesundheitsamt. Mit Ausnahme von Mecherfe sind die Dörfer zu klein für die Auslastung einer Arztpraxis. Aus diesem Grund, aber auch aus rein persönlichen Erwägungen, lassen sich Privatärzte und Apotheker kaum in ländlichen Gebieten nieder und wenn, dann nur in zentral gelegenen Ortschaften. Ihre überwiegende Mehrheit bevorzugt Groß- und Mittelstädte und nur wenige lassen sich in Kleinstädten und ländlichen Zentralorten nieder. Vor allem für die Bewohner ferngelegener, verkehrsmäßig schlecht erschlossener Dörfer wirkt sich dieser Umstand besonders nachteilig aus. Insgesamt gesehen hat sich die Versorgung der ländlichen Bevölkerung mit ärztlichen Praxen in den letzten Jahren nur geringfügig verbessert, obwohl sich die Anzahl der Ärzte in Syrien stark erhöht hat [1].

Für die Bewohner von Bserin, Chiha und Tiesien liegt die nächste Arztpraxis, das nächste Krankenhaus und die nächste Apotheke in Hama, für die Bewohner von Mecherfe in Homs. Gerade in diesem letzten Dorf besteht wegen seiner etwas entfernteren Lage von der Stadt eine Notwendigkeit für die Einrichtung einer Arztpraxis, die wegen der größeren Bevölkerungszahl auch ausgelastet wäre. Ein Arzt aus Homs wollte dort, wie die Dorfbewohner im Erhebungsjahr berichteten, in Kürze eine Praxis aufmachen. Die staatlichen Krankenhäuser und Gesundheitsämter, deren Dienste jedem Bürger unentgeltlich zur Verfügung stehen, befinden sich ebenfalls in Hama und Homs, also in erreichbarer Nähe für die Bevölkerung der Untersuchungsdörfer.

Aus Gesprächen mit vielen Bauern hat sich ergeben, daß sie heute die gesundheitlichen Dienstleistungen trotz schlechter Versorgung mehr in Anspruch nehmen, als dies in der Vergangenheit der Fall war. Im Krankheitsfall wird

---

[1] *Innerhalb von zehn Jahren, von 1967 bis 1977, hat sich die Anzahl der Ärzte in Syrien mehr als verdoppelt, die der Apotheker mehr als verdreifacht. Nach amtlichen Angaben betrug 1977 die Anzahl der Ärzte 3 199, von denen 370 im Untersuchungsgebiet tätig waren. Im Landesdurchschnitt entfallen auf einen Arzt 2 515 Einwohner, im Durchschnitt des Untersuchungsgebietes 3 524 (vgl. Statistical Abstract, 1978, S. 516).*

ein Arzt konsultiert. Das war früher für die Bauern gar nicht so selbstverständlich, da sie Krankheiten als ein unabwendbares Schicksal ansahen. Fatalismus und verbreitetes Unwissen über Ursachen und Wirkungen von Krankheiten sowie finanzielle Schwierigkeiten hatten zu dieser Einstellung beigetragen. Zunehmende Aufklärung über Radio und Fernsehen, positive Erfahrungen mit der Heilung von Krankheiten, die früher als unheilbar galten, sowie ein höheres Bildungsniveau der Bauernsöhne waren u.a. Faktoren, die zur Erhöhung des gesundheitlichen Bewußtseins der ländlichen Bevölkerung geführt haben.

Die Verbesserung des Gesundheitswesens steht in einem ursächlichen Zusammenhang mit der Verbesserung der hygienischen Verhältnisse. Diese haben sich im Vergleich mit der Zeit vor der Agrarreform gebessert, jedoch nicht grundlegend und nicht überall. Die Versorgung der Dörfer mit sauberem Trinkwasser führte zum Rückgang von Krankheiten, die durch das Trinken von verschmutztem Wasser verursacht werden, so z.B. die vielen Wurmkrankheiten, die früher stark verbreitet waren. Sauberes Wasser steht den bäuerlichen Haushaltungen jedoch nicht in einem ausreichenden Maße den ganzen Tag über zur Verfügung, weil bis heute keine Wasserleitungen in den Wohnhäusern verlegt wurden. Außerdem ist das Problem der Abwasserbeseitigung von einer hygienischen Lösung weit entfernt. Beide Maßnahmen, die Kanalisierung des Abwassers und die direkte Versorgung jedes Haushaltes mit Trinkwasser sind wichtige Forderungen, ohne deren Durchführung auch die beste medizinische Versorgung wenig nutzen kann. Auf diesen Gebieten hat der Staat seit der Agrarreform in keinem der untersuchten Dörfer etwas unternommen. Deshalb muß man hier von einer partiellen Verbesserung der hygienischen Verhältnisse und somit auch des Gesundheitswesens sprechen.

6.4.5. Bildungswesen

Die Versorgung der syrischen Landgemeinden mit Erziehungseinrichtungen hat sich in den letzten zwanzig Jahren erheblich verbessert. Gerade auf dem Gebiet des Bildungswesens lag ein Schwerpunkt staatlicher Förderungsmaßnahmen. Grundschulen wurden überall errichtet, so daß heute viele Dörfer über eine Volksschule, größere Dörfer über eine Mittel- oder Oberschule verfügen [1].

---

[1] *In der Zeit von 1958 bis 1977 stieg die Zahl der Grundschulen in Syrien von ungefähr 3 000 auf mehr als 7 000, die Anzahl der Schüler von nahezu 400 000 auf mehr als 1,3 Mio. (vgl. Statistical Abstract, 1978. S. 466).*

In Mecherfe besteht die Grundschule seit 1954. Nach der Agrarreform entstanden hier eine weitere Grundschule (1961), eine Mittelschule (1962) und eine Oberschule (1975). Im Erhebungsjahr wurden nach Angaben der Schulleiter in den beiden Grundschulen 484 Schüler und Schülerinnen in 14 Klassenzimmern von insgesamt 2o Lehrern und Lehrerinnen unterrichtet. Der Anteil der Mädchen an der Gesamtzahl der Schulkinder lag bei etwa 4o %, wobei sich diesbezüglich Unterschiede zwischen den beiden religiösen Gemeinschaften zeigten. Fast alle christlichen Mädchen im Schulalter besuchten die Volksschule, während nur 1o % der Nuseirer ihren Mädchen den Schulbesuch erlaubten, obwohl eine Schulpflicht für alle Kinder besteht. Die Anzahl der Mittelschüler betrug im gleichen Jahr 211, der Oberschüler 72. Etwa zwei Drittel der Schulkinder beenden, wie die Lehrer berichteten, ihre Grundschulausbildung, ungefähr ein Drittel absolviert die Mittelschule und 1o % besuchen die Oberschule.

In den anderen drei Dörfern sind schon vor der Bodenreform Volksschulen gegründet worden: in Chiha 1952, in Tiesien 1958 und in Bserin 1959.

259 Schulkinder, von denen 117 oder 45 % Mädchen waren, erhielten 1977 in der Grundschule von Chiha Unterricht. Außerdem gibt es in diesem Dorf eine Mittelschule, die im Jahre 1964 gebaut wurde. Die Anzahl ihrer Schüler betrug im Berichtsjahr 155, und der Anteil der Mädchen lag bei 19 %. Im Dorf unterrichteten 7 Grund- und 5 Mittelschullehrer.

Die Grundschule von Tiesien zählte im Berichtsjahr 284 Schulkinder, davon waren 11o Mädchen, das entspricht 39 %. Sie wurden von 2 Lehrern und 8 Lehrerinnen betreut. In diesem Dorf gab es bis 1977 noch keine Mittelschule und daher gingen die Mittelschüler nach Chiha, dem Nachbarort oder nach Hama. Unter ihnen befand sich kein einziges Mädchen, da die Bauern nur Jungen außerhalb des Dorfes in die Schule schicken (vgl. Abschnitt 6.3.3.1.). Die Mädchen müssen sich mit der Grundschulausbildung begnügen. Inzwischen dürfte es auch in diesem Dorf eine Mittelschule geben, denn sie befand sich 1977 im Bau.

Die Schulen von Bserin werden von den Kindern weiterer vier Dörfer, die in der Umgebung liegen, besucht. Im Jahre 1977 gingen in die Grundschule 255 Schüler, von denen 94 Mädchen waren. Die Anzahl der Grundschullehrer betrug 11, darunter 5 weibliche. Die Mittelschule besuchten 185 Schüler und Schülerinnen, die von 9 Mittelschullehrern unterrichtet wurden.

Die Dorfschulen unterscheiden sich nur wenig von den Schulen der städtischen Gebiete. Sie sind modern gebaut und haben mehrere Klassenzimmer, in denen vormittags und nachmittags unterrichtet wird. Ihre Ausstattung mit Sportplätzen, Demonstrationsmaterial sowie Spielanlagen ist allerdings sehr dürftig.

In allen Untersuchungsdörfern ist die Zahl der Schüler seit der Agrarreform kräftig gestiegen. Die Bauern erkennen zunehmend, daß ein besseres Dasein für ihre Kinder vor allem durch bessere Bildung erreichbar ist. Daher werden auch Mädchen in die Schule geschickt, was früher undenkbar war.

6.4.6. Genossenschaftswesen und landwirtschaftliche Beratung

Die Bestimmungen des Agrarreformgesetzes verpflichteten alle Landempfänger, den in ihren Dörfern neuzugründenden Genossenschaften beizutreten (vgl. Abschnitt 3.1.2.). Auch Personen, die nicht Nutznießer der Reform waren, konnten Mitglieder werden, wenn ihre Betriebe kleiner als die im Gesetz vorgeschriebene Zuteilungsgröße waren. Durch diese Bedingung sollten größere Bauernbetriebe von der Mitgliedschaft ausgeschlossen werden.

Artikel 29 des Agrarreformgesetzes von 1958 definiert die Genossenschaftsaufgaben folgendermaßen:

1. Versorgung der Mitglieder mit allen Arten landwirtschaftlicher Kredite;
2. Bereitstellung von Betriebsmitteln wie Saatgut, Düngemittel, Vieh, Maschinen sowie Lager- und Transportmöglichkeiten für die Agrarprodukte der Mitglieder;
3. Optimierung der Bodennutzung, und zwar durch
   - Auswahl verbesserter Saatgutsorten,
   - Klassifizierung der landwirtschaftlichen Erzeugnisse,
   - Verwendung von Pflanzenschutz und
   - Organisation der Bewässerung und Entwässerung;
4. Vermarktung der Hauptanbauprodukte der Mitglieder;
5. Bereitstellung aller sonstigen landwirtschaftlichen sowie sozialen Dienste, die von den Mitgliedern benötigt und gewünscht werden.

Enthalten sind in diesem Katalog Aufgaben landwirtschaftlicher Art, aber auch solche sozialer Art, die jedoch nicht näher definiert worden sind. Zu ersteren gehören Aufgaben, welche früher teilweise von den Grundherren und Geldverleihern übernommen wurden, wie die Versorgung mit Saatgut und Krediten, sowie andere, deren Verwirklichung der Verbesserung der Landbewirtschaftung dient. Von der Aufgabenstellung her handelt es sich hier in der Hauptsache um Dienstleistungsgenossenschaften. Jede gegründete Genossenschaft wird von einem Inspektor (Supervisor), der vom Agrarreformministerium angestellt und der jeweiligen Genossenschaft zugewiesen wird, betreut und beaufsichtigt. Der Inspektor soll eine landwirtschaftliche Ausbildung absolviert haben und nach Möglichkeit aus den Dörfern stammen, in denen er später seine Tätigkeit aufnimmt.

Im April 1959, unmittelbar nach der Landverteilung, gründeten 12 Landempfänger von Mecherfe die erste Genossenschaft in diesem Dorf, zu deren Mitgliedern heute alle 423 Reformbauern zählen. Nur ein Teil von ihnen beteiligt sich aktiv an der genossenschaftlichen Arbeit und nimmt die angebotenen Leistungen in Anspruch. So erhalten diejenigen Bauern, die Bewässerungslandwirtschaft betreiben, das Saatgut und den Dünger für Baumwolle, Kartoffeln und Zuckerrüben, soweit sie diese Früchte anbauen. Jeder von ihnen muß jedes Jahr die Anbaufläche der genannten Kulturen in seinem Betrieb angeben und bekommt über die Genossenschaft die hierfür von der Landwirtschaftsbank bestimmten Mengen an Betriebsmitteln. Diesen Naturalkredit muß er nach Ablieferung der Ernte, die er selbst vornimmt, zurückzahlen. Der Bauer transportiert seine Erzeugnisse und gibt sie an die zuständigen Stellen ab, so die Baumwolle an die Entkörnungsbetriebe, die Zuckerrüben an die Zuckerfabrik und die Kartoffeln an die Bauernvereinigung in Homs, die sich neuerdings mit der Vermarktung dieses Produktes befaßt. Der Geldwert wird an die Genossenschaft überwiesen und die Abrechnung erfolgt dort einige Wochen später. Nach Abzug seines Kredits und seiner Schulden erhält der Bauer den Restbetrag. Wie daraus ersichtlich wird, hat die Genossenschaft weder die Möglichkeit, in die Preise und Mengen der angebotenen Betriebsmittel einzugreifen, noch kann sie die staatlich festgesetzten Produktpreise zugunsten ihrer Mitglieder beeinflussen. Oder mit anderen Worten: sie hat keine Einflußnahme auf das Bezugsgeschäft und auf die Vermarktung. Ihre Funktion beschränkt sich lediglich darauf, eine Sammel- und Verteilungsstelle zu sein. Eine Ausnahme bildet hier die Vermarktung der Traubenernte, die seit zehn Jahren von der Genossenschaft vorgenommen wird, und bei der sie eigene Aktivitäten entfaltet. Einen Monat vor der Erntezeit werden von ihr einige Händler aus Homs benachrichtigt, um ins Dorf zu kommen und die Traubenfelder zu besichtigen. Die Genossenschaft schließt dann mit dem Meistbietenden einen Verkaufsvertrag ab und führt die Ernteablieferung durch.

Weitere Aktivitäten der Genossenschaft im landwirtschaftlichen Bereich liegen im Verkauf von Dieselkraftstoff sowie in der Bereitstellung von Maschinen. Im Berichtsjahr verfügte die Genossenschaft von Mecherfe über folgenden Maschinen- und Gerätebestand:

>   6 Traktoren,
>   1 Mähdrescher,
>   4 Spritzmotoren und
>   16 Spritzgeräte.

Die Mehrzahl der Maschinen war 1977 reparaturbedürftig. Beispielsweise konnten nur zwei der sechs Genossenschaftsschlepper eingesetzt werden. Viele Bauern benutzten deshalb Maschinen privater Lohnunternehmer in ihren Betrieben. Hohe Reparaturkosten, geringe Einsatzstunden und schlechtes Management machen die Vermietung von Maschinen zu einem Verlustgeschäft für die Genossenschaft (vgl. Abschnitt 6.2.1.1.). Deswegen und weil die Mehrheit der Reformnutznießer in der Zahlung der Landkaufraten im Rückstand ist, hat die Genossenschaft nur ein geringes Kapital zur Verfügung [1]. Die Kapitalausstattung hielt sich bis heute in sehr bescheidenen Grenzen trotz umfangreicher staatlicher Zuschüsse und Beihilfen, weil die Genossenschaft keine gewinnbringenden Aktivitäten betreibt. Aus diesem Grund findet keine nennenswerte Kapitalvermehrung statt, und die Genossenschaft kann selbst keine landwirtschaftlichen Kredite vergeben. Ihre diesbezügliche Funktion beschränkt sich darauf, den Mitgliedern Kredite von der Landwirtschaftsbank zu vermitteln. Es handelt sich hierbei um kurzfristige Naturalkredite. Mittel- und langfristige Kredite werden kaum gewährt. Seit der Agrarreform erhielten lediglich drei Bauern einen derartigen Kredit, um damit den Bau eines Brunnens zu finanzieren.

Die Genossenschaft von Chiha wurde ebenfalls im Jahre 1959 gegründet; ihr gehörten von Anfang an alle 101 Bodenreformbauern im Dorf an. Ihre Dienstleistungen beschränken sich, ähnlich wie in Mecherfe, auf den landwirtschaftlichen Bereich. Die Anbauer von Baumwolle und Kartoffeln erhalten einen kurz-

---

[1] *Das Umlaufkapital, das ist die Geldmenge, die der Genossenschaft zur Verfügung steht, stieg von 1971 bis 1976, also in fünf Jahren, nur um 40 000 Lera. Allein aus den Zahlungsraten müßten ihr jährlich 50 000 Lera zufließen.*

fristigen Naturalkredit, den sie nach der Vermarktung ihrer Erzeugnisse zurückzahlen. Außerdem hat die Genossenschaft drei Schlepper und einen Mähdrescher, die in den Betrieben der Mitglieder eingesetzt werden. Ferner vermittelte sie 3o Bauern mittelfristige Kredite in einer Gesamthöhe von rund 18o ooo Lera für die Anlage von lo Tiefbrunnen. Ein solcher Kredit beläuft sich auf 6 ooo Lera und muß in fünf jährlichen Raten zurückerstattet werden. In dieser Hinsicht bestehen keine Probleme, da die Genossenschaft bei der Vermarktung der Baumwolle die jährlichen Raten gleich abzieht. Andere landwirtschaftliche sowie soziale Dienste werden in Chiha wie in den übrigen Reformdörfern nicht angeboten.

In Tiesien wurde die Genossenschaft erst im Jahre 197o gegründet. Zu ihren Mitgliedern zählen alle lo7 Agrarreformbauern, während die Teilpächter im Dorf nicht dazu gehören, obwohl ihnen die Möglichkeit des Beitritts in die Genossenschaft offen steht. Die Teilpächter versprechen sich davon keine Vorteile, und außerdem wird die Genossenschaft von ihnen als eine Vereinigung von Schwächeren angesehen. Zudem kommt noch die Befürchtung, die eigene Entscheidungsfreiheit zu verlieren. In den letzten drei Jahren unternahm der Staat mehrere Anstrengungen, um den Anbau in den Dörfern in den Griff zu bekommen, und zwar durch Anbaupläne, die von der Genossenschaft durchgesetzt werden sollten. Dieses Vorhaben scheiterte am Widerstand der Bauern, die seitdem vermehrt die Genossenschaft als den verlängerten Arm des Staates ansehen. Die Genossenschaft besitzt hier lediglich einen einzigen Traktor, den sie 1975 kaufte. Er wurde nur zwei Jahre lang eingesetzt und war im Untersuchungsjahr 1977 bereits außer Betrieb. Ebenso wie in den beiden anderen Dörfern Chiha und Mecherfe beziehen die Reformbauern von Tiesien ihre Baumwollsaat und die dazugehörigen Düngemittel über die örtliche Genossenschaft und verkaufen mit ihrer Hilfe die Baumwollernte. Außerdem vermittelte sie 74 Mitgliedern mittelfristige Kredite für den Bau von sieben Tiefbrunnen. Das gesamte Kreditvolumen betrug rund 15o ooo Lera. Das macht nur ein Zehntel der Kreditsumme aus, die die Teilpächter für die Anlage ihrer Brunnen von privaten Geldverleihern erhielten.

Charakteristisch für die Abneigung der Bauern gegenüber Genossenschaften ist das Verhalten der Eigentumsbauern in Bserin. Hier versuchte man 1975 eine Genossenschaft zu etablieren, jedoch ohne sichtbaren Erfolg. Nur elf Bauern erklärten sich bereit einzutreten. Da aber nach dem Genossenschaftsstatut die

Mindestmitgliederzahl 3o betragen muß, drohte das Vorhaben zu scheitern. Um dies jedoch formal zu verhindern, nahm man 19 Angestellte und Beamte, die im Dorf wohnten, als Mitglieder auf. Eine derartig formierte Institution ist den Genossenschaftsprinzipien völlig fremd und wird kaum in der Lage sein, die tatsächlichen Interessen der Landbewirtschafter wahrzunehmen. Nur durch eine umfangreiche Aufklärung lassen sich Nichtagrarreformbauern für die Genossenschaftsidee gewinnen. Vor allem muß ihnen das Gefühl vermittelt werden, daß es sich hierbei um ihre eigene Institution handelt, die ihre Interessen vertritt und ihnen materielle Vorteile bringt. Auf diese Weise kann ihre Abneigung gegen die Genossenschaft überwunden werden.

Zum Komplex Genossenschaft läßt sich zusammenfassend folgendes feststellen:

1. Nicht in jedem Reformdorf besteht eine landwirtschaftliche Genossenschaft, aber jeder Bodenreformbetrieb ist an eine Genossenschaft angeschlossen; Teilpacht- und Eigentumsbetriebe sind dies dagegen nicht.
2. Die Genossenschaften sind Dienstleistungsgenossenschaften, die sich allerdings nur teilweise und indirekt am Bezugs- und Absatzgeschäft beteiligen.
3. Die Genossenschaften haben bis heute eine mangelhafte Kapitalausstattung und können deshalb in das Kreditgeschäft nicht selbst eingreifen. Sie vermitteln den Reformbauern mittelfristige Kredite von der Landwirtschaftsbank, wobei der Kreditumfang, der über sie bis jetzt vergeben wurde, sehr klein ist.
4. Den Genossenschaften ist es nicht gelungen, die Landbewirtschaftung positiv zu beeinflussen. Letztere wird in allen ihren Aspekten nach wie vor von den Bewirtschaftern selbst gestaltet.
5. Die Genossenschaften sind im sozialen Bereich überhaupt nicht tätig und können es auch nicht sein, weil ihnen die hierzu erforderlichen Mittel fehlen und sie von staatlicher Seite keine Unterstützung erhalten.

Die Beratung der Landwirte fällt nach dem Agrarreformgesetz in den Aufgabenbereich der Genossenschaften. Jede Genossenschaft sollte daher einen landwirtschaftlichen Berater einstellen, der ihren Mitgliedern bei der Lösung produktionstechnischer, betriebswirtschaftlicher und sozialökonomischer Probleme hilft. Trotzdem und obwohl seit Gründung der Genossenschaften in Chiha und Mecherfe zwanzig Jahre verstrichen sind, verfügte im Erhebungsjahr keine davon über einen solchen Berater. Dabei ist zu erwähnen, daß der Bedarf an

Beratung in allen untersuchten Grundherrendörfern nach der Bodenreform erheblich zunahm. Bedingt wurde diese Zunahme einmal durch die Übergabe von Betrieben an ehemalige Landarbeiter ohne Erfahrung in Betriebsführung und Bewirtschaftung sowie durch den Übergang vom einfachen Regenfeldbau zum komplizierteren Bewässerungsfeldbau. Die Landwirte, in ihrer Mehrheit frühere Regenfeldbauern, besaßen kaum Kenntnisse über die besonderen Erfordernisse des bewässerten Anbaues.

Wie fast überall in ganz Syrien organisieren die Bauern der Untersuchungsdörfer ihre Betriebe und den Anbau ohne jegliche direkte landwirtschaftliche Beratung. In erster Linie stützen sie sich dabei auf die von ihnen gemachten Beobachtungen und Erfahrungen. Die erwirtschafteten Betriebserträge sind nach der Einführung der Bewässerung zwar gestiegen, liegen jedoch immer noch unterhalb des Potentiellen. Sie ließen sich durch die Verbesserung der Ausnutzung eingesetzter Produktionsfaktoren kräftig erhöhen. So wurde festgestellt, daß die Bauern den Baumwollanbau einführten, weil dieser einfach ist und keine hohen Ansprüche an ihre Kenntnisse stellt. Baumwolle wurde deshalb und wird heute noch in großem Umfang angebaut, der Gemüseanbau ist im Verhältnis dazu weniger verbreitet. Dabei nutzt das Gemüse den teueren Produktionsfaktor Wasser besser aus als die Baumwolle, und bietet darüber hinaus eine bessere Ausnutzung für den in vielen Betrieben vorhandenen Arbeitskräfteüberschuß. Ausgehend davon könnte eine Einschränkung des Baumwollanbaues bei gleichzeitiger Ausdehnung des Gemüseanbaues zur Verbesserung der Wirtschaftslage der Betriebe führen, denn dadurch werden zugleich Arbeits-, Boden- und Kapitalproduktivität erhöht. Der gleiche positive Effekt kann durch die Aufnahme der Viehhaltung in den Ackerbaubetrieben erzielt werden. Die Durchführung dieser und ähnlicher Änderungen in den Untersuchungsdörfern ist notwendig, wenn sich die sozialökonomische Situation der Bauern weiter verbessern soll. Allerdings lassen sich betriebliche Veränderungen ohne eine intensive Beratung nicht verwirklichen.

Angesichts fehlender Beratung erhebt sich die Frage nach den Informationsquellen der Bauern. Der Großteil davon informiert sich durch Erfahrungsaustausch mit den Nachbarn oder mit den herausragenden Landwirten am Ort. Außerdem stellen die Landfunkprogramme für viele Bauern die wichtigste Informationsquelle dar. Der staatliche Rundfunk sendet sie täglich und neuerdings werden inhaltlich ähnliche Programme im Fernsehen gesendet. Die Hälfte aller

Geographisches Institut
der Universität Kiel
23 K i e l, Olshausenstraße

befragten Bauern gab an, den Landfunk regelmäßig oder unregelmäßig zu hören. Seine Programme enthalten Hinweise und Informationen über Bodenbewirtschaftung und Viehhaltung. So werden die Bauern darin über die besten Saattermine, über die mengenmäßigen Düngergaben und ihre zeitliche Verteilung sowie über die Häufigkeit der Bewässerung und den erforderlichen Wasserbedarf der verschiedenen Kulturpflanzen unterrichtet. Die Viehzüchter erhalten während dieser Programme Informationen über die richtige Tierernährung sowie über sich eventuell verbreitende Tierkrankheiten und deren Behandlung.

Obwohl ein Beratungsdienst in Syrien seit vielen Jahren existiert, sind seine Aktivitäten sehr begrenzt. Sie umfassen in der Hauptsache die Gestaltung der Landfunkprogramme, die Organisation von landwirtschaftlichen Ausstellungen sowie die Herstellung von Beratungshilfsmitteln wie Filme, Posters und Broschüren. Ferner sollte der Beratungsdienst folgende Aufgaben übernehmen: die Organisation von Felddemonstrationen auf Landesebene, die Planung und Evaluierung von Beratungsprojekten sowie die Aus- und Fortbildung von Beratern. Wegen seiner mangelhaften personellen Ausstattung und des Fehlens eines klaren Beratungskonzeptes ist er nicht in der Lage, die genannten Aufgaben zu erfüllen. Insbesondere müßte die Ausbildung von Beratern in Syrien forciert werden, damit jede Genossenschaft einen Berater hat und dadurch die Beratung allen Bauern zugänglich wird. Die Anzahl der im Lande vorhandenen Berater ist gering und für die Bewältigung von Feldberatung unzureichend ausgebildet. Außerdem werden sie hauptsächlich für die Erledigung von Bürotätigkeiten in den verschiedenen Landwirtschaftsämtern eingesetzt und nur selten in den Dörfern auf dem Feld. In diesem Zusammenhang muß erwähnt werden, daß Feldtätigkeiten von den Beratern selbst nicht hoch angesehen werden. Begründet liegt diese geringere Schätzung im herrschenden soziokulturellen System. Sie stellt für die Beratung eine Schwierigkeit dar, die allerdings durch bessere Bezahlung der Berater und durch andere materielle Anreize überwunden werden kann.

Teil III: Versuch einer Evaluierung der Auswirkungen der Agrarreform auf Landesebene und Zusammenfassung

7. Auswirkungen der Agrarreform

7.1. Auswirkungen auf die Gesellschaftsstruktur

Die Bodenreform hat die bestehenden feudalen Besitztümer beseitigt und durch die Festsetzung einer Eigentumsobergrenze die Wiederentstehung des Großgrundeigentums verhindert. Darin liegt einer der wichtigsten Beiträge der syrischen Agrarreform zur allgemeinen wirtschaftlichen, politischen und gesellschaftlichen Entwicklung im Lande. Die ehemaligen Grundherren waren die herrschende Klasse, denn sie vereinigten Großgrundeigentum, Bildung, politische und wirtschaftliche Macht in ihrer Hand. Eine sehr kleine Schicht verfügte über alle Ressourcen, während die Masse der Landbevölkerung in Armut, Unwissenheit und Hoffnungslosigkeit verharrte. Die Zweiteilung der Gesellschaft in Begüterte, die alle Macht hatten, und Arme, die nichts außer ihrer Arbeitskraft besaßen, war fortschrittshemmend. Damit eine Entwicklung in Gang kam, mußte zuerst das Bodenmonopol der Grundherren, das die materielle Grundlage ihrer Macht bildete, beseitigt werden. Die Bauern mußten in eine Lage versetzt werden, in der sie sicher waren, die Früchte ihrer Arbeit zu ernten. Denn nur dadurch wurden sie zu Eigeninitiativen angeregt, um ihre Lebensverhältnisse zu verbessern. Die Agrarreform war also eine unabdingbare Voraussetzung für die Befreiung der Bauern und für die Einleitung eines Entwicklungs- und Demokratiesierungsprozesses.

Die ehemaligen Grundherren besitzen heute, nach der Agrarreform, kaum noch Einfluß auf die wirtschaftlichen und politischen Geschehnisse im Lande. Der wirtschaftlichen Entmachtung folgte rasch eine politische Entmachtung. Die Oberschicht verlor zum ersten Mal in der Geschichte Syriens die politische Macht, die sie seit der Unabhängigkeit innehatte. Nicht mehr die Feudalaristokratie regiert heute das Land, sondern politische Gruppierungen, deren Rückgrat das Militär bildet. Die Armee spielt seit der Unabhängigkeit eine große Rolle in der Landespolitik. Die Ausschaltung der Grundherren ermöglichte breiteren Schichten, sich an der Gestaltung der politischen Geschehnisse zu beteiligen. Zu einer weitgehenden Demokratisierung konnte es jedoch nicht kommen, weil das Militär sich in den nach der Agrarreform eingesetzten Demokratisierungsprozeß massiv eingeschaltet hat.

Inwieweit sich die Verhältnisse auf dem Lande demokratisiert haben, läßt sich schwer beurteilen. Hier liegt nach wie vor die Macht in der Hand der Zentralverwaltung, und die Dörfer besitzen keine eigenen Verwaltungsstellen. Die Untersuchung ergab, daß die Teilnahme der Landbevölkerung am politischen Geschehen immer noch sehr gering ist; im Vergleich zur Zeit vor der Agrarreform ist sie allerdings gestiegen. Die Bauern sind auf jeden Fall nicht mehr Figuren oder Zahlen, die der Grundherr früher bei jeder Wahl manipuliert hatte. Zumindest besitzen ihre Kinder heute die Möglichkeit, an Bildung, politischer Entwicklung und sozialem Aufstieg zu partizipieren, was ihnen in der Ära der Feudalherrschaft verwehrt war.

Zusammenfassend kann gesagt werden, daß die Bodenreform zur Entmachtung und Ausschaltung der ehemals regierenden Oberschicht geführt hat. Dadurch wurde für die Masse der Landbevölkerung der Weg zur Beteiligung am Gesellschaftsleben frei gemacht. Apathie, niedriger Bildungsstand und die andauernde Einschaltung des Militärs in der Landespolitik verhinderten jedoch eine rege und aktive Beteiligung der Bauernmassen.

7.2. Auswirkungen auf die Agrarstruktur

Die unmittelbarsten und tiefgreifendsten Veränderungen, die durch die Agrarreform hervorgerufen worden sind, zeigen sich im agrarstrukturellen Bereich, insbesondere innerhalb der Eigentums- sowie Betriebsstruktur. Eine genaue Analyse über die erfolgte Eigentumsumschichtung läßt sich nicht erstellen, weil die vorhandenen Zahlen über sowohl die früheren als auch die gegenwärtigen Eigentumsverhältnisse unvollständig sind. Aus dem bis jetzt veröffentlichten Datenmaterial kann folgendes Bild gewonnen werden:

1. Mehr als ein Fünftel der gesamten landwirtschaftlichen Nutzfläche (22 %) wurde enteignet. Von der Enteignung waren lediglich 4 085 Personen betroffen, das waren nicht mehr als 1 % aller Landeigentümer.

2. Durch die Enteignung und die daran anschließende Landverteilung wandelte sich die Eigentumsstruktur erheblich. Rund 9oo ooo ha Enteignungs- oder Staatsland haben den Eigentümer gewechselt. Dieses Reformland erhielten 1o2 238 ehemalige Teilpächter und Landarbeiter, das sind etwa ein Fünftel aller syrischen Bodenbewirtschafter, wobei jeder durchschnittlich 9 ha bekam. Die Gesamtzahl der Grundeigentümer hat sich infolge der Umverteilung

erheblich erhöht, da über 1oo ooo Personen in die Grundeigentümerschicht aufstiegen.

3. Das Großgrundeigentum wurde im wesentlichen beseitigt; heute gibt es keine Landeigentümer, deren Besitz die vorgeschriebene Höchstgrenze von 3oo ha überschreitet. Die Zahl der Großgrundeigentümer hat sich gegenüber der Vorreformzeit nicht erheblich geändert, dafür jedoch ihre Eigentumsfläche. Sie sank von 2 312 ooo ha auf 663 ooo ha und verringerte sich damit um 71 % (vgl. Tab. 8 und 49).

4. Die Stellung des Staates als der größte Landeigentümer blieb trotz Verteilung großer Flächen Staatsland erhalten. Ein Großteil des enteigneten Landes liegt heute noch in seiner Hand. Es handelt sich hierbei um große Flächen, vorwiegend in dem dünnbesiedelten nordostsyrischen Gebiet. In dieser Agrarregion haben sich die Eigentumsverhältnisse zwar geändert, die Besitzverhältnisse jedoch kaum. Nach wie vor wird das Land hauptsächlich von Pächter-Unternehmern bewirtschaftet. Diese liefern nun den im Vergleich zu früher erhöhten Ertragsanteil an den Staat ab und nicht mehr, wie bis zur Agrarreform, an private Eigentümer. Eine Landverteilung kann in dieser Region nicht ohne die Durchführung von kostspieligen Umsiedlungsprojekten vorgenommen werden.

Tabelle 49 zeigt die Grundeigentumsverteilung für einen großen Teil der landwirtschaftlichen Nutzfläche Syriens. Die Anzahl der Kleineigentümer über-

Tabelle 49: <u>Grundeigentumsverteilung in Syrien nach Größenklassen 197o</u>

Größenklasse in ha	Eigentümer			Fläche		
	Anzahl	relative Häufigkeit	kumulative Häufigkeit	in 1ooo ha	relative Häufigkeit	kumulative Häufigkeit
unter 2	127 88o	32,2	32,2	112	3,2	3,2
2 bis unter 6	125 154	31,6	63,8	421	11,3	14,5
6 bis unter 1o	45 294	11,4	75,2	336	9,1	23,6
1o bis unter 2o	51 755	13,o	88,2	695	18,7	42,3
2o bis unter 5o	36 749	9,3	97,5	1 o51	28,3	7o,6
5o bis unter 1oo	6 762	1,7	99,2	431	11,6	82,2
über 1oo	3 269	o,8	1oo	663	17,8	1oo
Insgesamt	396 863	1oo	-	3 7o9	1oo	-

Quelle: Zusammengestellt nach: Ergebnisse der agrarstatistischen Grunderhebungen in Syrien, 1972, S. 168 f.

wiegt eindeutig im Gegensatz zu deren Anteil an der Gesamteigentumsfläche. Drei Viertel aller Grundeigentümer hat jeweils weniger als 1o ha und verfügt insgesamt über knapp 24 % der Nutzfläche. Die Mittelgrundeigentümer, deren Anteil 24 % aller Grundeigentümer beträgt, haben demgegenüber mehr als die Hälfte der Fläche, genau 58,6 %. Die Großgrundeigentümer, zu denen alle Personen zählen, die über 1oo ha Land besitzen, sind anteilmäßig gering. Sie machen o,8 % der Landeigentümer aus, haben jedoch 17,8 % der gesamten landwirtschaftlichen Nutzfläche. Aus diesen Zahlen ist die Dominanz der Kleineigentümer innerhalb der Eigentumsstruktur und auch die weiterhin ungleichmäßige Verteilung des Grundeigentums zu ersehen (Abb. 7).

Abbildung 7: <u>Grundeigentumsverteilung in Syrien (Lorenzkurve) (entworfen nach den Zahlen von Tab. 49)</u>

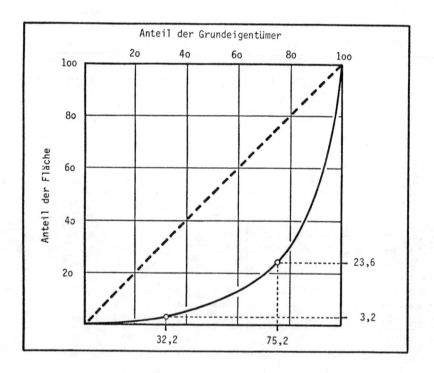

Die Änderung der Eigentumsverteilung hatte große Wandlungen innerhalb der Betriebsstruktur zur Folge. Auf der einen Seite nahm die Zahl der Eigentumsbetriebe erheblich zu, während sich andererseits die Zahl der Pachtbetriebe verringerte. 197o wurden in Syrien agrarstatistische Grunderhebungen durchgeführt. Danach gab es 469 269 landwirtschaftliche Betriebe, von denen 83 % reine Eigentümerbetriebe waren, die insgesamt 76 % der landwirtschaftlichen Nutzfläche umfaßten. Den Rest von 17 % besaßen Teil- sowie Geldpächter, welche die übrigen 24 % der landwirtschaftlichen Nutzfläche bewirtschafteten.

Bei der Mehrzahl der neugeschaffenen Reformbetriebe handelt es sich um kleine Betriebe. Ihre durchschnittliche Betriebsgröße entspricht weitgehend der durchschnittlichen Zuteilungsgröße von 9 ha, denn nur wenige Reformnutznießer besaßen eigenes Land. Wie aus Tabelle 5o ersichtlich wird, überwiegen die Kleinbetriebe zahlenmäßig innerhalb der Betriebsgrößenstruktur, flächenmäßig jedoch nicht. Nahezu drei Viertel aller Landwirtschaftsbetriebe (74 %) zählen zu der Größenklasse unter lo ha. Zusammen bewirtschaften sie kaum ein Viertel der gesamten landwirtschaftlichen Nutzfläche (23 %). Im Durchschnitt

Tabelle 5o: Betriebsgrößenstruktur in Syrien nach Größenklassen 197o

Größenklasse in ha	Anzahl der Betriebe		Fläche		Durchschnittliche Betriebsgröße in ha
	abs.	%	in 1 000 ha	%	
Kleinbetriebe					
unter 2	142 346	3o	127	3	
2 bis unter 6	149 o38	32	5o2	11	3
6 bis unter lo	55 186	12	41o	9	
Mittelbetriebe					
lo bis unter 2o	64 751	14	869	18	
2o bis unter 5o	45 285	9	1 292	27	23
5o bis unter 1oo	8 2o9	2	524	11	
Großbetriebe					
über 1oo	4 454	1	996	21	224
Insgesamt	469 269	1oo	4 72o	1oo	lo

Quelle: Eigene Berechnung nach: Ergebnisse der agrarstatistischen Grunderhebungen in Syrien, 1972, S. 157 ff.

hat ein Kleinbetrieb nicht mehr als 3 ha. Die Mittelbetriebe nehmen demgegenüber mehr als die Hälfte der landwirtschaftlichen Nutzfläche (56 %) ein, ihr Anteil an der Gesamtzahl der Betriebe beträgt 25 %. Ein Mittelbetrieb umfaßt im Durchschnitt 23 ha. Sehr gering ist der Anteil der Großbetriebe mit mehr als 1oo ha. Etwa 1 % der Betriebe gehören zu dieser Größenklasse und dennoch wird von ihnen 21 % der landwirtschaftlichen Nutzfläche bebaut. Ihre durchschnittliche Größe beläuft sich auf 224 ha, d.h. das Zehnfache eines Mittelbetriebes (Abb. 8). Die Pächter-Unternehmer-Großbetriebe in Nordostsyrien werden in den Zählungen über die landwirtschaftlichen Betriebe nicht erwähnt. Darunter gibt es einige, die mehrere Tausend Hektar umfassen.

Abbildung 8: Betriebsgrößenverteilung in Syrien
(entworfen nach den Zahlen der Tabelle 5o)

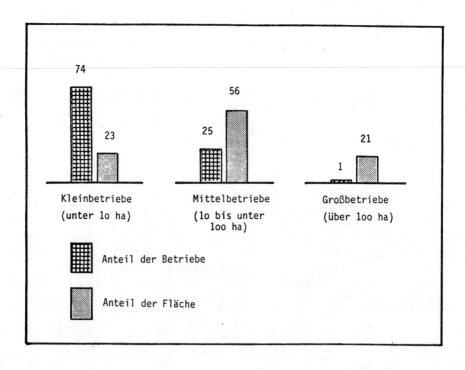

Die durchschnittliche Größe eines landwirtschaftlichen Betriebes beträgt auf Landesebene rund 1o ha; in bezug auf diese Größe wie auch den Bewässerungsanteil der Betriebe gibt es jedoch von Region zu Region große Unterschiede (Tab. 51). Die kleinsten Betriebe befinden sich in den beiden dichtbesiedelten Regionen West- und Mittelsyrien; hier liegt der durchschnittliche Bewässerungsanteil bei 12 % bzw. 36 %. Die Betriebe in den Flußtälern haben zwar eine unterdurchschnittliche Betriebsgröße, sind jedoch mit einem überdurchschnittlichen Bewässerungsanteil ausgestattet. Demgegenüber weisen die Betriebe der untersuchten Agrarregion Nordsyrien eine Betriebsgröße und einen Bewässerungsanteil auf, die dem Landesdurchschnitt fast entsprechen. Die extensivsten Betriebe findet man in Südwestsyrien, die größten in Nordostsyrien.

Tabelle 51: Durchschnittliche Betriebsgröße und Bewässerungsanteil der Betriebe in den einzelnen Agrarregionen 197o

Agrarregion	Durchschnittliche Betriebsgröße in ha	Durchschnittlicher Bewässerungsanteil %
Südwestsyrien	11,3	2
Mittelsyrien	3,9	36
Nordsyrien	1o,3	1o
Westsyrien	2,1	12
Nordostsyrien	22,4	1o
Flußtäler	6,1	66
Gesamtsyrien	1o,o	12

Quelle: eigene Berechnungen nach: Ergebnisse der agrarstatistischen Grunderhebungen in Syrien, 1972, S. 26.

7.3. Auswirkungen auf die landwirtschaftliche Produktion und Produktivität

Die Ausführungen des Abschnitts 6.2.3. haben gezeigt, daß die Agrarproduktion in den Untersuchungsdörfern im Zuge der Bodenreform gestiegen ist und daß diese Steigerung die Folge von Intensivierungsmaßnahmen war, die in zahlreichen Landwirtschaftsbetrieben durchgeführt wurden. In diesem Abschnitt interessiert die Evaluierung des empirischen Befundes auf Landesebene. Konkret wird nach den seit der Reformdurchführung erfolgten Produktionsveränderungen, den Änderungsrichtungen und deren Bestimmungsgründen gefragt. Nach

Untersuchung der Getreide- und Baumwollproduktion wird die Produktion anderer Kulturen analysiert und schließlich die Entwicklung der gesamten Agrarproduktion besprochen.

Die Getreideproduktion nahm seit Mitte der 5oer Jahre infolge einer ständigen Erweiterung der Anbaufläche von Jahr zu Jahr zu und erreichte 1957, also unmittelbar vor der Agrarreform, mit 2 166 ooo t einen vorläufigen Höchststand. In den nachfolgenden vier Jahren (1958-1961) sank sie rapide ab. So konnten im Jahre 196o bei gleichbleibender Getreideanbaufläche nicht mehr als 75o ooo t geerntet werden, das war nur ein Drittel der Jahresproduktion von 1957. Dieser Produktionsrückgang, der die Durchführung der Bodenreform begleitete, ist in erster Linie auf die Dürreperiode, die das Land drei Jahre lang heimsuchte, zurückzuführen [1], trat er doch nur bei den unbewässerten Kulturen auf, während in derselben Zeit ein Produktionsanstieg bei den bewässerten Kulturen zu verzeichnen war. Ein ursächlicher Zusammenhang zwischen Reformdurchführung und Produktionsrückgang läßt sich nicht nachweisen [2]. Das wäre nur möglich, wenn genaue Zahlen über den Rückgangsumfang in den Reformgebieten und den übrigen Gebieten vorliegen würden. Es steht fest, daß der Produktionsrückgang dürrebedingt war. Möglicherweise wurde er durch die während der ersten Durchführungsphase herrschenden unklaren Besitzverhältnisse verstärkt. Der Anteil der Bodenreform daran läßt sich aber mit eindeutiger Sicherheit nicht ermitteln. Die Getreideproduktion stieg 1962 infolge reichlicher Niederschläge auf einen neuen Höchststand, seitdem schwankt sie je nach Witterungsverhältnissen und Erntejahren.

Um die Entwicklung der Produktion von Weizen, Gerste und anderen Anbaukulturen besser beurteilen zu können, erschien es erforderlich, die wetterbedingten Produktionsschwankungen soweit wie möglich außer acht zu lassen, und zwar durch die Bildung von mehrjährigen Durchschnittswerten. Der Zeitraum von 1953 bis 1977 wurde in fünf gleiche Zeitabschnitte von je fünf Jahren eingeteilt: 1953-1957, 1958-1962, 1963-1967, 1968-1972 und 1973-1977. Der erste Abschnitt liegt vor der Bodenreform und stellt für Vergleichs-

---

[1] Vgl. WIRTH, 1971, S. 14.
[2] Von einigen Autoren wird oft die Ansicht vertreten, daß eine Agrarreform in ihrer ersten Durchführungsphase nachteilige Produktionswirkungen hat (vgl. KUHNEN, 1967, S. 347 sowie HOFMANN, 1961, S. 555).

zwecke gewissermaßen die Basisperiode dar. In jedem Intervall wurden für die wichtigsten Anbaufrüchte mittlere Produktionsmengen und durchschnittliche Hektarerträge errechnet. Die Zahlen sind in Tabelle 52 enthalten.

Tabelle 52: <u>Entwicklung der Produktion und Produktivität der Hauptanbaufrüchte in Syrien 1953-1977</u>

Anbaufrucht	Produktion in 1ooo Tonnen					Produktivität in dz/ha				
	(1)	(2)	(3)	(4)	(5)	(1)	(2)	(3)	(4)	(5)
Weizen	936	776	988	94o	1356	6,5	5,4	7,8	7,7	8,7
Gerste	488	347	581	441	55o	8,3	4,7	9,o	6,5	5,7
Linsen	62	36	64	72	85	7,7	4,5	8,1	6,3	7,1
Platterbsen	6o	27	41	41	37	8,2	4,3	9,8	7,8	5,9
Kichererbsen	15	11	34	32	38	5,8	3,9	7,9	7,8	5,9
Baumwolle	225	3o8	411	397	4o2	1o,3	13,4	15,1	15,1	2o,4
Zuckerrüben	48	82	115	213	199	13o,o	195,o	225,o	254,o	231,o
Wassermelonen	331	346	374	445	647	68,7	63,1	52,1	62,2	71,8
Gemüse	32o	363	476	695	1375	76,1	74,1	74,8	95,2	122,3

(1) Durchschnittswert der Jahre 1953-1957
(2) Durchschnittswert der Jahre 1958-1962
(3) Durchschnittswert der Jahre 1963-1967
(4) Durchschnittswert der Jahre 1968-1972
(5) Durchschnittswert der Jahre 1973-1977

<u>Quelle</u>: eigene Berechnung nach: Statistische Zeitreihen, 1974, Tabelle 5 ff. und Statistical Abstract, 1974, S. 2oo ff.

Die Weizenproduktion hatte bereits vor der Agrarreform einen hohen Stand erreicht; sie lag im ersten Zeitabschnitt (1953-1957) bei 936 ooo t, ging im zweiten (1958-1962) auf 776 ooo t zurück, um danach allmählich anzusteigen und im letzten Zeitintervall (1973-1977) den neuen Höchststand von 1 356 ooo t zu erreichen. Mit anderen Worten: die Weizenproduktion hat sich innerhalb von zwanzig Jahren gegenüber der Durchschnittsmenge in der Vorreformzeit um 45 % erhöht (Tab. 53). Da die Weizenanbaufläche in der gleichen Zeit nur um 9 % zunahm, läßt sich ein Großteil der Produktionserhöhung auf eine Produktivitätssteigerung zurückführen. Tatsächlich sind die Hektarerträge, die ebenso wie die Produktion Schwankungen unterliegen, von Jahr zu Jahr gestiegen. In der Zeit von 1973-1977 wurden im Durchschnitt der Jahre 8,7 dz Weizen je Hektar geerntet gegenüber 6,5 dz 1953-1957. Im Vergleich zu der Zeit vor der Bodenreform wurde damit eine Produktivitätszunahme von 34 % erzielt (Tab. 53). In den letzten Jahren ging man, vor allem in den Staatsbetrieben am Euphrat, vom unbewässerten zum bewässerten Weizenanbau über. Der Umfang dieser strukturellen Verschiebungen kann auf Landesebene nicht ermittelt werden, da die amtliche Statistik bewässerte und unbewässerte Weizenanbauflächen nicht getrennt ausweist. Es kann lediglich festgestellt werden, daß durch Bewässerung eines Teiles der Weizenanbaufläche, begleitet durch Mehreinsatz von verbessertem Weizensaatgut und Handelsdünger, die Produktivität beim Weizenanbau angehoben werden konnte.

Tabelle 53: <u>Veränderung der Anbaufläche, Produktion und Produktivität wichtiger Anbaufrüchte</u>, Basisperiode 1953-1957 = 1oo

Anbaufrucht	Vor der Agrarreform (1953-1957)			Nach der Agrarreform (1973-1977)		
	Anbaufläche	Produktion	Produktivität	Anbaufläche	Produktion	Produktivität
Weizen	1oo	1oo	1oo	1o9	145	134
Gerste	1oo	1oo	1oo	164	113	69
Linsen	1oo	1oo	1oo	15o	137	92
Platterbsen	1oo	1oo	1oo	85	62	72
Kichererbsen	1oo	1oo	1oo	264	253	1o1
Baumwolle	1oo	1oo	1oo	89	179	2o4
Zuckerrüben	1oo	1oo	1oo	232	415	178
Wassermelonen	1oo	1oo	1oo	188	195	1o5
Gemüse	1oo	1oo	1oo	267	43o	161

<u>Quelle</u>: eigene Berechnung nach: Statistische Zeitreihen, 1974, Tabelle 5 ff. und Statistical Abstract, 1974, S. 2oo ff.

Im Zusammenhang mit dem Wachstum der syrischen Bevölkerung ist die erzielte Steigerung der Weizenproduktion als unzureichend einzuschätzen. Mit einem jährlichen Zuwachs von ungefähr 2 % lag letzterer unterhalb der Bevölkerungswachstumsrate. Wurden im Jahre 1957 341 kg Weizen je Einwohner produziert, so ging dieser Wert bis 1967 auf 181 kg und bis 1977 auf 155 kg zurück, womit er unter dem durchschnittlichen Bedarf einer Person lag [1]. Für die Volkswirt-

---

[1] *Der durchschnittliche jährliche Bedarf einer Person an Weizen wird auf rund 17o kg geschätzt (errechnet nach den im Intensivierungsplan angegebenen Zahlen, vgl. Arabische Organisation für Agrarentwicklung, 1975, S. 88).*

schaft Syriens stellte diese anhaltende relative Abnahme eine große Belastung dar, denn sie führte zur Verringerung des eigenen Getreideexports und zwang auf der anderen Seite zu ständig steigenden Getreideimporten, um den inländischen Bedarf zu decken. Vor der Agrarreform war Syrien in der Lage, einen Teil seiner Getreideernte zu exportieren. So wurden 1957 insgesamt 7oo ooo t Getreide, d.h. etwa ein Drittel der gesamten Jahreserzeugung, ausgeführt, importiert wurden im gleichen Jahr lediglich 23 ooo t. Demgegenüber lag im Berichtsjahr 1977 die Getreideausfuhr bei 127 ooo t und die Getreideeinfuhr bei 465 ooo t oder 8 % bzw. 28 % der Landesproduktion [1].

Auch bei der Gersteproduktion läßt sich ein leichter Anstieg feststellen. Im Zeitraum 1953-1957 wurden jährlich im Durchschnitt 488 ooo t Gerste geerntet gegenüber 55o ooo t im Intervall 1973-1977. Diese Zunahme ist allein auf die Erweiterung der Gersteanbaufläche zurückzuführen. Letztere wurden binnen 2o Jahren um 64 % ausgedehnt (Tab. 53). Anders als beim Weizen errechnet sich bei der Gerste eine Abnahme der Hektarerträge, die sich daraus erklärt, daß der Gersteanbau immer mehr auf schlechtere Böden verdrängt wird. Im langjährigen Durchschnitt wurden 7 dz Gerste geerntet.

Die Baumwollproduktion zeigte zwischen 1947 und 1963 eine stetig steigende Tendenz, die von der Durchführung der Agrarreform in keiner Weise beeinflußt wurde (Abb. 9). Vor 1958 wurden jährlich im Durchschnitt 225 ooo t Baumwolle erzeugt. Die höchste durchschnittliche Baumwollerzeugung belief sich auf 411 ooo t im Zeitraum 1963-1967; seitdem stagniert sie auf diesem hohen Niveau.

Der Baumwollanbau wurde sowohl horizontal als auch vertikal ausgedehnt. Vor der Agrarreform erfolgten die größeren Produktionssteigerungen, danach die größeren Produktivitätssteigerungen. Im Jahre 1947 betrug die Baumwollanbaufläche nur 19 ooo ha, zehn Jahre später war sie auf 258 ooo ha ausgedehnt, also auf ein Vielfaches; seitdem nimmt sie ständig ab (Abb. lo). Aufgrund der Flächenausdehnung stieg die Baumwollernte von 16 ooo t im Jahre 1947 auf 291 ooo t im Jahre 1957; aus Abbildung lo wird sichtbar, daß sich

---

[1] *Syrien exportiert auch in schlechten Erntejahren beträchtliche Mengen seines Hartweizens, der sich für die Herstellung von Teigwaren eignet, und importiert dafür den billigeren Weichweizen und profitiert dadurch von dem Preisunterschied.*

Abbildung 9: <u>Entwicklung der Produktion wichtiger Anbaufrüchte im Zeitablauf</u>

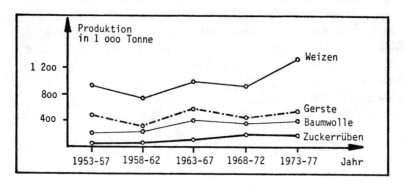

Abbildung 1o: <u>Produktion und Produktivität des Baumwollanbaues im Zeitablauf</u>

	1947	1957	1967	1977
Baumwollanbaufläche in 1 ooo ha	19	258	239	187
Baumwollernte in 1 ooo t	16	291	329	395
Produktivität in dz pro Hektar	8	11	14	21

der Anstieg in den nachfolgenden Jahren trotz abnehmender Anbaufläche fortsetzte. Seit Mitte der 6oer Jahre hält sich die Baumwollproduktion auf dem hohen Niveau von rund 4oo ooo t jährlich.

Der größte Teil der erzeugten Baumwolle wird von der inländischen Textilindustrie verarbeitet. Im Laufe der Zeit hat die Baumwollausfuhr absolut zugenommen, anteilmäßig jedoch blieb sie unverändert. 1957 wurden 82 ooo t Baumwolle (28 % der Gesamtproduktion) exportiert gegenüber 212 ooo t (3o %) im Jahre 1977.

Der größte Produktivitätszuwachs von allen angebauten Kulturen wurde bei der Baumwolle erzielt (Tab. 53). Die durchschnittlichen Hektarerträge konnten innerhalb von 3o Jahren verdreifacht werden, seit der Agrarreform verdoppelt. 1947 erntete man auf einem Hektar lediglich 8 dz Baumwolle. Der Grund für diese niedrigen Erträge lag darin, daß die Baumwolle damals vorwiegend ohne Zusatzbewässerung, Mineraldünger, verbessertes Saatgut und Pflanzenschutz angebaut wurde. Früher überwog der unbewässerte Baumwollanbau, wie dies Tabelle 54 zeigt. Nur 28 % der gesamten Baumwollanbaufläche wurden 1946 bewässert. Von Jahr zu Jahr verschob sich das Verhältnis zwischen bewässerter und unbewässerter Baumwolle zugunsten der ersteren. Heute wird fast die gesamte Baum-

Tabelle 54: Veränderung der Baumwollanbaufläche und der Baumwollernte im Zeitablauf 1946-197o

Jahr	Anbaufläche			Ernte		
	insgesamt	bewässerte Fläche	unbewässerte Fläche	insgesamt	bewässerte Baumwolle	unbewässerte Baumwolle
	in 1ooo ha	%	%	in 1ooo t	%	%
1946	2o	28	72	14	41	59
195o	78	56	44	1oo	82	18
1954	187	57	43	221	83	17
1958	261	75	25	25o	93	7
1962	3o2	76	24	4o4	93	7
1966	255	89	11	375	98	2
197o	249	95	5	383	1oo	-

Quelle: Statistical Abstract, 1959, S. 262; 1967, S. 94 und 1971, S. 114.

wollanbaufläche bewässert. Die Zunahme des bewässerten Anbaues, verbunden mit einem Mehreinsatz von verbesserter Baumwollsaat sowie Mineraldünger, haben zu dem steilen Anstieg der Produktivität geführt. Die Hektarerträge, die 1957 bei 11 dz lagen, konnten dadurch auf 21 dz im Jahre 1977, also fast auf das Doppelte, angehoben werden.

Beim Anbau der verschiedenen Leguminosenarten ergaben sich unterschiedliche Entwicklungen. Sowohl die Linsen- als auch die Kichererbsenproduktion nahm zwischen 1953-57 und 1973-77 zu: die Linsenproduktion von 62 ooo t auf 85 ooo t (37 %), und die Kichererbsenproduktion von 15 ooo t auf 38 ooo t (153 %). In beiden Fällen war die Steigerung eine unmittelbare Folge einer Erweiterung der Anbaufläche, wie dies aus Tabelle 53 deutlich hervorgeht. Im langjährigen Durchschnitt wurden 7 dz Linsen und 6 dz Kichererbsen je Hektar erzielt. Ganz anders lagen die Verhältnisse beim Anbau von Platterbsen. Dieser ist seit Jahren rückläufig und wird heute nur noch in einem geringen Umfang, meist auf schlechteren Böden, betrieben. Letzteres ist auch der Grund für die Abnahme der Hektarerträge (Tab. 53).

Die Zuckerrübenproduktion verzeichnete gegenüber der Zeit vor der Agrarreform große Zunahmen. Damals wurden im Durchschnitt 48 ooo t auf etwa 3 7oo ha erzeugt, heute beträgt die Produktion nahezu 2oo ooo t und die Anbaufläche rund 8 7oo ha. Beim Zuckerrübenanbau tritt die Erhöhung der Produktivität ganz besonders hervor. Früher lagen die Hektarerträge durchschnittlich bei 13o dz, gegenwärtig bei 231 dz (Tab. 52). Die Zuckerrübe gehört zu den Feldfrüchten, bei deren Anbau erhebliche Mengen von Mineraldünger und verbessertem Saatgut eingesetzt werden.

Die Produktion von Gemüse, insbesondere Kartoffeln, Tomaten, Zwiebeln, Auberginen und Zucchini, wurde in den letzten fünf Jahren erheblich ausgedehnt, und zwar sowohl vertikal als auch horizontal. Die Impulse für diese Ausdehnung kamen vom Markt. Die schnellwachsende städtische Bevölkerung entwickelte eine immer stärkere Nachfrage nach Frischgemüse. Um diesen Bedarf zu befriedigen, erweiterten viele Betriebe die Gemüseanbaufläche und setzten beim Anbau mehr Mineraldünger und ertragreiche Gemüsesorten ein. Vor der Agrarreform lag die Gemüseproduktion bei 32o ooo t und die Anbaufläche bei durchschnittlich 42 ooo ha. In der Zeit von 1973-1977 betrug die jährliche Gemüseernte 1 375 ooo t, d.h. mehr als das Vierfache (Tab. 52). Beim Gemüseanbau wurde im Vergleich zu der Zeit vor der Agrarreform der größte Produktionszuwachs erzielt, wie dies auch aus Tabelle 54 hervorgeht. Die Produktivität ist bei den verschiedenen Gemüsesorten unterschiedlich. So betragen die durchschnittlichen Hektarerträge bei Kartoffeln 12o dz, bei Tomaten 14o dz, bei Zwiebeln 15o dz, bei Zucchini 14o dz und bei Auberginen 17o dz. Gegenüber früher zeichnet sich bei allen Gemüsesorten eine Produktivitätserhöhung ab.

Aber auch die Produktion von Wasser- und Honigmelonen hat sich gegenüber der Vorreformzeit fast verdoppelt. Die Zunahme beruht lediglich auf der Ausdehnung der Anbaufläche. In der Zeit von 1973-1977 betrug die Melonenernte 647 ooo t und die Melonenanbaufläche rund 9o ooo ha. Im langjährigen Durchschnitt wurden 64 dz je Hektar geerntet. Sieht man von der Flächenausdehnung ab, so traten beim Melonenanbau keinerlei Veränderungen ein, weshalb die Produktivität seit langem auf diesem Niveau stagniert.

Etwa ein Viertel des jährlichen Agrarproduktionswertes kommt aus der Viehhaltung, und daher wird an dieser Stelle auch ihre Entwicklung seit der Durchführung der Agrarreform untersucht. Tabelle 55 gibt die Anzahl der wichtigsten Nutztiere Syriens im Zeitablauf an. Der Schafbestand nahm nach 1957 im Zusammenhang mit der Dürreperiode von 1958-61 stark ab. Viele Schafe muß-

Tabelle 55: Veränderung des Tierbestandes 1947-1977

Jahr	Anzahl jeweils in 1ooo Stück			
	Schafe	Ziegen	Kühe	Hühner
1947	3 176	1 185	354	1 825
1952	3 378	1 558	252	2 918
1957	5 466	1 645	3o4	2 973
1962	3 223	535	231	3 867
1967	5 735	827	253	3 734
1972	5 166	697	488	5 162
1977	7 o7o	1 o1o	639	21 ooo

Quelle: zusammengestellt nach: Statistische Zeitreihen, 1974, Tabelle 15 ff.

ten damals notgeschlachtet werden, weil es für sie keine ausreichende Futtergrundlage mehr gab. Danach gelang es, den Bestand an Schafen allmählich wieder zu erhöhen, und im Berichtsjahr umfaßte er über 7 Mio. Stück (Tab. 55).

Verglichen mit 1957, also vor der Agrarreform, liegt hier eine prozentuale Zunahme von 29 % vor. Im Gegensatz dazu nahm die Anzahl der Ziegen seit 1957 ständig ab; erst 1977 erfolgte eine Erhöhung, wobei die Ziegenzahl eine Million Stück betrug und damit unterhalb der des Jahres 1957 lag.

Große Anstrengungen wurden in den letzten zehn Jahren unternommen, um die Rinderhaltung auszudehnen. Da die von den Schafen und Ziegen gewonnenen Milchmengen zu gering und für die Versorgung der Bevölkerung unzureichend waren, mußte eine derartige Maßnahme in Angriff genommen werden. Die Nachfrage nach Frischmilch sowie Milchprodukten stieg vor allem in den städtischen Zentren rapide an. Ihre Befriedigung konnte nur im Rahmen einer verbesserten Kuhhaltung erfolgen. Den Bauern wurden Kühe zu verbilligten Preisen angeboten. Ferner konnten sie drei Jahre lang billigeres Kraftfutter kaufen, so daß die Haltung von Kühen für sie lukrativ wurde. Aufgrund dieser Anreize wurde die Anzahl der Kühe in vielen Betrieben erhöht. Wie aus Tabelle 55 zu ersehen ist, verdoppelte sich der Kuhbestand gegenüber der Vorreformzeit.

Bei der Hühnerhaltung konnten sehr große jährliche Zunahmen verzeichnet werden. Die Anzahl der Hühner erhöhte sich von 3 Mio. Stück im Jahre 1957 auf 21 Mio. im Jahre 1977. In den 7oer Jahren wurden sehr viele Hühnerfarmen hauptsächlich in der Nähe von Großstädten gebaut, um deren Einwohner mit Hühnerfleisch und Eiern zu versorgen. Die Mehrzahl von ihnen sind staatliche Betriebe.

Die Entwicklung der gesamten Agrarproduktion läßt sich über die Veränderung ihres Produktionswertes, den die amtliche Statistik jährlich veröffentlicht, analysieren. Vor der Agrarreform lag 1957 der Wert aller in der Landwirtschaft erzeugten Güter in Preisen von 1963 bei 1 326 Mio. Lera [1]. Davon kamen 891 Mio. Lera oder 67 % aus der Pflanzenproduktion, die übrigen 33 % aus der Tierproduktion. Der Agrarproduktionswert schwankte von Jahr zu Jahr, zeigte jedoch im ganzen eine steigende Tendenz. 1977 betrug er 2 17o Mio. Lera, woran die Pflanzenproduktion mit 74 %, die Tierproduktion mit 26 % beteiligt waren. Hieraus läßt sich für die Zeit von 1957-1977 eine reale Zunahme von 64 % oder eine jährliche Zuwachsrate von ungefähr 2,5 % errechnen.

---

[1] *Alle Angaben über den Agrarproduktionswert in diesem Abschnitt erfolgten in Preisen von 1963. Dadurch lassen sich die realen Veränderungen, d.h. die inflationsbereinigten Veränderungen, feststellen.*

Abbildung 11: Veränderung des Agrarproduktionswertes im Zeitablauf

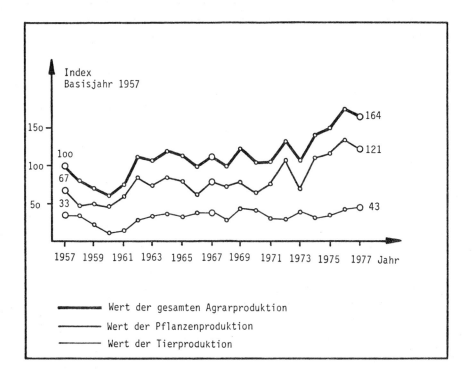

Der Wert der tierischen Produktion ist absolut gestiegen, relativ jedoch gesunken. Im Unterschied zum pflanzlichen Produktionswert blieb sein Anstieg gering (Abb. 11). Die Produktionssteigerungen sind das Ergebnis einer horizontalen sowie vertikalen Produktionsausdehnung. Bevor jedoch im einzelnen auf ihren Ablauf und ihre Bestimmungsfaktoren eingegangen wird, einige Bemerkungen vorweg:

1. Der Produktionszuwachs ist, gemessen an den potentiellen Möglichkeiten der syrischen Landwirtschaft, gering [1].

---

[1] *1974 exportiere Syrien landwirtschaftliche Erzeugnisse für 83 Mio. Lera und importierte für 1 158 Mio. Lera, also das Vierzehnfache. 96 % aller importierten Erzeugnisse könnten bei besserer Bewirtschaftung im eigenen Lande produziert werden (vgl. Arabische Organisation für Agrarentwicklung, 1975, S. 1oo f.).*

2. Ein anhaltender, von der Erhöhung der Hektarerträge bestimmter Produktionsanstieg machte sich erst ab 1973, damit lange nach der Agrarreform bemerkbar. Davor fielen die Steigerungen in ihrem Ausmaß gering aus und waren witterungsbedingt und auf Schwankungen innerhalb der Anbaufläche zurückzuführen.

3. Der Anteil des Agrarsektors am Nettosozialprodukt ging trotz Produktionssteigerung immer mehr zurück. Betrug er noch 4o % im Jahre 1957, so verringerte er sich auf 3o % im Jahre 1967 und lag 1977 nur noch bei 18 %.

4. Verglichen mit den Zunahmen anderer Wirtschaftszweige und des gesamten Volkseinkommens, sind die Steigerungen in der Landwirtschaft relativ gering. In der Zeit von 1957-1977 erhöhte sich das Nettosozialprodukt real um 317 %. Der Agrarsektor konnte in derselben Zeit nur ein Fünftel dieser Zunahme erbringen. Mit anderen Worten, die übrigen Wirtschaftszweige entwickeln sich schneller als der Agrarsektor. Dadurch ergeben sich Nachteile nicht nur für die ländliche Bevölkerung, sondern auch für die Gesamtwirtschaft. Vor allem wird dadurch die Kluft zwischen ländlichen und städtischen Gebieten vertieft.

Unmittelbar nach der Agrarreform sank infolge der bereits erwähnten Dürrekatastrophe die landwirtschaftliche Produktion rapide ab, und erst 1962 begann sie wieder anzusteigen, um sich für lange Zeit auf dem Vorreformniveau zu stabilisieren. Kräftige Produktionssteigerungen erfolgten nach 1973 (Abb. 11). Somit lassen sich zwei Zeitabschnitte deutlich unterscheiden: 1958-1973 und 1974-1977. Im ersten Abschnitt erhöhte sich die Produktion, gemessen an derjenigen des Jahres 1957 (Basisjahr), real um 7 %, im zweiten um 64 %. Worauf sind diese Unterschiede zurückzuführen? In der Zeit von 1958-1973 konnte die Produktion vor allem deshalb nicht kräftiger steigen, weil von seiten des Staates kaum Anstrengungen unternommen wurden, um die Landbewirtschaftung zu verbessern. Man war zu sehr mit der Durchführung der Bodenreform beschäftigt, und die ganzen agrarpolitischen Maßnahmen konzentrierten sich damals auf die Landenteignung und -verteilung. Eine die Bodenbesitzreform begleitende Bewirtschaftungsreform wurde vernachlässigt, weshalb die erhoffte Produktionssteigerung ausblieb. Nach Abschluß der Bodenbesitzreform und nachdem festgestellt wurde, daß die Agrarproduktion wieder zu stagnieren, ja abzusinken drohte, war die Durchführung von Intensivierungsmaßnahmen unumgänglich. Der syrische Staat setzte in Zusammenarbeit mit der Arabischen Organisation für Agrarentwicklung eine Expertenkommission ein, die die landwirtschaftlichen Verhältnisse im Lande eingehend untersuchte und eine Reihe von Verbesserungsvorschlägen erarbeitete. Sie stellte für die Jahre 1975-1980 einen Intensivierungsplan auf, dessen Hauptziel es ist, die Agrarproduktion um 11,8 % jährlich zu erhöhen [1]. Demnach sollten durch verstärkte Verwendung von verbessertem Saatgut und Mineraldünger sowie durch Verbreitung der Anwendung zweckmäßiger Fruchtfolgen die Hektarerträge der wichtigsten Anbaukulturen kräftig angehoben werden. Außerdem sollte die Brachwirtschaft in den gut beregneten Gebieten völlig beseitigt und in den anderen auf ein Mindestmaß verringert werden. Beispielsweise sollte laut Plan bis 1980, dem Zieljahr, die Baumwollproduktion um 126 %, die Weizenproduktion um 222 %, die Linsenproduktion um 372 % und die Zuckerrübenproduktion um 1 798 % zunehmen [2]. Ferner wurde darin angestrebt, den Anbau von betriebseigenem Futter und die Viehhaltung zu fördern, um die Fleischproduktion auf das Zweieinhalbfache des Jahres 1975 zu erhöhen. Über die Verwirklichung dieser Ziele kann heute kein abschließendes Urteil abgegeben werden, weil die Durchführung des Intensivierungsplanes noch nicht beendet ist und hierüber keine umfassenden Informationen vorliegen. Die für die Jahre 1976, 1977 und 1978 veröffentlichten Produktionszahlen zeigen zwar einen Zuwachs, dieser bleibt aber weit hinter dem angestrebten Ziel zurück.

Die Produktionssteigerungen lassen sich erstens auf die Erweiterung der Anbaufläche und zweitens auf den Mehreinsatz von verbessertem Saatgut sowie Mineraldünger zurückführen. Gegenüber der Zeit vor der Agrarreform dehnte sich die landwirtschaftliche Nutzfläche von 4 650 000 ha auf 5 509 000 ha (37 %) aus [3]. Ebenso ist die Bodenproduktivität insgesamt gesehen gestiegen. Während der durchschnittliche Produktionswert eines Hektars im Jahre 1957 bei 410 Lera lag, errechnet sich für das Jahr 1977 ein Wert von 561 Lera. Da in dieser Zeit die bewässerte Fläche leicht zurückging, kann diese Erhöhung nur das Ergebnis des vermehrten Einsatzes produktionssteigernder Betriebsmittel sein.

Tabelle 56 zeigt den Verbrauch von Handelsdünger in Syrien im Zeitablauf. Wie daraus hervorgeht, war der Düngemitteleinsatz vor der Agrarreform sehr

---
[1] Vgl. Arabische Organisation für Agrarentwicklung, 1975, S. V; der Intensivierungsplan ist in der von dieser Organisation erarbeiteten Studie enthalten.

[2] Ebenda, S. 120.

[3] Vgl. Statistische Zeitreihen, 1974, Tabelle 4 und Statistical Abstract, 1978, S. 190.

Tabelle 56: Mineraldüngerverbrauch in Syrien

Jahr	Düngerverbrauch in 1ooo t
1956	5
1964	68
1966	75
1968	92
197o	112
1972	179
1974	151
1976	259

Quelle: Annual Agricultural Statistical Abstract, 1975, S. 188 f. und Statistical Abstract, 1957, S. 295 und 1978, S. 241.

gering. Erst in den letzten Jahren konnten diesbezüglich große Steigerungen verzeichnet werden. 1977 wurden 259 ooo t Mineraldünger verwendet, eine Menge, die für eine intensive Landnutzung unzureichend ist [1]. Kennzeichnend für die Düngerwirtschaft Syriens ist jedoch nicht nur die geringere Einsatzmenge, sondern auch die Beschränkung der Düngung auf bestimmte Kulturen. In der Regel erhalten nur Baumwolle, Kartoffeln, Zwiebeln, Zuckerrüben und teilweise bewässerter Weizen Dünger [2]. Im Regenfeldbau benutzen die Bauern keinen Mineraldünger, obwohl dies in den besser beregneten Gebieten erforderlich wäre und zur Anhebung der Hektarerträge führen würde. Hier fehlt es an landwirtschaftlicher Beratung.

In Syrien gibt es erst seit 197o eine einheimische Mineraldüngerproduktion. Da nur ein Bruchteil des Bedarfs erzeugt werden kann, muß der überwiegende Teil des eingesetzten Düngers aus dem Ausland importiert werden. Im Jahre 1975 produzierte man lediglich 24 ooo t oder 15 % des damaligen Mineraldüngerverbrauchs.

---

[1] *Nach dem Intensivierungsplan sollten in diesem Jahr 800 000 t eingesetzt werden (vgl. Arabische Organisation für Agrarentwicklung, 1975, S. 25.*

[2] *Allein auf die Baumwolle entfällt zwischen 4o und 6o % des gesamten Düngemittelverbrauchs (vgl. Arabische Organisation für Agrarentwicklung, 1975, S. 371).*

Ebenso, wie beim Mineraldüngereinsatz, beschränkte sich die Verwendung von verbessertem Saatgut auf bestimmte Anbaukulturen, so auf Baumwolle, Kartoffeln, Tabak, Zuckerrüben sowie teilweise bewässerten Weizen und einige Gemüsesorten. Sowohl im Baumwollanbau als auch im Tabak- und Zuckerrübenanbau werden ausschließlich verbesserte Saatgutsorten benutzt, was u.a. die relativ hohen Hektarerträge bei diesen Anbaukulturen erklärt. Demgegenüber werden verbesserte Sorten beim Anbau von Kartoffeln, Gemüse und Weizen nur sehr begrenzt verwendet. Der gesamte Saatgutbedarf für Baumwolle und Tabak wird in staatlichen Vermehrungsbetrieben erzeugt, während derjenige für Zuckerrüben ganz, für Kartoffeln größtenteils importiert wird.

7.4. Auswirkungen auf die Einkommensverhältnisse

In der Literatur fehlt es an Statistiken über das Einkommen der ländlichen Bevölkerung. Deshalb lassen sich exakte Aussagen über die im Zuge der Bodenreform erfolgte Einkommensveränderung nicht machen. Auch die in den Untersuchungsdörfern gewonnenen Ergebnisse spiegeln die Einkommensverhältnisse nur in diesen Dörfern wider und können auf Landesebene nicht evaluiert werden. Ferner werden allgemeingültige Aussagen über die Einkommensentwicklung durch die Tatsache erschwert, daß die Einkommenssituation der syrischen Bauern regional unterschiedlich ist [1]. Ausgehend von den Ursachen und Gründen, die eine Einkommensänderung bewirken können, wird im nachfolgenden versucht, die seit der Durchführung der Agrarreform eingetretenen Veränderungen qualitativ zu erfassen.

Die Landempfänger sind die Hauptnutznießer der Agrarreform. Sie sind auch diejenigen, bei denen mit Sicherheit eine spürbare Einkommensverbesserung eingetreten ist. Die Umverteilung des landwirtschaftlichen Einkommens brachte 1o2 238 Familien mit rund 75o ooo Personen eine Dauerbeschäftigung und ein, im Vergleich zu früher, sicheres und höheres Einkommen. Durch die bereits in den Abschnitten 6.1.1. und 7.2. besprochene gleichmäßige Landverteilung konnten in den meisten Reformgebieten die Einkommensunterschiede beseitigt werden, was wiederum zu einer höheren sozialen Gerechtigkeit geführt hat.

Ebenso dürfte sich das Einkommen der Teilpächter infolge der gesetzlichen Herabsetzung des Eigentümeranteils am Rohertrag erhöht haben. Eine derartige

---
[1] *Vgl. WIRTH, 1971, S. 22o.*

Maßnahme kann nicht ohne Einfluß auf die Einkommensverhältnisse der Pächterfamilien bleiben, wobei man hier erwähnen muß, daß die daraus resultierten Verbesserungen nicht überall gleich groß waren. Nur dort, wo die Verringerung der Verpächteranteile von einer Nutzungsintensivierung in den Pachtbetrieben begleitet war, zeigte sich eine ansehnliche Einkommenserhöhung, ansonsten war sie kaum spürbar.

Die Lebensverhältnisse der Landarbeiter, die kein Reformland erhielten, sind durch die Agrarreform und den Landarbeiterschutz nicht verbessert worden und deshalb noch immer schlecht. Weder Mindestlöhne noch ein 8-Stunden-Arbeitstag lassen sich in einem Land wie Syrien, wo ein Überangebot an Arbeitskräften in den ländlichen Gebieten herrscht, durchsetzen. Die Landarbeiterfamilien beziehen, verglichen mit anderen Bodenbewirtschaftern, die geringsten Einkommen und haben folglich den niedrigsten Lebensstandard. Im ungünstigsten Fall sind sie nicht länger als 4 Monate im Jahr beschäftigt.

Eine beachtliche Einkommensverbesserung erzielten in den letzten zehn Jahren diejenigen Bauern, die die Bewässerungslandwirtschaft in ihren Betrieben eingeführt haben. Gemessen an der Gesamtzahl der syrischen Bauern ist ihr Anteil jedoch sehr gering. Die Mehrheit besteht aus Regenfeldbauern, bei denen sich die Produktions- und Produktivitätsverhältnisse nicht geändert haben. Ihr Einkommen ist im allgemeinen niedrig geblieben. Außerdem hängt es von den von Jahr zu Jahr schwankenden natürlichen Verhältnissen ab. Sehr viele Regenfeldbauern verharren trotz Bodenreform in Armut [1].

Eine sehr wesentliche Rolle bei der Verbesserung der Einkommensverhältnisse in den Bauernhaushalten spielte und spielt weiterhin die Absorption einer erheblichen Zahl von Arbeitskräften durch andere Wirtschaftszweige. Dadurch wurde vor allem ein weiteres Absinken der Arbeitsproduktivität in der Landwirtschaft verhindert. Viele Bauernsöhne sind heute in nichtlandwirtschaftlichen Berufen beschäftigt; sofern sie vom Dorf nicht abgewandert sind und sich von ihren Familien nicht getrennt haben, geht ihr Verdienst in die elterlichen Haushalte ein. Eine große Anzahl von Bauernhaushalten hat einen Zuverdiener oder mehrere Nebeneinkünfte, was wiederum zur Verbesserung der Einkommensverhältnisse beiträgt. Allerdings gilt diese Feststellung nur für die Dörfer, die in der Nähe der Städte oder in der Umgebung von Industriegebieten liegen.

---

[1] Vgl. WIRTH, 1971, S. 220.

In weit entfernten Dörfern kann die Möglichkeit der Nebenbeschäftigung nicht wahrgenommen werden. Hier können die Bauern auch mit den Einkommen ihrer Söhne nicht rechnen, da letztere meist abwandern und eine eigene Existenz und Familie in anderen Orten gründen.

Abschließend läßt sich zusammenfassend feststellen, daß sich im Zuge der Agrarreform das Einkommen der Bodenreformbauern und teilweise auch der Teilpächter erhöht hat. Diese Erhöhung fiel um so größer aus, je mehr Intensivierungsmaßnahmen in den Betrieben durchgeführt wurden. Ferner stieg das Einkommen mancherorts infolge der Nebeneinkünfte an, die von den Betriebsinhabern und ihren Familienangehörigen erzielt wurden. Die Mehrheit der syrischen Bauern ist von den Reformmaßnahmen nicht betroffen und besitzt nach wie vor ein niedriges Einkommen.

8. Zusammenfassung

8.1. Ergebnisse der Untersuchung

Im Mittelpunkt der in dieser Arbeit dargestellten Untersuchung stand die Ermittlung der wirtschaftlichen, sozialen und politischen Auswirkungen der in Syrien zwischen 1958 und 1969 durchgeführten Agrarreform. Jene Untersuchung fand 1977-78 in vier unterschiedlich strukturierten Dörfern statt: in den beiden Reformbauerndörfern Chiha und Mecherfe, im Eigentumsbauerndorf Bserin sowie im Mischdorf Tiesien, dessen Bodenbewirtschafter Teilpächter und Reformbauern waren. Da die Anzahl der in diesen Dörfern lebenden Landwirte für eine Vollerhebung zu groß war, wurde aus der Grundgesamtheit nach dem Zufallsprinzip eine Stichprobe gezogen. Sie setzte sich aus 114 Reformbauern, 39 Teilpächtern und 35 Eigentumsbauern zusammen. Die mittels standardisierter Befragung und teilnehmender Beobachtung gesammelten Daten wurden teilweise elektronisch verarbeitet und teilweise manuell ausgewertet. Die gewonnenen Untersuchungsergebnisse sind in den einzelnen Abschnitten dieser Arbeit dargelegt. Nachfolgend werden die zu Beginn der Forschungsarbeit aufgestellten Hypothesen und Teilhypothesen geprüft [1] und damit verbunden die Reformauswirkungen zusammengefaßt.

<u>Hypothese 1</u>: Die Agrarreform hat ihre gesetzten Ziele erreicht.

Die Untersuchung hat ergeben, daß die syrische Agrarreform ihr politisches Ziel - Abschaffung des Feudalsystems - weitgehend erreicht hat; die beiden anderen Zielsetzungen - Erhöhung der Agrarproduktion und Verbesserung des Lebensstandards der landwirtschaftlichen Bevölkerung - konnten demgegenüber nur zum Teil realisiert werden. Dieses Fazit wird in den nachstehenden Ausführungen über die einzelnen Teilhypothesen, die aus der obigen allgemeinen Hypothese abgeleitet wurden, fundiert.

<u>Teilhypothese 1.1</u>: Die Agrarreform hat das Feudalsystem beseitigt.

Kennzeichnend für die syrische Gesellschaft in den 5oer Jahren waren große Unterschiede in bezug auf Eigentum, Einkommen, Macht, Bildung und Prestige zwischen einer kleinen Minderheit von Großgrundeigentümern und einer großen, von dieser Minderheit in vielerlei Hinsicht abhängigen Mehrheit von landar-

---
[1] *Vgl. die Ausführungen in Abschnitt 4.1. dieser Arbeit.*

men und landlosen Bauern. Im Zuge der Agrarreform wurde alles über bestimmte Höchstgrenzen hinausgehende Bodeneigentum von rd. 4 ooo Feudalherren enteignet und an über loo ooo landlose und landarme Bauern verteilt, wodurch die bestehenden Eigentumsunterschiede verringert wurden. Vor allem wurde dem Prozeß der Bodenakkumulation, der vor der Reformdurchführung in vollem Gange war, durch die Begrenzung des Bodeneigentums ein Ende gemacht. Eine Neubildung feudaler Besitztümer ist gesetzlich ausgeschlossen. Den Verlust an Bodeneigentum begleiteten ein Macht- und ein Prestigeverlust der Feudalherren. Sie haben heute, im Gegensatz zu früher, weder auf die allgemeine Politik des Landes noch auf die Bodenbewirtschafter einen großen Einfluß. Ihre politischen Machtpositionen aus der Zeit vor der Agrarreform haben derzeit andere Bevölkerungsgruppen inne. Sowohl die Eigentumsübertragung an die Reformbauern als auch die Sicherung und Festigung der Besitzrechte der Teilpächter haben zur Befreiung der Bauern von den feudalen Abhängigkeiten beigetragen.

Da das Bodeneigentum heutzutage in den Untersuchungsdörfern breiter gestreut ist und da die Bodenbewirtschafter sowohl wirtschaftlich als auch sozial und politisch von den Eigentümern nicht mehr abhängig sind, muß das Feudalsystem in diesen Dörfern - ebenso wie in allen anderen ehemaligen Grundherrendörfern - als abgeschafft angesehen werden.

Teilhypothese 1.2: Die Agrarreform hat zur Erhöhung der Agrarproduktion
    geführt.

In vielen untersuchten Betrieben kam es seit der Agrarreform zu einem spürbaren Produktions- und Produktivitätsanstieg. Eine Evaluierung dieser Auswirkungen auf Landesebene zeigte jedoch, daß die erfolgte Produktionserhöhung relativ gering gewesen und hinter den Erfordernissen des Bevölkerungswachstums zurückgeblieben ist. Das Auseinanderklaffen zwischen den Befunden auf der Ebene der Untersuchungsdörfer und den Gegebenheiten auf Landesebene erklärt sich daraus, daß erstens die ausgewählten Dörfer weder für die Bodenreformgebiete noch für das ganze Land repräsentativ sind, und zweitens die Agrarreform nur einen Bruchteil der gesamten syrischen landwirtschaftlichen Nutzfläche betroffen hat.

Die Analyse der Agrarproduktionsentwicklung in den letzten 2o Jahren ergab nicht nur, daß die erzielten Steigerungen insgesamt gering waren, sondern auch, daß sie größtenteils erst nach Reformabschluß einsetzten. Die syrische

Agrarreform konzentrierte sich zwischen 1958 und 1969 auf eine Änderung der Eigentums- und Besitzverhältnisse und war somit eine reine Bodenbesitzreform. Bodenbewirtschaftungsreformmaßnahmen [1], die häufig erst über Erfolg oder Mißerfolg einer Agrarreform entscheiden, wurden in dieser Zeit kaum verfolgt. Aus diesem Grund stagnierte die landwirtschaftliche Erzeugung in den ersten Reformjahren. Als dann zu Beginn der 7oer Jahre größere Anstrengungen seitens des Staates unternommen wurden, um die Landnutzung durch vermehrten Einsatz von Inputs zu modernisieren und zu intensivieren, machte sich ein Produktionsanstieg bemerkbar. Gemessen an den Möglichkeiten zur Produktionserhöhung, welche in der syrischen Landwirtschaft vorhanden sind, ist der erreichte Anstieg bescheiden. Nur durch eine Bodenbewirtschaftungsreform läßt er sich verbessern und langfristig aufrechterhalten. In den Untersuchungsdörfern fehlt es nach wie vor an günstigen und ausreichenden Kreditmöglichkeiten, an leistungsfähigen Bezugs- und Absatzorganisationen, an Beratung und Ausbildung für die Landwirte, kurz gesagt an produktionsfördernden Maßnahmen und Einrichtungen. Solange eine Bodenbewirtschaftungsreform nicht durchgeführt ist, wird es schwer sein, die Effizienz der syrischen Landwirtschaft beträchtlich zu verbessern.

Teilhypothese 1.3: Die Agrarreform hat den Lebensstandard der landwirtschaftlichen Bevölkerung verbessert.

Die Grundherren verfügten vor der Agrarreform über den größten Teil der erzielten landwirtschaftlichen Einkommen. Sowohl durch Eigentumsübertragung als auch durch Herabsetzung der Pachteinkünfte wurde eine Umverteilung dieses Einkommens herbeigeführt. Im Gegensatz zur Ära der Feudalherrschaft, bezieht heute jede Familie in den Untersuchungsdörfern ein gesichertes Einkommen. Erwartungsgemäß sind die Einnahmen der extensiv wirtschaftenden Betriebe geringer als diejenigen der intensiv wirtschaftenden. Um die Familieneinkünfte zu steigern und die vorhandenen Arbeitskräfte besser auszulasten, gehen nunmehr viele Bauern einer Nebenbeschäftigung nach.

---

[1] *"Unter Bodenbewirtschaftunsreform werden alle Bestrebungen zusammengefaßt, die der Hebung des Produktionsniveaus dienen und damit den Erfolg der Bodenbesitzreform erst sichern. Bodenbewirtschaftungsreform ist die sinnvolle Integration von agrarpolitischen Maßnahmen in die Bodenbesitzreform"* (KUHNEN, 1967, S. 33o). Vgl. hierzu auch SCHILLER, 1954, S. 343.

Ein Teil der von den Grundherren auf die Bauern übertragenen Kaufkraft wurde von letzteren, wie die Untersuchung ergab, in ihre Betriebe investiert. Der größere Teil davon wurde jedoch zur Verbesserung der Lebensverhältnisse eingesetzt, zumal diesbezüglich bei den Bauern ein großer Nachholbedarf bestand und zum Teil immer noch besteht. Die bessere Wirtschaftslage zusammen mit einer besseren Ernährung sowie besseren Gesundheits-, Wohnungs- und Bildungsverhältnissen führten zu einer allgemeinen Hebung des Lebensstandards in allen vier Untersuchungsdörfern.

Es besteht kein Zweifel, daß die heutigen Lebensverhältnisse auf dem Lande besser sind als vor der Agrarreform. Diese Verbesserung hängt mit der Bodenreform zusammen, ist aber nicht allein auf sie zurückzuführen, trug doch auch die allgemeine wirtschaftliche Entwicklung dazu bei. Sie ermöglichte es vielen Bauern und Bauernsöhnen, außerhalb der Landwirtschaft neben- und/oder hauptberuflich zu arbeiten und zusätzliche Einkommen zu beziehen. Dennoch liegt der Lebensstandard in den ländlichen Gebieten unter dem Landesdurchschnitt. Eine grundlegende Änderung dieser Situation erfordert die Einleitung einer nachhaltigen Entwicklung der ländlichen Räume (z.B. durch Ausbau der Infrastruktur und Verbesserung der institutionellen und kulturellen Gegebenheiten in den Landgemeinden). Die staatlichen Anstrengungen in dieser Richtung sind völlig unzureichend, so daß man von einer Vernachlässigung der ländlichen Räume in Syrien sprechen kann.

Hypothese 2: Die Agrarreform hat die Agrarstruktur erheblich verändert.

Die Veränderung der Agrarstruktur stellte eine Voraussetzung für die Einführung von technischen und wirtschaftlichen Neuerungen in der Landwirtschaft dar. Ohne sie wären auch soziale Verbesserungen nicht erzielbar gewesen. Wie die nachfolgenden Erörterungen zeigen, haben sich im Zuge der behandelten Agrarreform fast alle Elemente der Agrarstruktur erheblich verändert. Dies gilt vor allem für die Grundeigentums-, Besitz- und Betriebsgrößenstruktur.

Teilhypothese 2.1: Die Agrarreform hat die Eigentums- und Besitzstruktur verändert

Gerade in der Veränderung der Eigentums- und Besitzstruktur lag der wichtigste Beitrag der behandelten Agrarreform. In den Untersuchungsdörfern stieg die Anzahl der Bodeneigentümer auf ein Vielfaches an und die früheren krassen

Eigentumsunterschiede wurden durch die Bodenumverteilung erheblich verringert. Zwar gibt es in Syrien immer noch Großgrundeigentümer, die über den mehrfachen Besitz eines Kleinbauern verfügen, insgesamt jedoch dominiert das Kleingrundeigentum. Verbunden mit der Enteignung der Grundherren und der Landzuweisung an landlose Bauern war eine gleichmäßigere Einkommens- und Vermögensverteilung. Außerdem führte die Umverteilung des Bodens zur Verbesserung der Beschäftigungsverhältnisse in den Dörfern, und zwar durch die Reaktivierung ganz oder teilweise brachliegender Arbeitskräfte. Darüber hinaus wurde durch die Eigentumsübertragung an Reformbauern die frühere Trennung zwischen Eigentum am Boden und Bebauung des Bodens aufgehoben, was sich, wie die Untersuchung zeigte, auf die Einführung von innerbetrieblichen Verbesserungen positiv ausgewirkt hat. Letztlich muß noch erwähnt werden, daß die ausschließlich von sozialen Gesichtspunkten geleitete Landverteilungspolitik zur Beseitigung der früheren sozialen Spannungen geführt hat.

Teilhypothese 2.2: Die Agrarreform hat den Verkehr mit landwirtschaftlichen Grundstücken verändert

Mit der Festsetzung einer Höchstgrenze für das Bodeneigentum wurde, wie bereits an anderer Stelle erwähnt, die Neubildung von feudalen Besitztümern unmöglich gemacht. Sowohl die Grundherren als auch die Schicht der wohlhabenden Städter, die vor der Agrarreform den landwirtschaftlichen Grundstücksmarkt beherrschten, wurden durch diese Maßnahme davon ausgeschlossen. Für das Reformland schreibt das Agrarreformgesetz ein striktes Veräußerungsverbot vor. Eine weitere gesetzliche Bestimmung verbietet jede Betriebsaufteilung, damit sich die - zumeist kleinen - Bewirtschaftungseinheiten nicht noch verkleinern. Die hier aufgezählten Vorschriften sind in agrarstruktureller Hinsicht positiv zu bewerten, weil sie auf der einen Seite die Bodenakkumulation verhindert und auf der anderen Seite die Reformbetriebe vor der Verkleinerung und Aufteilung bewahrt haben. Nachteilig wirkt sich allerdings die durch sie herbeigeführte Zementierung der Betriebsstruktur aus. Die Betriebe in den Reformdörfern können weder auf- noch abgestockt werden. Eine Anpassung an neue ökonomische Gegebenheiten ist deshalb nicht möglich.

Die Untersuchung ergab, daß nur das größere Grundeigentum nach islamischem Recht auf alle Erbberechtigten real aufgeteilt wird, was aber keine abträgliche Wirkung auf die Betriebsstruktur hat, dagegen positiv die Eigentumsstruktur ausgleicht. Für die Teilpächter dieser Flächen steigt lediglich die Anzahl der Verpächter, der Pachtbetrieb selbst bleibt ungeteilt, da keiner der Erben sein Eigentum selbst bewirtschaftet, sondern weiterverpachtet. Sowohl in den Reformgebieten als auch dort, wo kleinbäuerliches Eigentum vorherrscht, wurde die Realteilung zurückgedrängt. Die wichtigsten Gründe hierfür neben dem Teilungsverbot für das Bodenreformland sind die Einsicht in die Nachteile einer zu weit getriebenen Besitz- und Flurzersplitterung und die zunehmende Mobilität der Arbeitskräfte, die ihrerseits zur Verringerung des Drucks auf die begrenzte landwirtschaftliche Nutzfläche geführt hat.

Zu den wichtigsten Errungenschaften der syrischen Agrarreform zählt die Verbesserung der Pachtverhältnisse. Die Lage der befragten Teilpächter hat sich gegenüber der Ära der Feudalherrschaft erheblich gebessert. Jeder von ihnen besitzt seit Inkrafttreten des Pachtgesetzes von 1958 einen schriftlichen Pachtvertrag, in dem die Pachtdauer, die Höhe des Pachtzinses und die Entschädigungsregelungen im Falle einer Kündigung festgehalten sind. Die vertraglichen Abmachungen trugen zur Erhöhung der Besitzsicherheit der Teilpächter bei und ermöglichten eine Betriebskontinuität, die früher nicht vorhanden war. Dadurch vergrößerte sich der Antrieb zu Mehreinsatz von Arbeit und Kapital in den Pachtbetrieben, wie die Untersuchung belegt. Auch die gesetzliche Heraufsetzung der Teilungsquoten zugunsten der Pächter ist von großer wirtschaftlicher Bedeutung und führte zu einer zusätzlichen Verbesserung der Lebensverhältnisse der Teilpächterfamilien.

Teilhypothese 2.3: Die Agrarreform hat die Betriebsstruktur verändert.

Bei der Landverteilung traten ökonomische Überlegungen in bezug auf die Größe der Reformbetriebe zurück. Das in einem Dorf enteignete Land wurde ziemlich gleichmäßig unter der gesamten landwirtschaftlichen Bevölkerung verteilt, damit jede Familie einen Betrieb und somit eine Existenzgrundlage und ein gewisses Maß an Beschäftigung erhielt. Vom sozialen Standpunkt aus war dies die beste Lösung. Sie förderte jedoch die Entstehung von Klein- und Kleinstbetrieben in den Reformgebieten. Zwei Drittel aller untersuchten Betriebe zählen zur Größenklasse unter lo ha.

Die kleinbetriebliche Struktur muß sich allerdings nicht in jedem Fall wirtschaftlich nachteilig auswirken. Noch sehr kleine Flächen können einen Ertrag bringen, der für eine annehmbare Lebenshaltung ausreicht. Voraussetzung hierfür ist der intensive Anbau von Marktkulturen. Viele kleine Betriebe im Untersuchungsgebiet konnten teils durch Nutzungsintensivierung, teils durch Nebeneinkünfte ihre Einnahmen ergänzen und erhöhen. Von allen Befragten besaßen die Teilpächter die relativ größten Betriebe (im Durchschnitt 21,8 ha), die sowohl von der Intensität als auch von der Größe her die vorhandenen Familienarbeitskräfte auslasteten und ein gutes Einkommen sicherten. Demgegenüber lag die durchschnittliche Größe der Bodenreformbetriebe bei 7,6 ha und die der Eigentumsbauernbetriebe bei 8,7 ha.

Teilhypothese 2.4: Die Agrarreform hat die Flurverfassung verändert.

Vor der Agrarreform waren die landwirtschaftlichen Betriebe zwar größer, aber dafür sehr zersplittert. Ein Betrieb bestand aus einer großen Anzahl von schmalen Parzellen, die die Bewirtschaftung beeinträchtigte und sie bis zu einem gewissen Grad unwirtschaftlich machte. Mit der Beseitigung des in allen Grundherrendörfern bis dahin praktizierten Mouchaasystems leistete die Agrarreform einen positiven Beitrag zur Verbesserung der inneren Betriebsstruktur. Die Bodenreformbetriebe bestehen heute aus jeweils 3-5 Parzellen, wohingegen früher ein Betrieb bis zu 51 Parzellen hatte, die über die gesamte Dorfgemarkung verstreut waren.

Teilhypothese 2.5: Die Agrarreform hat zur Veränderung der Bodennutzung
beigetragen.

In vielen untersuchten Betrieben, insbesondere in den Teilpachtbetrieben, wurde die bewässerte Fläche zulasten des Regenfeldbaus ausgedehnt. Die durch die Eigentumsübertragung und die Sicherung der Besitzrechte freigesetzte Eigeninitiative ermöglichte diese Erweiterung. Man ließ Tiefbrunnen bohren und führte Motorpumpen zur Wasserförderung ein. Außerdem ergab sich in allen Dörfern eine Verringerung des Bracheanteils. Die Zweifelderwirtschaft (Weizen-Brache) wurde durch eine Dreifelderwirtschaft (Getreide-Brache-Sommerfrucht) ersetzt. Diese Veränderungen führten zur Erhöhung der Bodenproduktivität.

Die Anbaustruktur veränderte sich aufgrund der Ausweitung des Bewässerungslandes. So wird Baumwolle heute fast nur auf bewässerten Feldern angebaut, ihre Anbaufläche nahm im Vergleich zu der Zeit vor der Agrarreform stark ab, ihre Erträge haben dagegen infolge verbesserter Anbaumethoden erheblich zugenommen. In den Dörfern wird heutzutage mehr Gemüse angebaut als

früher, was eng mit der Ausdehnung der Bewässerung zusammenhängt und durch
eine lebhafte Marktnachfrage gefördert wird. Die Bewässerung trug auch zur
Diversifizierung des Gemüseanbaues bei. Hinzugekommen sind vor allem Kartoffeln, Zwiebeln, Tomaten, Zucchini und Auberginen. Ebenso wie die Gemüsenahm auch die Obsterzeugung zu. An erster Stelle sind hier Melonen und Weintrauben zu nennen. Viele Bodenreformbauern nahmen die staatlichen Maßnahmen
und Mittel zur Förderung des Weinanbaus in Anspruch. Demgegenüber wurde der
Anbau von Gerste und Hülsenfrüchten auf den Eigenbedarf beschränkt.

Teilhypothese 2.6: Die Agrarreform hat die Viehhaltung verändert.

In den meisten untersuchten Betrieben ist die Tierhaltung rückläufig,
weil die Motorisierung die Haltung von Arbeitstieren mehr und mehr entbehrlich macht. Diese Entwicklung setzte vor der Bodenreform ein und verstärkte
sich danach. Viele Agrarreformbauern und Teilpächter verkauften einen Teil
ihres Viehbestandes, um aus den Erlösen den Bau von Tiefbrunnen finanzieren
zu können. Aus diesem Grunde und weil die meisten Reformbauern ehemalige
Landarbeiter sind, die früher kein Vieh besaßen, ist der Anteil der viehlosen Betriebe in den Bodenreformdörfern höher als in den Dörfern mit alten
Besitzverhältnissen. Ein viehhaltender Betrieb hatte im Durchschnitt nur 1,8
GVE,wobei zwischen den einzelnen Untersuchungsbetrieben nur geringfügige Unterschiede bestanden. In den letzten fünf Jahren entstanden in den Untersuchungsdörfern einige Hühnerfarmen, die von fortschrittlichen und finanziell
bessergestellten Landwirten errichtet wurden. Die marktorientierte Kleintierhaltung hat dank steigender Nachfrage und guten Preisen für Eier und Geflügel
zugenommen; sie wird wahrscheinlich auch in Zukunft zunehmen, weil diese
Nachfrage bei weitem noch nicht gesättigt ist.

Die Agrarreform hatte, soviel läßt sich feststellen, keinen beträchtlichen
Einfluß auf die Viehhaltung in den Dörfern. Nach wie vor ist diese von geringer wirtschaftlicher Bedeutung für die landwirtschaftlichen Betriebe,
sieht man hier von den wenigen Betrieben mit ausgedehnter Geflügelhaltung ab.
Für die Verbesserung der Landwirtschaft und der Lebensverhältnisse der Bauernfamilien erscheint die Integration der Viehhaltung in die Ackerbaubetriebe erforderlich. Dadurch könnten die familiären Arbeitskräfte besser und
gleichmäßiger ausgelastet werden, was zur Verringerung ihrer Unterbeschäftigung beitragen würde. Außerdem erzielt ein viehhaltender Betrieb mehr Einnahmen, insbesondere tägliches Bargeld, durch den Verkauf z.B. von Milch und

Milchprodukten, und er kann ferner die Bodenfruchtbarkeit mit dem Tierdung erheblich verbessern. Trotz dieser Vorteile im einzelbetrieblichen Bereich und obwohl die Milch- und Fleischversorgung im Land unbefriedigend ist, unternimmt der syrische Staat kaum Anstrengungen, um die Viehhaltung in den Betrieben zu fördern.

Teilhypothese 2.7: Die Agrarreform hat Veränderungen in der Arbeitsverfassung hervorgerufen.

In allen Untersuchungsdörfern überwiegt die bäuerliche Familienarbeitsverfassung. Die in den Betrieben anfallenden Arbeiten werden hauptsächlich von den Familienarbeitskräften erledigt, Fremdarbeitskräfte beschäftigt man nur in den Arbeitsspitzen. Der durchschnittliche Arbeitskräftebestand der untersuchten Betriebe lag im Erhebungsjahr bei 2,3 AK. Die Mehrzahl dieser Betriebe, insbesondere die Reformbetriebe, wies einen Überbesatz an Arbeitskräften auf. Sieht man von den Teilpachtbetrieben, die über einen angemessenen Arbeitskräftebesatz verfügen, ab, so herrschte in den anderen Betrieben eine Unterbeschäftigung. Ein Großteil des in den Dörfern vorhandenen Arbeitskräftepotentials lag wegen der Kleinheit der Bewirtschaftungseinheiten und der extensiven Landnutzung brach. Die Unterbeschäftigung war allerdings vor der Agrarreform größer, als sie heute ist. Sie kann durch den Anbau von arbeitsintensiveren Kulturen und vor allem durch den ständigen Abzug von Arbeitskräften aus der Landwirtschaft verringert werden. Ebenso könnte der Einsatz von überschüssiger Arbeitskraft bei der Verbesserung der ländlichen Infrastruktur zur weiteren Milderung des Unterbeschäftigungsproblems beitragen. Davon wird aber bisher kein Gebrauch gemacht, weil dem Staat die finanziellen Mittel und das ausgebildete Personal für die Durchführung entsprechender Vorhaben fehlen.

Hypothese 3: Die Agrarreform hat die Modernisierung der syrischen Landwirtschaft vorangetrieben.

Die Motorisierung der syrischen Landwirtschaft begann bereits in den 5oer Jahren und wurde seinerzeit von städtischen Agrarunternehmern getragen. Bodenbearbeitung mit Schleppern, Bewässerung mit Motorpumpen und Drusch mit motorisierten Mähdreschern sind Technologien, die schon vor der Reform verbreitet waren. Die genannten landwirtschaftlichen Maschinen wurden im Erhebungsjahr in fast allen untersuchten Betrieben eingesetzt, andere Maschinenarten jedoch nicht. Hieraus läßt sich die Schlußfolgerung ziehen, daß die Agrarreform die Motorisierung der Landbewirtschaftung nicht beeinflußt hat; sie hat sie weder direkt gefördert noch behindert. Indirekt wurde allerdings von ihr der Bau von Tiefbrunnen und der Einsatz von Motorpumpen begünstigt. Diese Art des mechanisch-technischen Fortschritts verbreitete sich in vielen Betrieben, insbesondere in den Teilpachtbetrieben.

Im Vergleich zu der Zeit vor der Agrarreform werden heute mehr verbessertes Saatgut, Mineraldünger und Schädlingsbekämpfungsmittel verwendet. Doch der qualitative und quantitative Einsatz des biologisch-technischen Fortschritts hängt weniger von den Entscheidungen der Betriebsinhaber ab als von den staatlichen Zuteilungen über die Landwirtschaftsbank und die verarbeitende Industrie. In den Teilbewässerungsbetrieben konnte ein vermehrter Einsatz von modernen Inputs festgestellt werden, der allerdings von der Bodenreform unabhängig ist. Dank der Ausweitung des Bewässerungsareals und staatlicher Bemühungen zeigt sich seit den 7oer Jahren eine Zunahme des Düngemittelverbrauchs. Ebenso nimmt sowohl die Anzahl als auch die Fläche der Kulturen zu, bei deren Anbau verbessertes Saatgut verwendet wird. Heute werden die Baumwoll-, Zuckerrüben- und teilweise auch die Gemüsefelder mit den besseren Saatgutsorten bestellt.

Die Investitionstätigkeit hat nach der Bodenreform erheblich zugenommen, erstens weil die Betriebskontinuität gesichert ist, zweitens weil die Investitionen nun ungeschmälert den Bewirtschaftern zugute kommen und drittens weil die Einkommen gestiegen sind. Investiert wurde in die Anlagen von Dauerkulturen und in Bewässerungseinrichtungen.

Die syrische Landwirtschaft ist im Vergleich zu früher zwar moderner geworden, bleibt jedoch von einer modernen Landwirtschaft mit einer hohen Produktionseffizienz weit entfernt. Nach wie vor kommt es in den meisten landwirtschaftlichen Betrieben bei der Kombination der drei Produktionsfaktoren Arbeit, Boden und Kapital zu keinen befriedigenden Lösungen. Während Arbeit im Überschuß vorhanden ist, mangelt es an Kapital und damit an produktiven Investitionen. Diese Tatsache verhindert eine Erhöhung der Arbeitsproduktivität und folglich auch der Bodenproduktivität. Angesichts des rapiden Bevölkerungswachstums erscheint eine Effizienzsteigerung der syrischen Landwirtschaft durch Modernisierung notwendiger denn je. Der Staat muß endlich in seinen Investitionsprogrammen den Agrarsektor mehr als früher berücksichtigen. Bis jetzt hat man dem Industriesektor Priorität eingeräumt. Aber die Bevorzugung der Industrie und die Vernachlässigung der Landwirtschaft führen nicht nur zur Vergrößerung der sozialen Gegensätze innerhalb der Gesellschaft, sondern müssen letztlich die Entwicklung der Gesamtwirtschaft einschließlich des Industriesektors beeinträchtigen. So kann letzterer bei einer unterentwickelten Landwirtschaft nur schwerlich genügend Rohstoffe von dort beziehen und seine Produkte dort absetzen.

Zur Modernisierung der Landwirtschaft gehört mehr als ihre Mechanisierung, wozu man erwähnen muß, daß letztere in einem Entwicklungsland, in dem Arbeitskräfte reichlich vorhanden sind, ein gewisses Maß nicht überschreiten sollte. Arbeitssparende Techniken können aus einzelbetrieblicher Sicht erforderlich, aus sozialer und gesamtwirtschaftlicher Sicht jedoch nur bedingt ratsam sein, da ihre Einführung zu größeren sozialen Problemen führen kann, wenn nicht die Schaffung zusätzlicher Arbeitsplätze parallel geht. In der gegenwärtigen Situation gilt es vor allem, die Verbreitung des biologisch-technischen Fortschritts fortzusetzen und zu verstärken, moderne Arbeits- und Anbauverfahren, die nicht mit großem Kapitaleinsatz verbunden sind, einzuführen und ganz besonders die Ausbildung der Landwirte zu verbessern, damit sie ihre Betriebe nach modernen Gesichtspunkten führen können.

Hypothese 4: Die Agrarreform hat die soziale Differenzierung und Mobilität der Dorfbevölkerung gefördert.

Das Bodeneigentum zählt in Syrien - wie auch anderswo - zu den statusdifferenzierenden Merkmalen. In den untersuchten ehemaligen Grundherrendörfern gab es vor der Agrarreform keine einzige Familie, die eigenen Grund und Boden besaß. Die Dorfgemeinschaft teilte sich in Teilpächter und Landarbeiter auf. Keiner von ihnen konnte seinen Status wechseln und zum Landeigentümer aufsteigen. Die feudalen Verhältnisse machten einen derartigen sozialen Aufstieg unmöglich, eher förderten sie den Abstieg. Nicht selten mußten Teilpächter ihre Betriebe, die sie lange Jahre selbständig bewirtschaftet hatten, abgeben und landlos werden. Alle Bauern von Chiha und Mecherfe und die Mehrzahl derjenigen von Tiesien stiegen im Zuge der Agrarreform zu Bodeneigentümern auf, und nur die im letztgenannten Dorf ansässigen Teilpächterfamilien behielten ihren früheren Status bei. Keine einzige der in die Untersuchung einbezogenen Familien ist sozial abgestiegen, etwa vom Teilpächter zum Landarbeiter.

Unmittelbar nach der Landverteilung bestanden zwischen den einzelnen Bauernfamilien nur geringfügige Einkommensunterschiede, die auf eine unterschiedliche Ausstattung mit Betriebsflächen zurückzuführen waren. Mit fortschreitender Zeit nahmen diese Unterschiede erheblich zu, vor allem, weil viele Betriebe zum intensiven Anbau übergegangen sind. Verglichen mit den Reformbauern und den Eigentumsbauern haben die Teilpächter nicht nur die größeren Betriebe, sondern auch die größeren Bewässerungsflächen und verfügen damit über die größeren Einkommen. Die sozialen Unterschiede in dem teilenteigneten Dorf Tiesien sind heute eher größer als früher.

Die Untersuchungsdörfer, die in den 5oer Jahren eine rein bäuerliche Struktur aufwiesen, zeigen in beruflicher Hinsicht eine zunehmende Differenzierung. Immer mehr Bauernsöhne ergreifen nichtlandwirtschaftliche Berufe und schaffen auf diesem Wege ihren sozialen Aufstieg. Vermehrte Bildung, zunehmender Kontakt mit der Außenwelt und der Wunsch nach besserem Dasein führen zu einer starken beruflichen Landflucht, die sich in allen ländlichen Gebieten Syriens abzeichnet. Da die Berufsstruktur der Wohnbevölkerung des Eigentumsbauerndorfes Bserin ähnlich differenziert ist wie die der übrigen untersuchten Dörfer, hängt die berufliche Differenzierung nicht mit der Bodenreform, sondern mit der allgemeinen wirtschaftlichen Entwicklung zusammen.

<u>Hypothese 5</u>: Die Agrarreform hat das dörfliche Sozialsystem nach außen geöffnet.

Wie die Untersuchung ergab, haben sich die dörflichen Sozialsysteme der Außenwelt geöffnet. Diese Öffnung nach außen ist in allen Dörfern bemerkbar und läßt sich an einer Reihe von Indikatoren nachweisen. Der Zustand der Quasi-Isolation, in dem sich das Dorf früher befand, schwächt sich ständig ab, und die sozialen Beziehungen zur Außenwelt nehmen an Zahl und Bedeutung zu. Es konnte festgestellt werden, daß sich nach der Bodenreform die Außenbeziehungen zu Behörden, Händlern, Kreditgebern usw. vervielfacht haben. Hinzu kommen die zahlreichen Beziehungen, die sich aus dem Pendeln von Dorfbewohnern zur Arbeit, zur Versorgung und zur Ausbildung ergeben. Die Begegnung mit der Außenwelt findet nicht nur durch Kontakte zu Menschen statt, die außerhalb des Dorfes wohnen, sondern auch über die Massenmedien. Die überwiegende Mehrzahl der bäuerlichen Haushalte besitzt einen Rundfunkempfänger, und es gibt einige, die über einen Fernseher verfügen. Durch diese mittelbaren und unmittelbaren Kontakte erweitert sich der persönliche Erfahrungshorizont der dörflichen Bevölkerung.

Die innerdörflichen Sozialbeziehungen haben sich in ihrer Qualität durch die Agrarreform kaum verändert. Nach wie vor wird das soziale Netzwerk durch verwandtschaftliche und nachbarliche Beziehungen bestimmt. Die Mehrzahl der Interaktionen erfolgt mit Verwandten und Nachbarn, von denen Kommunikationsbereitschaft und Hilfeleistung erwartet werden.

Die Öffnung des dörflichen Sozialsystems trug sicherlich zur Erhöhung der Innovationsbereitschaft der Bauern bei. Zahlreiche Innovationen fanden nach der Bodenreform Eingang in die Landfamilien, insbesondere im betriebs- und hauswirtschaftlichen Bereich. Hier führte die Übernahme von Neuerungen zur Modernisierung der Arbeits- und Lebensweise. Demgegenüber blieb das traditionelle Wertsystem im großen und ganzen unverändert. Die Mehrheit der Bauern hält an ihren traditionellen Einstellungen fest. Sehr stark verwurzelt sind immer noch die das Verhalten regulierenden Normen. Die meisten Befragten waren für die Beibehaltung der väterlichen Autorität, der Bevormundung der Frau und teilweise auch der Söhne, der unbegrenzten Kinderzahl usw. Fortschritte zeigten sich dagegen in einem wichtigen Lebensbereich, nämlich der Schulbildung. Fast einstimmig wurde der Schulbesuch der Söhne befürwortet, und ein Teil der Befragten sah diesen auch für die Mädchen als notwendig an.

Die Annahme, daß die Sozialsysteme der größeren Dörfer und derjenigen Dörfer, in denen die Bodenreform früher durchgeführt wurde, eine stärkere Öffnung nach außen zeigten als Vergleichsdörfer, fand sich in der Untersuchung nicht bestätigt. Demgegenüber zeigte sich eine Korrelation zwischen dem Ausmaß der Öffnung und der Entfernung zur nächstgelegenen Stadt. In Chiha, das von allen vier untersuchten Dörfern am nächsten zu Hama und am verkehrsgünstigsten liegt, ist das Sozialsystem am weitesten geöffnet. Auch in Bserin war eine stärkere Öffnung zur Außenwelt bemerkbar. Umgekehrt zeigte das Sozialsystem des weiter entfernten Dorfes Mecherfe eine relative Abgeschlossenheit. Seine Bewohner sind verglichen mit denjenigen von Chiha traditionaler eingestellt (vgl. Abschnitt 6.3.3.1.).

Da sich das dörfliche Sozialsystem in allen untersuchten Dörfern der Außenwelt geöffnet hat, läßt sich kein ausschließlicher Kausalzusammenhang zwischen Bodenreform und Veränderung im Sozialsystem herstellen. Die Öffnung wurde sowohl von der Agrarreform als auch von der sich im gesamten Land abzeichnenden allgemeinen Gesellschaftsentwicklung beeinflußt. Der Beitrag der Agrarreform ist zwar unverkennbar, aber schwer zu trennen von anderen gesellschaftlichen Umwälzungen, die in den letzten zehn Jahren stattfanden.

8.2. Schlußbetrachtung

Die syrische Agrarreform zählt - wie ihr Vorläufer und Vorbild, die ägyptische Agrarreform - zu den relativ konservativen Reformen [1]. Ihre Maßnahmen zielten nicht, wie bei radikaleren Reformen, auf die Abschaffung des Privateigentums an Grund und Boden, sondern lediglich auf seine Begrenzung ab. Von der Beibehaltung des Bodeneigentums erhoffte man sich positive Auswirkungen auf die Landbewirtschaftung und somit auf die Agrarproduktion. Tatsächlich entwickelten viele Reformbegünstigte, wie die vorliegende Untersuchung zeigt, ein größeres Interesse an ihren Betrieben und setzten mehr Arbeit und Kapital ein, was zu höheren Betriebserträgen führte. Sowohl die Eigentumsübertragung als auch die Besitzsicherung - beides Maßnahmen einer Bodenbesitzreform - wirkten sich hierbei fördernd aus.

Bei einer umfassenden Beurteilung der syrischen Agrarreform müssen alle von ihr bewirkten Veränderungen, also die politischen, die sozialen und die wirtschaftlichen Auswirkungen, berücksichtigt werden. Außerdem darf dabei die Bewertung der Reform seitens der Bauern nicht außer acht gelassen werden. Da letztere die direkt Betroffenen sind, ist es wichtig zu erfahren, wie sie die Agrarreform einschätzen und welchen Stellenwert sie bei ihnen einnimmt. Um mit dem letzteren anzufangen: alle Reformbegünstigten bewerteten die Bodenreform positiv. Sie trug zur Verbesserung ihrer sozialökonomischen Verhältnisse bei und bewirkte ihre Befreiung von den feudalen Abhängigkeiten, unter denen sie früher litten. Die Bauern verfügen heute über mehr Vermögen und Einkommen, haben eine Existenzgrundlage und eine Dauerbeschäftigung und sind schließlich nicht mehr der Willkür einzelner Personen ausgeliefert. In ihren Dörfern zeichnet sich eine Überwindung der sozialen Rückständigkeit ab, die für die ländlichen Gebiete früher kennzeichnend war. Deshalb ist es nicht verwunderlich, wenn die befragten Bauern ohne Ausnahme die Agrarreform positiv beurteilten.

---

[1] Vgl. PARSONS, 1959, S. 323.

In politischer, aber auch in sozialer Hinsicht befriedigte die Agrarreform die an sie geknüpften Anforderungen und Hoffnungen. Sie entmachtete die Schicht der Großgrundeigentümer und schaffte in den Reformgebieten eine Grundeigentums- und Grundbesitzverteilung, die keine krassen Ungleichheiten mehr aufweist. Mit der Neuordnung der Eigentums- und Einkommensverhältnisse entsprach sie einer in jedem Entwicklungsland verbreiteten Forderung nach mehr sozialer Gerechtigkeit. Die Agrarreform war notwendig, damit das Großgrundeigentum liquidiert und die hieraus resultierende politische Macht der Grundherren gebrochen und beseitigt werden konnte. Die bereits starken sozialen Spannungen hätten sich ohne die Reform gewiß noch vergrößert. Politische Unruhen wären möglicherweise die Folge gewesen. Aus dieser Sicht leistete die Agrarreform einen nicht unbedeutenden Beitrag zur Verringerung der sozialen Gegensätze und zur Stabilisierung der politischen Verhältnisse im Land.

Aus wirtschaftlicher Sicht fällt die Beurteilung der syrischen Agrarreform weniger positiv aus. Im Gegensatz zur ätyptischen Reform brachte sie keine befriedigenden Ergebnisse und war im Grunde genommen nur eine Teillösung für die Agrarprobleme Syriens. Ihr blieb der wirtschaftliche Erfolg größtenteils versagt, weil sie sich fast ausschließlich auf die Gesundung der Eigentums- und Besitzstruktur konzentrierte und diejenigen Maßnahmen, die für einen nachhaltigen Produktionsanstieg erforderlich sind, teilweise ganz vernachlässigte und teilweise ungenügend verfolgte. So wurde dem Auf- und Ausbau eines leistungsfähigen Genossenschaftswesens keine große Beachtung geschenkt. Zwar gibt es im Lande eine große Anzahl von landwirtschaftlichen Genossenschaften, die jedoch hinsichtlich der Funktionstüchtigkeit viel zu wünschen übrig lassen. Sie sind nicht mehr als quasi-staatliche Verteilungs- und Sammelstellen für Betriebsmittel bzw. Erzeugnisse und nehmen auf die Landbewirtschaftung keinen Einfluß. Die geringe Kapitalausstattung, der Mangel an ausgebildetem Fachpersonal und das Fehlen eines auf die Entwicklungserfordernisse abgestimmten Konzeptes beeinträchtigten und beeinträchtigen noch heute die Handlungsfähigkeit der syrischen Genossenschaften und damit auch ihren Beitrag zur Verbesserung der Landbewirtschaftung im Rahmen der Agrarreform.

Ebenso wurden Maßnahmen zur Lösung bestehender Kredit- und Vermarktungsprobleme weder parallel zur Reformdurchführung noch seither im erforderlichen Ausmaß in Angriff genommen. Im Kreditwesen traten erst in den letzten zehn Jahren geringfügige Verbesserungen ein. Das Kreditvolumen konnte beachtlich erhöht werden [1], bleibt aber nach wie vor unzureichend und befriedigt nur einen kleinen Teil des vorhandenen hohen Kreditbedarfs. Die meisten Kredite, die von der staatlichen Landwirtschaftsbank vergeben werden, sind kurzfristige Naturalkredite, die der unmittelbaren Produktion dienen. Die Bauern benötigen neben diesen Krediten aber noch Investitionskredite, also mittel- und langfristige Kredite. Deren Anteil am gesamten Kreditvolumen ist bislang sehr klein und entspricht in keiner Weise den Erfordernissen einer Landwirtschaftsmodernisierung. Auf dem Gebiet der Vermarktung wurde nach der Agrarreform nur wenig unternommen. Einige der wichtigen Anbaufrüchte werden heute staatlich vermarktet. Das führte zur Befreiung der Bauern von der Abhängigkeit der Händler, die den Agrarmarkt früher beherrschten, sowie von beträchtlichen Preisschwankungen. Es darf aber nicht übersehen werden, daß dadurch für die Bauern auch Nachteile entstanden sind. Die staatlich fixierten Preise liegen oft unterhalb der Marktpreise, und die Bauern haben auf die Preispolitik keinen Einfluß. Abschließend kann festgestellt werden, daß eine auf die Anforderungen einer Landwirtschaftsentwicklung abgestimmte Neuordnung des Kreditwesens und des Vermarktungssystems zwanzig Jahre nach der Agrarreform in Syrien immer noch aussteht.

Das Hauptproblem der syrischen Landwirtschaft bestand und besteht weiterhin in der Extensität der Landnutzung mit den damit einhergehenden niedrigen Boden- und Arbeitsproduktivitäten. Ohne Intensivierungsmaßnahmen, wozu die Ausweitung des Bewässerungsareals und die Verbreitung technologischer Verbesserungen gehören, läßt sich das Produktions- und Produktivitätsniveau nicht steigern. Der Beseitigung feudaler Strukturen und der Landverteilung hätte die Durchführung einer breit angelegten Bodenbewirtschaftungsreform folgen müssen mit dem Ziel, den landwirtschaftlichen Fortschritt zu verbreiten. Dabei sollte man sich an ähnliche, aber erfolgreichere Reformexperimente, wie in Ägypten, orientieren. Dort wurden zunächst in den Reformgebieten, später in allen ländlichen Gebieten, leistungsfähige Genossenschaften etabliert, die sich aktiv an der Verbesserung und Neuordnung der Bodennutzung beteiligen. Sie nehmen an der Ausarbeitung von Anbauplänen für die Dörfer teil und kontrollieren ihre Durchführung ebenso wie die Durchsetzung produktionsfördernder Maßnahmen. Die Kontrolle und Koordinierung der Bewirtschaftung durch die

---

[1] *In der Zeit von 1967-1973 nahm das Kreditvolumen um 63 % zu (vgl. Die konkrete Situation der syrischen landwirtschaftlichen Entwicklung, 1973, S. 66).*

Genossenschaften erwies sich als wirksames Mittel für die Erhöhung der Produktion und der Hektarerträge in der Landwirtschaft [1]. Aus diesem Grund und weil sich landwirtschaftliche und technologische Verbesserungen mit der direkten Beteiligung der Genossenschaften leichter und schneller durchsetzen, sollte in der gegenwärtigen syrischen Agrarsituation dem Ausbau des Genossenschaftswesens eine größere Bedeutung eingeräumt werden.

Auch wenn die wirtschaftlichen Reformergebnisse bislang enttäuschend sind, so war die syrische Agrarreform insgesamt gesehen ein Schritt nach vorn. Sie baute Hemmnisse ab und schaffte geeignete Voraussetzungen für die Landwirtschaftsentwicklung. Es gilt jetzt, ausgehend von dieser neuen Situation, den Einsatz von ökonomisch-technischen Entwicklungsmaßnahmen zu verstärken, damit die Agrarreform ihre wirtschaftlichen Ziele voll verwirklichen kann.

---

[1] *Vgl. KUHNEN, 1967, S. 353.*

Literaturverzeichnis

Abbas, A.H.: Al-Islah az-ziraii fi Sourja (Die Agrarreform in Syrien). Damaskus 1962.

Abel, W.: Agrarpolitik. Göttingen 1967.

Agraringenieurkammer (Hrsg.): Tajrubat al-Qutur al-arabi as-souri fi Majal al-Islah az-ziraii (Bericht über die syrische Agrarreform). Damaskus 1975.

Al-Hilali, A.R.: Kesset al-Ardh wal Fallah wal Islah az-ziraii fi al-Watan al-Arabie (Boden, Fellache und die Agrarreform in der arabischen Welt). Beirut/Baghdad/Kairo 1967.

Arabische Organisation für Agrarentwicklung (Hrsg.): Takthief al-Intaj az-ziraii fi al-joumhourija al-arabieh al-sourieh (Studie über Intensivierung der Landwirtschaft in Syrien) Bd. 1. Khartum 1975.

Atallah, S.: Problems of Landreform. The Case of Syria. Maryland 1966 (Diss. Maryland).

Ayoub, A.: Réforme agraire et propriété rurale: le cas de la Syrie, in: Options Mediteraneennes No. 8. Paris 1971, S. 55-61.

Blanckenburg, P. von und Cremer, H.D. (Hrsg.): Handbuch der Landwirtschaft und Ernährung in den Entwicklungsländern Bd. 1. Stuttgart 1967.

Dabbagh, S.M.: Agrarian Reform in Syria, in: Middle East Economic Papers. Beirut 1962, S. 1-15.

Dussaud, R.: Histoire et Religion des Nosairîs. Paris 19oo.

El-Zaim, I.: Le probléme agraire Syrien: etapes et bilan de la réforme, in: Développement et Civilisations No. 31. Paris 1967, S. 67-78.

Fröhlich, W.D. und Becker, J.: Forschungsstatistik. Bonn 1971.

Garzouzi, E.: Land Reform in Syria, in: The Middle East Journal 17. Washington 1963, S. 83-9o.

Hanna, A.: Al-Kadhiyeh az-ziraieh wal Harakat al-filahiyeh fi Sourja wa Lubnan (Das Agrarproblem un die Bauernbewegungen in Syrien und Libanon Bd. 1 (182o-192o). Beirut 1975 und Bd. 2 (192o-1945). Beirut 1978.

Hauptverband der landwirtschaftlichen Buchstellen und Sachverständigen e.V. (Hrsg.): Betriebswirtschaftliche Begriffe für die landwirtschaftliche Buchführung und Beratung, H. 14. Bonn 1959.

Hofmann, Chr.: Die Landreform in Entwicklungsländern, in: Berichte über Landwirtschaft Bd. 39. Hamburg 1961, S. 533-564.

Holzmann, G.: Sozialgeographischer Strukturwandel im vorderen Orient, in: Geographische Rundschau Jg. 11, Braunschweig 1959, S. 262-267.

Kamal, A.: Feudalism and Land Reform, in: Adams, M. (Hrsg.): The Middle East. New York, Praeger 1971, S. 493-5o3.

Kerr, M.: The Arab Cold war, Gamal Abd Al-Nasir and his Rivals, 1958-197o, third Edition. London 1971.

Klat, P.J.: Musha Holdings and Land Fragmentation in Syria, in: Middle East Economic Papers. Beirut 1957, S. 12-23.

Kraus, W. und Cremer, H.D.: Bevölkerungswachstum, Nahrungsmittelversorgung und wirtschaftliche Entwicklung, in: Handbuch der Landwirtschaft und Ernährung in den Entwicklungsländern Bd. 1. Stuttgart 1967, S. 1-32.

Kuhnen, F.: Fallstudie über Auswirkungen der syrischen Agrarreform, in: Zeitschrift für ausländische Landwirtschaft H. 2. Frankfurt 1963, S. 63-82.

Kuhnen, F.: Agrarreformen, in: Handbuch der Landwirtschaft und Ernährung in den Entwicklungsländern Bd. 1. Stuttgart 1967, S. 327-36o.

Lyde, S.: The Asian Mystery, Ansaireeh or Nusairis of Syria. London 186o.

Mayntz, R., Holm, K. und Hübner, P.: Einführung in die Methoden der empirischen Sozialforschung. Opladen 1974.

Money-Kyrle, A.F.: Agricultural Development and Research in Syria. The American University of Beirut. Publication No. 2. Beirut 1956.

Palandt, O.: Bürgerliches Gesetzbuch (BGB). München 198o.

Parsons, K.: Land reform in the United Arab Republic, in: Land Economics No. 35:4. Madison 1959, S. 319-326.

Planck, U.: Der Teilbau in Iran, in: Zeitschrift für ausländische Landwirtschaft H. 1. Frankfurt 1962, S. 47-81.

Planck, U. und Ziche, J.: Land- und Agrarsoziologie. Stuttgart 1979.

Ringer, K.: Agrarverfassungen, in: Handbuch der Landwirtschaft und Ernährung in den Entwicklungsländern Bd. 1. Stuttgart 1967, S. 59-95.

Röhm, H.: Die westdeutsche Landwirtschaft, Agrarstruktur, Agrarwirtschaft und landwirtschaftliche Anpassung. München-Basel-Wien 1964.

Schendel, U.: Bewässerungstechnik und Wasserbedarf, in: Handbuch der Landwirtschaft und Ernährung in den Entwicklungsländern Bd. 2. Stuttgart 1971, S. 154-166.

Schickele, R.: Verbesserung der Agrarstruktur in unterentwickelten Gebieten, in: Berichte über Landwirtschaft S.H. 168. Hamburg 1957, S. 39-48.

Schiller, O.: Das Agrarproblem der übervölkerten Gebiete Asiens, in: Berichte über Landwirtschaft Jg. 32, H. 2. Hamburg-Berlin 1954, S. 343-344.

Schiller, O.: Probleme der Landreform in Entwicklungsländern, in: Fritsch (Hrsg.): Entwicklungsländer. Köln-Berlin 1968, S. 25o-261.

Shakra, A.S.: Land Reform in Syria. Oklahoma 1966 (Diss. Oklahoma).

Tannous, A.I.: Land ownership in the Middle East, in: Foreign Agricultural. Vol. XIV, No. 12. Washington 195o, S. 263-269.

The International Bank for Reconstruction and Development (Hrsg.): The Economic Development of Syria. Baltimore 1955.

Uhlig, H. (Hrsg.): Die Siedlung des ländlichen Raumes. Gießen 1972.

Warriner, D.: Land and Poverty in the Middle East. London 1948.

Warriner, D.: Land Reform and Development in the Middle East. A Study of Egypt, Syria and Iraq. London-New York 1957, 2. Aufl. 1962.

Wenzel, H.J.: Die ländliche Bevölkerung. Gießen 1974.

Wirth, E.: Die Ackerebenen Nordsyriens, in: Geographische Zeitschrift Bd. 52. Wiesbaden 1964, S. 7-42.

Wirth, E.: Junge Wandlungen der Kulturlandschaft in Nordsyrien und dem syrischen Euphrattal, in: Verhandlungen, 34. Deutscher Geographentag Heidelberg 1963. Wiesbaden 1965, S. 259-267.

Wirth, E.: Syrien, eine geographische Landeskunde. Darmstadt 1971. Wissenschaftliche Länderkunden Bd. 4/5.

- Enteignungsregister von Chiha 1958
- Enteignungsregister von Tiesien 1965
- Buchhaltungshefte der Genossenschaft von Chiha 1976

Amtliche Statistische Quellen herausgegeben vom Zentralamt für Statistik in Damaskus

- Annual Agricultural Statistical Abstract (Al-Majmua al-ihsaieh az-ziraieh). Damaskus 1972.

- Die konkrete Situation der syrischen landwirtschaftlichen Entwicklung (Tatawwur az-Ziraa wa waqiuha ar-rahen). Damaskus 1973.

- Ergebnisse der agrarstatistischen Grunderhebungen in Syrien (Nataij al-Taadad az-ziraii). Damaskus 1972.

- Statistical Abstract 1956-1978 (Al-Majmuaat al-ihsaieh 1956-1978). Damaskus.

- Statistische Zeitreihen (Al-Salasel al-Zamanieh). Damaskus 1974.

Occasional Papers (ISSN 0342-0701)

Materialien zur Reihe Sozialökonomische Schriften zur Agrarentwicklung

A Supplementary Series to Socio-economic Studies on Rural Development

Herausgeber / Editor
Professor Dr. Dr. Frithjof Kuhnen

Schriftleitung / Managing Editor
Dr. Ernst-Günther Jentzsch

1–12	Vergriffen. Teilweise noch erhältlich bei: **Institut für ausländische Landwirtschaft der Georg-August-Universität Göttingen, Büsgenweg 2, D-3400 Göttingen**
13 Rott	Kleinbauern im Transformationsprozeß des Agrarsektors. Das mexikanische Beispiel. 1978. 43 S. DM 8,–. ISBN 3-88156-098-X.
14 Hamesse	Urbane Einflüsse auf Wohn- und Dorfstruktur in Indien. Fallstudie in Koylee-Sorath (Gujarat State). 1978. 114 S., 5 Abb. und 37 Bauplanskizzen. DM 12,–. ISBN 3-88156-107-2.
14-E Hamesse	Urban Influences on Rural Housing and Living Patterns in India. 1979. 113 p. DM 12,–. ISBN 3-88156-120-X.
15 Tschiersch, Britsch & Horlebein	Landwirtschaftliche Geräte in Entwicklungsländern. Determinanten des Gerätebedarfs in der kleinbäuerlichen Landwirtschaft. 1978. 179 S. DM 18,–. ISBN 3-88156-108-0.
16 Groeneveld (Hg.)	Materialien zur China-Diskussion. Texte einer interdisziplinären Wissenschaftlergruppe. 1979. 308 S. DM 30,–. ISBN 3-88156-111-0.
17 Herbon	Zur Bedeutung des sozio-ökonomischen Austauschsystems in Dorfgemeinschaften im Hinblick auf eine integrierte ländliche Entwicklung. 1981. I, 140 S. DM 14,–. ISBN 3-88156-179-X.

Verlag **breitenbach** Publishers
Memeler Straße 50, 6600 Saarbrücken, Germany
P.O.B. 16243 Fort Lauderdale/Plantation, Fla 33318, USA

Sozialökonomische Schriften zur Agrarentwicklung

ISSN 0342-071 X

Herausgegeben von
Professor Dr. Dr. Frithjof Kuhnen

Schriftleitung: Dr. Ernst-Günther Jentzsch

1 Kiermayr	Kredit im Entwicklungsprozeß traditioneller Landwirtschaft in Westpakistan. 1971. 322 S. DM 19,50. ISBN 3-88156-009-2.
2 Kühn	Absatzprobleme landwirtschaftlicher Produkte in Westpakistan. Ein Beitrag zur Binnenmarktforschung in Entwicklungsländern. 1971. 319 S. DM 19,50. ISBN 3-88156-010-6.
3 Albrecht	Lebensverhältnisse ländlicher Familien in Westpakistan. Eine Typisierung ländlicher Haushalte als Grundlage für entwicklungspolitische Maßnahmen. 1971. 328 S. DM 19,50. ISBN 3-88156-011-4.
3 Albrecht	Living Conditions of Rural Families in Pakistan. A Classification of Rural Households as a Basis for Development Policies. 1976. 265 S. DM 19,50. ISBN 3-88156-059-9.
4 Ajam	Kapitalbildung in landwirtschaftlichen Betrieben Westpakistans. 1971. 293 S. DM 19,50. ISBN 3-88156-012-2.
5 Mohnhaupt	Landbevölkerung und Fabrikarbeit in Westpakistan. Berufswechsel und Anpassung ländlicher Bevölkerungsgruppen an Fabrikarbeit. 1971. 283 S. DM 19,50. ISBN 3-88156-013-0.
6 Augustini	Die Yao-Gesellschaft in Malawi. Traditionelles sozio-ökonomisches Verhalten und Innovationsmöglichkeiten. 1974. 364 S. DM 19,50. ISBN 3-88156-030-0.
7 Philipp	Sozialwissenschaftliche Aspekte von landwirtschaftlichen Siedlungsprojekten in der Dritten Welt unter besonderer Berücksichtigung tunesischer Projekte. 1974. 747 S. DM 38,–. ISBN 3-88156-031-9.
8 Rafipoor	Das »Extension and Development Corps« im Iran. 1974. 284 S. DM 19,50. ISBN 3-88156-032-7.
9 Wittmann	Migrationstheorien. Diskussion neuerer Ansätze aus system- und verhaltenstheoretischer Sicht. 1975. 97 S. DM 8,–. ISBN 3-88156-033-5.
10 Hanisch	Der Handlungsspielraum eines Landes der Peripherie im internationalen System. Das Beispiel Ghanas. 1975. 678 S. DM 39,–. ISBN 3-88156-034-3.
11 Tschakert	Traditionales Weberhandwerk und sozialer Wandel in Äthiopien. 1975. 279 + XXII S. DM 19,50. ISBN 3-88156-035-1.
12 Tench	Socio-economic Factors Influencing Agricultural Output. With Special Reference to Zambia. 1975. 309 p. DM 19,50. ISBN 3-88156-036-X.
13 Kiang	Determinants of Migration from Rural Areas. A Case Study of Taiwan. 1975. 139 p. DM 9,50. ISBN 3-88156-044-0.

Verlag **breitenbach** Publishers
Memeler Straße 50, 6600 Saarbrücken, Germany
P.O.B. 16243 Fort Lauderdale/Plantation, Fla 33318, USA

Sozialökonomische Schriften zur Agrarentwicklung

ISSN 0342-071 X

Herausgegeben von
Professor Dr. Dr. Frithjof Kuhnen

Schriftleitung: Dr. Ernst-Günther Jentzsch

14 Schmidt	Vermarktungssysteme für landwirtschaftliche Produkte in Pakistan. 1976. 335 S. DM 19,50. ISBN 3-88156-045-9.
15 Buntzel	Entwicklung kleinbäuerlicher Exportproduktion in Tansania. Zur Agrarpolitik des Ujamaa-Ansatzes. 1976. 496 S. DM 29,50. ISBN 3-88156-051-3.
16 Dreskornfeld	Agrarstrukturwandel und Agrarreform in Iran. 1976. 162 S. DM 15,–. ISBN 3-88156-060-2.
17 Schulz	Organizing Extension Services in Ethiopia – Before and After Revolution. 1976. 94 S. DM 9,–. ISBN 3-88156-061-0.
18 Aktas	Landwirtschaftliche Beratung in einem Bewässerungsprojekt der Südtürkei. 1976. 243 S. DM 19,50. ISBN 3-88156-062-9.
19 de Lasson	The Farmers' Association Approach to Rural Development. The Taiwan Case. 1976. 422 S. DM 23,–. ISBN 3-88156-063-7.
20 Janzen	Landwirtschaftliche Aktiengesellschaften in Iran. Eine Fallstudie zur jüngeren Entwicklung der iranischen Agrarreform. 1976. 172 S. DM 15,–. ISBN 3-88156-064-5.
21 Thomas	Probleme schneller Industrialisierung in Entwicklungsländern aus soziologischer Sicht. 1976. 123 S. DM 9,–. ISBN 3-88156-065-3.
22 Junker	Die Gemeinschaftsbetriebe in der kolumbianischen Landwirtschaft. 1976. 272 S. DM 19,50. ISBN 3-88156-066-1.
23/24 Philipp	Geschichte und Entwicklung der Oase al-Hasa (Saudi-Arabien): Band 1: Historischer Verlauf und traditionelles Bild. 1976. 362 S. DM 23,–. ISBN 3-88156-071-8. Band 2: Projekte und Probleme der Modernisierung. 1977. In Vorbereitung. ISBN 3-88156-072-6.
25 Bergmann & Eitel	Promotion of the Poorer Sections of the Indian Rural Population. 1976. 107 S. DM 9,–. ISBN 3-88156-075-0.
26 Mai	Düngemittelsubventionierung im Entwicklungsprozeß. 1977. 271 S. DM 28,–. ISBN 3-88156-079-3.
27 Schinzel	Marktangebot und Absatzverhalten landwirtschaftlicher Produzenten im Punjab (Pakistan). 1978. 255 S. DM 25,–. ISBN 3-88156-084-X.
28 Martius	Entwicklungskonforme Mechanisierung der Landwirtschaft in Entwicklungsländern: Bangladesh. 1977. 249 S. DM 25,–. ISBN 3-88156-085-8.

Verlag **breitenbach** Publishers
Memeler Straße 50, 6600 Saarbrücken, Germany
P.O.B. 16243 Fort Lauderdale/Plantation, Fla 33318, USA

Sozialökonomische Schriften zur Agrarentwicklung

ISSN 0342-071 X

Herausgegeben von
Professor Dr. Dr. Frithjof Kuhnen

Schriftleitung: Dr. Ernst-Günther Jentzsch

29 Martius- von Harder	Die Frau im ländlichen Bangladesh. 1978. 219 S. DM 22,–. ISBN 3-88156-086-6.	
30 Lakanwal	Situationsanalyse landwirtschaftlicher Beratungsprogramme in Entwicklungsländern. 1978. 283 S. DM 29,–. ISBN 3-88156-109-9.	
31 Ecker	Schaf- und Ziegenhaltung im Punjab Pakistans. 1978. 309 S. DM 32,–. ISBN 3-88156-110-2.	
31/E Ecker	Socio-Economics of Sheep and Goat Production in Pakistan's Punjab. Possibilities of Improving the Income in Rural Areas. 1981. 350 p. DM 35,–. ISBN 3-88156-164-1.	
32 Bergmann	Agrarpolitik und Agrarwirtschaft sozialistischer Länder. Zweite revidierte Auflage. 1979. 365 S. DM 35,–. ISBN 3-88156-115-3.	
33 Paulini	Agrarian Movements and Reforms in India. The Case of Kerala. 1979. 650 p. DM 48,–. ISBN 3-88156-117-X.	
34 Moßmann	Campesinos und Ausbeutungsstrukturen im internationalen Konfliktfeld. Das kolumbianische Beispiel. 1979. 192 S. DM 20,–. ISBN 3-88156-119-6.	
35 Lang	The Economics of Rainfed Rice Cultivation in West Africa: The Case of the Ivory Coast. 1979. 236 p. 5 maps. DM 26,–. ISBN 3-88156-135-8.	
36 Wittmann	Migrationsverhalten und ländliche Entwicklung. Ansätze zur Analyse und Beurteilung dargestellt am Beispiel türkischer Gastarbeiter ländlicher Herkunft. 1979. 379 S. DM 36,–. ISBN 3-88156-140-4.	
37 Azmaz	Migration of Turkish »Gastarbeiters« of Rural Origin and the Contribution to Development in Turkey. 1980. 131 p. DM 14,–. ISBN 3-88156-154-4.	
38 Manig	Steuern und rurale Entwicklung. 1981. 517 S. DM 48,–. ISBN 3-88156-162-5.	
39 Thomae	Einkommen Landwirtschaftlicher Produktionsgenossenschaften in Ungarn und Polen. Eine Untersuchung von Einkommensstruktur und Einkommensverteilung im Rahmen sozialistischer Agrarmodelle. 1981. XII, 377 S. 18 Abb. DM 39,–. ISBN 3-88156-167-6.-	
40 Pohl	Einführung und Verbreitung von Ochsenanspannung im Senegal. Eine empirische Untersuchung über Möglichkeiten und Grenzen der Förderung bäuerlicher Betriebe in wirtschaftlich wenig entwickelten Ländern. 1981. XVII, 248 S. + 44 S. Anhang. DM 29,–. ISBN 3-88156-170-6.	

Verlag **breitenbach** Publishers
Memeler Straße 50, 6600 Saarbrücken, Germany
P.O.B. 16243 Fort Lauderdale/Plantation, Fla. 33318, USA